Friedrich Nietzsche

Nichts ist wahr, alles ist erlaubt

Friedrich Nietzsche

Nichts ist wahr, alles ist erlaubt

Eine Anthologie

marixverlag

FSC
www.fsc.org
MIX
Papier aus verantwortungsvollen Quellen
FSC® C006701

Bibliografische Information der Deutschen Nationalbibliothek
Die Deutsche Nationalbibliothek verzeichnet diese Publikation in der Deutschen Nationalbibliografie; detaillierte bibliografische Daten sind im Internet über http://dnb.d-nb.de abrufbar.

Für diese Ausgabe:

2. Auflage 2014

Redaktion: David Zettler, marixverlag
Covergestaltung: Nicole Ehlers, marixverlag
Bildnachweis: akg-images GmbH, Berlin
Satz und Bearbeitung: C&H Typo-Grafik, Miesbach
Gesetzt in der Adobe Garamond
Gesamtherstellung: CPI books GmbH, Leck – Germany
Printed in Germany

ISBN: 978-3-86539-296-1

www.marixverlag.de

Inhalt

Zum Geleit 9

Wahrheit oder Leben 11

Charakter, Psychologie und »Ich« 21

Bildung und Erziehung 40

Alter, Krankheit und Tod 47

Christentum, Gott und Metaphysik 52

Gut und Böse 67

Schuld und Strafe 71

Der freie Geist 73

Der moderne Mensch 77

Freund und Feind 84

Politik 88

In Gesellschaft 100

Über die Eitelkeit 115

Die Liebe 117

Frauen 120

Ehe 127

Gastrosophie 131

Kunst und Dichtung 134

Der Traum 145

Erinnern und Vergessen 147

Die Deutschen 150

Also sprach Zarathustra (Auszüge) 157

Ecce Homo 182

»Dass aus meinen Schriften ein Psychologe redet, der nicht seinesgleichen hat, das ist vielleicht die erste Einsicht, zu der ein guter Leser gelangt – ein Leser, wie ich ihn verdiene, der mich liest, wie gute alte Philologen ihren Horaz lasen. Die Sätze, über die im Grunde alle Welt einig ist, gar nicht zu reden von den Allerweltsphilosophen, den Moralisten und andren Hohlköpfen, Kohlköpfen – erscheinen bei mir als Naivitäten des Fehlgriffs: Zum Beispiel jener Glaube, dass »unegoistisch« und »egoistisch« Gegensätze sind, während das Ego selbst bloß ein »höherer Schwindel«, ein »Ideal« ist …«

Zum Geleit

Die vorliegende Anthologie ist thematisch geordnet und richtet sich an Leser, die Nietzsches Gedankenwelt kennenlernen wollen. Man wird schnell feststellen, dass Nietzsche im Gegensatz zur verbreiteten Vorstellung ein Philosoph ist, den auch der philosophische Laie verstehen kann und dessen Lektüre weniger Kopfzerbrechen als Vergnügen bereitet. Sein Denken übte und übt gerade deshalb einen so großen Einfluss aus, weil er die »edle Oberflächlichkeit« (Oswald Wiener) der Dinge betont und nicht in der Tradition der idealistischen Philosophie die vermeintlich »wirkliche« Welt hinter der »scheinbaren« Welt sucht.

Wahrheit oder Leben

Es ist immer wieder vorgeschlagen worden, sich Nietzsches Philosophie über den Begriff des »Lebens« zu erschließen. Nietzsches Lehrmeister Arthur Schopenhauer ging davon aus, dass das Leben etwas sei, das eigentlich nur Leid hervorruft und besser gar nicht existieren sollte. Gegen diesen pessimistischen Ansatz wendet sich Nietzsche mit einer radikal lebensbejahenden Philosophie: Alles was ist, was gedacht oder getan wird, hat sich für Nietzsche in den Dienst des Lebens zu stellen. Da Nietzsche mit »Leben« aber mehr meint, als bloße organische Existenz, hat sich das Lebendige wiederum nach »Schönheit« (oder sagen wir besser einer »Ästhetik«) bzw. einer selbstgewählten Ordnung zu richten. Diesem Primat des gelingenden Lebens ist so auch das Konzept von »Wahrheit« unterzuordnen. Wahrheiten, aber auch die damit zusammenhängenden Begriffe und Institutionen wie »Erkenntnis« und Wissenschaft haben für Nietzsche keinen Selbstzweck, sondern sind nur mögliche Mittel der Daseinsbewältigung. Sowieso ist für Nietzsche alles, was ihm als »Wahrheit« begegnet, suspekt. In Nietzsches Lebensphilosophie sind Wahrheiten immer das Produkt eines kreativen Aktes und immer das Resultat eines individuellen oder kollektiven Wollens, ein »Für-wahr-halten-Wollen« eines Vorurteils, das sich – im weitesten Sinne – aus einer politischen Agenda oder Ideologie speist.

In irgendeinem abgelegenen Winkel des in zahllosen Sonnensystemen flimmernd ausgegossenen Weltalls gab es einmal ein Gestirn, auf dem kluge Tiere das Erkennen erfanden. Es war die hochmütigste und verlogenste Minute der »Weltgeschichte«: aber doch nur eine Minute. Nach wenigen Atemzügen der Natur erstarrte das Gestirn, und die klugen Tiere mussten sterben. – So könnte jemand eine Fabel erfinden und würde doch nicht genügend illustriert haben, wie kläglich, wie schattenhaft und flüchtig, wie zwecklos und beliebig sich der menschliche Intellekt innerhalb der Natur ausnimmt. Es gab Ewigkeiten, in denen er nicht war; wenn es wieder mit ihm vorbei ist, wird sich nichts begeben haben.

Ich will, ein für alle Mal, Vieles nicht wissen. – Die Weisheit zieht auch der Erkenntnis Grenzen.

Vom Baum der Erkenntnis. – Wahrscheinlichkeit, aber keine Wahrheit: Freischeinlichkeit, aber keine Freiheit, – diese beiden Früchte sind es, derentwegen der Baum der Erkenntnis nicht mit dem Baum des Lebens verwechselt werden kann.

Wir nennen einen Menschen »ehrlich«. Warum hat er heute so ehrlich gehandelt? fragen wir. Unsere Antwort pflegt zu lauten: seiner Ehrlichkeit wegen. Die Ehrlichkeit! Das heißt wieder: das Blatt ist die Ursache der Blätter. Wir wissen ja gar nichts von einer wesenhaften Qualität, die »die Ehrlichkeit« hieße, wohl aber von zahlreichen individualisierten, somit ungleichen Handlungen, die wir durch Weglassen des Ungleichen gleichsetzen und jetzt als ehrliche Handlungen bezeichnen; zuletzt formulieren wir aus ihnen eine qualitas occulta mit dem Namen: »die Ehrlichkeit«. Das Übersehen des Individuellen und Wirklichen gibt uns den Begriff, wie es uns auch die Form gibt, wohingegen die Natur keine Formen und Begriffe, also auch keine Gattungen kennt, sondern nur ein für uns unzugängliches und undefinierbares X.

Letzte Skepsis. – Was sind denn zuletzt die Wahrheiten des Menschen? – Es sind die unwiderlegbaren Irrtümer des Menschen.

Es ist furchtbar, im Meere vor Durst zu sterben. Müsst ihr denn gleich eure Wahrheit so salzen, dass sie nicht einmal mehr – den Durst löscht?

Der Intellekt, als ein Mittel zur Erhaltung des Individuums, entfaltet seine Hauptkräfte in der Verstellung; denn diese ist das Mittel, durch das die schwächeren, weniger robusten Individuen sich erhalten, als welchen einen Kampf um die Existenz mit Hörnern oder scharfem Raubtier-Gebiss zu führen versagt ist. Im Menschen kommt diese Verstellungskunst auf ihren Gipfel: hier ist die Täuschung, das Schmeicheln, Lügen und Trügen, das Hinter-dem-Rücken-Reden, das

Repräsentieren, das im erborgten Glanze Leben, das Maskiertsein, die verhüllende Konvention, das Bühnenspiel vor anderen und vor sich selbst, kurz das fortwährende Herumflattern um die *eine* Flamme Eitelkeit so sehr die Regel und das Gesetz, dass fast nichts unbegreiflicher ist, als wie unter den Menschen ein ehrlicher und reiner Trieb zur Wahrheit aufkommen konnte.

Wahrheit. – Niemand stirbt jetzt an tödlichen Wahrheiten: es gibt zu viele Gegengifte.

Das Über-Tier. – Die Bestie in uns will belogen werden; Moral ist Notlüge, damit wir von ihr nicht zerrissen werden. Ohne die Irrtümer, welche in den Annahmen der Moral liegen, wäre der Mensch Tier geblieben. So aber hat er sich als etwas Höheres genommen und sich strengere Gesetze auferlegt. Er hat deshalb einen Hass gegen die der Tierheit näher gebliebenen Stufen: woraus die ehemalige Missachtung des Sklaven, als eines Nicht-Menschen, als einer Sache zu erklären ist.

Die gute und die böse Natur. – Erst haben die Menschen sich in die Natur hineingedichtet: sie sahen überall sich und Ihresgleichen, nämlich ihre böse und launenhafte Gesinnung, gleichsam versteckt unter Wolken, Gewittern, Raubtieren, Bäumen und Kräutern: damals erfanden sie die »böse Natur«. Dann kam einmal eine Zeit, da sie sich wieder aus der Natur hinausdichteten, die Zeit Rousseaus: man war einander so satt, dass man durchaus einen Weltwinkel haben wollte, wo der Mensch nicht hinkommt mit seiner Qual: man erfand die »gute Natur«.

Der Taschenspieler und sein Widerspiel. – Das Erstaunliche in der Wissenschaft ist dem Erstaunlichen in der Kunst des Taschenspielers entgegengesetzt. Denn dieser will uns dafür gewinnen, eine sehr einfache Kausalität dort zu sehen, wo in Wahrheit eine sehr komplizierte Kausalität in Tätigkeit ist. Die Wissenschaft dagegen nötigt uns, den Glauben an einfache Kausalitäten gerade dort aufzugeben, wo alles so leicht begreiflich scheint und wir die Narren des Augenscheins sind.

Die »einfachsten« Dinge sind sehr kompliziert, – man kann sich nicht genug darüber verwundern!

»Erkenne dich selbst« ist die ganze Wissenschaft. – Erst am Ende der Erkenntnis aller Dinge wird der Mensch sich selber erkannt haben. Denn die Dinge sind nur die Grenzen des Menschen.

Wahrheit als Circe. – Der Irrtum hat aus Tieren Menschen gemacht; sollte die Wahrheit im Stande sein, aus dem Menschen wieder ein Tier zu machen?

Gegen Bilder und Gleichnisse. – Mit Bildern, und Gleichnissen überzeugt man, aber beweist nicht. Deshalb hat man innerhalb der Wissenschaft eine solche Scheu vor Bildern und Gleichnissen; man will hier gerade das Überzeugende, das *Glaublich*-Machende *nicht* und fordert vielmehr das kälteste Misstrauen auch schon durch die Ausdrucksweise und die kahlen Wände heraus: weil das Misstrauen der Prüfstein für das Gold der Gewissheit ist.

Soweit das Individuum sich, gegenüber andern Individuen, erhalten will, benutzt es in einem natürlichen Zustand der Dinge den Intellekt zumeist nur zur Verstellung: Weil aber der Mensch zugleich aus Not und Langeweile gesellschaftlich und herdenweise existieren will, braucht er einen Friedensschluss und trachtet danach, dass wenigstens das allergrößte bellum omnium contra omnes aus seiner Welt verschwinde. Dieser Friedensschluss bringt etwas mit sich, was wie der erste Schritt zur Erlangung jenes rätselhaften Wahrheitstriebes aussieht. Jetzt wird nämlich das fixiert, was von nun an »Wahrheit« sein soll, das heißt, es wird eine gleichmäßig gültige und verbindliche Bezeichnung der Dinge erfunden, und die Gesetzgebung der Sprache gibt auch die ersten Gesetze der Wahrheit: denn es entsteht hier zum ersten Male der Kontrast von Wahrheit und Lüge.

Das Bewusstsein. – Die Bewusstheit ist die letzte und späteste Entwickelung des Organischen und folglich auch das Unfertigste und Unkräftigste daran. Aus der Bewusstheit stammen unzählige Fehlgriffe, welche machen, dass ein Tier, ein Mensch zu Grunde geht, früher als es nötig wäre, »über das Geschick«, wie Homer sagt. Wäre nicht der erhaltende Verband der Instinkte so überaus viel mächtiger, diente er nicht im Ganzen als Regulator: an ihrem verkehrten Urteilen und Phantasieren mit offenen Augen, an ihrer Ungründlichkeit und Leichtgläubigkeit, kurz eben an ihrer Bewusstheit müsste die Menschheit zu Grunde gehen: oder vielmehr, ohne jenes gäbe es diese längst nicht mehr! Bevor eine Funktion ausgebildet und reif ist, ist sie eine Gefahr des Organismus: gut, wenn sie so lange tüchtig tyrannisiert wird! So wird die Bewusstheit tüchtig tyrannisiert – und nicht am wenigsten von dem Stolze darauf! Man denkt, hier sei der Kern des Menschen; sein Bleibendes, Ewiges, Letztes, Ursprünglichstes! Man hält die Bewusstheit für eine feste gegebene Größe! Leugnet ihr Wachstum, ihre Intermittenzen! Nimmt sie als Einheit des Organismus! – Diese lächerliche Überschätzung und Verkennung des Bewusstseins hat die große Nützlichkeit zur Folge, dass damit eine allzu schnelle Ausbildung desselben verhindert worden ist. Weil die Menschen die Bewusstheit schon zu haben glaubten, haben sie sich wenig Mühe darum gegeben, sie zu erwerben – und auch jetzt noch steht es nicht anders! Es ist immer noch eine ganz neue und eben erst dem menschlichen Auge aufdämmernde, kaum noch deutlich erkennbare Aufgabe, das Wissen sich einzuverleiben und instinktiv zu machen, – eine Aufgabe, welche nur von denen gesehen wird, die begriffen haben, dass bisher nur unsere Irrtümer uns einverleibt waren und dass alle unsere Bewusstheit sich auf Irrtümer bezieht!

Das Unlogische notwendig. – Zu den Dingen, welche einen Denker in Verzweiflung bringen können, gehört die Erkenntnis, dass das Unlogische für den Menschen nötig ist, und dass aus dem Unlogischen vieles Gute entsteht. Es steckt so fest in den Leidenschaften, in der Sprache, in der Kunst, in der Religion und überhaupt in Allem, was dem Leben Wert verleiht, dass man es nicht herausziehen kann, ohne damit diese schönen Dinge heillos zu beschädigen. Es sind nur die allzu naiven Menschen, welche glauben können, dass die Natur des Menschen in eine rein logische verwandelt werden könne; wenn es aber Grade der Annäherung an dieses Ziel geben sollte, was würde da nicht alles auf diesem Wege verloren gehen müssen! Auch der vernünftigste Mensch bedarf von Zeit zu Zeit wieder der Natur, das heißt seiner unlogischen Grundstellung zu allen Dingen.

Das Leben als Ertrag des Lebens. – Der Mensch mag sich noch so weit mit seiner Erkenntnis ausrecken, sich selber noch so objektiv vorkommen: zuletzt trägt er doch Nichts davon, als seine eigene Biographie.

Die Gefährlichkeit der Aufklärung.– Alles das Halbverrückte, Schauspielerische, Tierisch-Grausame, Wollüstige, namentlich Sentimentale und Sich-selbst-Berauschende, was zusammen die eigentlich *revolutionäre Substanz* ausmacht und in Rousseau, vor der Revolution, Fleisch und Geist geworden war, – dieses ganze Wesen setzte sich mit perfider Begeisterung noch *die Aufklärung* auf das fanatische Haupt, welches durch diese selber wie in einer verklärenden Glorie zu leuchten begann: die Aufklärung, die im Grunde jenem Wesen so fremd ist und, für sich waltend, still wie ein Lichtglanz durch Wolken gegangen sein würde, lange Zeit zufrieden damit, nur die Einzelnen umzubilden: so dass sie nur sehr langsam auch die Sitten und Einrichtungen der Völker umgebildet hätte. Jetzt aber, an ein gewaltsames und plötzliches Wesen gebunden, wurde die Aufklärung selber gewaltsam und plötzlich. Ihre Gefährlichkeit ist dadurch fast größer geworden als die befreiende und erhellende Nützlichkeit, welche durch sie in die große Revolutions-Bewegung kam. Wer dies begreift, wird auch wissen, aus welcher Vermischung man sie herauszuziehen, von welcher Verunreinigung man sie zu läutern hat: um dann, *an sich selber*, das Werk der Aufklärung *fortzusetzen* und die Revolution *nachträglich* in der Geburt zu ersticken, ungeschehen zu machen.

Aus der Erfahrung. – Die Unvernunft einer Sache ist kein Grund gegen ihr Dasein, vielmehr eine Bedingung desselben.

Möglichkeit des Fortschritts. – Wenn ein Gelehrter der alten Kultur es verschwört, nicht mehr mit Menschen umzugehen, welche an den Fortschritt glauben, so hat er Recht. Denn die alte Kultur hat ihre Größe und Güte hinter sich und die historische Bildung zwingt einen, zuzugestehen, dass sie nie wieder frisch werden kann; es ist ein unausstehlicher Stumpfsinn oder ebenso unleidliche Schwärmerei nötig, um dies zu leugnen. Aber die Menschen können mit Bewusstsein beschließen, sich zu einer neuen Kultur fortzuentwickeln, während sie sich früher unbewusst und zufällig entwickelten: sie können jetzt bessere Bedingungen für die Entstehung der Menschen, ihre Ernährung, Erziehung, Unterrichtung schaffen, die Erde als Ganzes ökonomisch verwalten, die Kräfte der Menschen überhaupt gegeneinander abwägen und einsetzen. Diese neue bewusste Kultur tötet die alte, welche, als Ganzes angeschaut, ein unbewusstes Tier- und Pflanzenleben geführt hat; sie tötet auch das Misstrauen gegen den Fortschritt, – er ist möglich.

Der Störenfried in der Wissenschaft. – Die Philosophie schied sich von der Wissenschaft, als sie die Frage stellte: Welches ist diejenige Erkenntnis der Welt und des Lebens, bei welcher der Mensch am glücklichsten lebt? Dies geschah in den sokratischen Schulen: durch den Gesichtspunkt des Glücks unterband man die Blutadern der wissenschaftlichen Forschung – und tut es heute noch.

Es ist merkwürdig, dass dies der Intellekt zustande bringt, er, der doch gerade nur als Hilfsmittel den unglücklichsten, delikatesten, vergänglichsten Wesen beigegeben ist, um sie eine Minute im Dasein festzuhalten, aus dem sie sonst, ohne jene Beigabe, so schnell wie Lessings Sohn zu flüchten allen Grund hätten.

Intellekt und Moral. – Man muss ein gutes Gedächtnis haben, um gegebene Versprechen halten zu können. Man muss eine starke Kraft der Einbildung haben, um Mitleid haben zu können. So eng ist die Moral an die Güte des Intellekts gebunden.

Was ist also Wahrheit? Ein bewegliches Heer von Metaphern, Metonymien, Anthropomorphismen, kurz eine Summe von menschlichen Relationen, die, poetisch und rhetorisch gesteigert, übertragen, geschmückt wurden, und die nach langem Gebrauch einem Volke fest, kanonisch und verbindlich dünken: Die Wahrheiten sind Illusionen, von denen man vergessen hat, dass sie welche sind, Metaphern, die abgenutzt und sinnlich kraftlos geworden sind, Münzen, die ihr Bild verloren haben und nun als Metall, nicht mehr als Münzen, in Betracht kommen.

Wir wissen immer noch nicht, woher der Trieb zur Wahrheit stammt: denn bis jetzt haben wir nur von der Verpflichtung gehört, die die Gesellschaft, um zu existieren, stellt: wahrhaft zu sein, das heißt die usuellen Metaphern zu brauchen, also moralisch ausgedrückt: von der Verpflichtung, nach einer festen Konvention zu lügen, herdenweise in einem für alle verbindlichen Stile zu lügen. Nun vergisst freilich der Mensch, dass es so mit ihm steht; er lügt also in der bezeichneten Weise unbewusst und nach hundertjährigen Gewöhnungen – und kommt eben durch diese Unbewusstheit, eben durch dies Vergessen zum Gefühl der Wahrheit.

Wenn jemand ein Ding hinter einem Busche versteckt, es ebendort wieder sucht und auch findet, so ist an diesem Suchen und Finden nicht viel zu rühmen: so aber steht es mit dem Suchen und Finden der »Wahrheit« innerhalb des Vernunft-Bezirkes. Wenn ich die Definition des Säugetiers mache und dann erkläre, nach Besichtigung eines Kamels: »siehe, ein Säugetier«, so wird damit eine Wahrheit zwar ans Licht gebracht, aber sie ist von begrenztem Werte, ich meine, sie ist durch und durch anthropomorphisch und enthält keinen einzigen Punkt, der »wahr an sich«, wirklich und allgemeingültig, abgesehen von dem Menschen, wäre.

Jener Trieb zur Metapherbildung, jener Fundamentaltrieb des Menschen, den man keinen Augenblick wegrechnen kann, weil man damit den Menschen selbst wegrechnen würde, ist dadurch, dass aus seinen verflüchtigten Erzeugnissen, den Begriffen, eine reguläre und starre neue Welt als eine Zwingburg für ihn gebaut wird, in Wahrheit nicht bezwungen und kaum gebändigt. Er sucht sich ein neues Bereich seines Wirkens und ein anderes Flussbette und findet es im *Mythus* und überhaupt in der Kunst.

Der Mensch selbst aber hat einen unbesiegbaren Hang, sich täuschen zu lassen, und ist wie bezaubert vor Glück, wenn der Rhapsode ihm epische Märchen wie wahr erzählt oder der Schauspieler im Schauspiel den König noch königlicher agiert, als ihn die Wirklichkeit zeigt.

Der Intellekt, jener Meister der Verstellung, ist so lange frei und seinem sonstigen Sklavendienste enthoben, als er täuschen kann, ohne zu *schaden*, und feiert dann seine Saturnalien.

Es gibt Zeitalter, in denen der vernünftige Mensch und der intuitive Mensch nebeneinander stehen, der eine in Angst vor der Intuition, der andere mit Hohn über die Abstraktion; der Letztere ebenso unvernünftig, als der Erstere unkünstlerisch ist. Beide begehren über das Leben zu herrschen: dieser, indem er durch Vorsorge, Klugheit, Regelmäßigkeit den hauptsächlichsten Nöten zu begegnen weiß, jener, indem er als ein, »überfroher Held« jene Nöte nicht sieht und nur das zum Schein und zur Schönheit verstellte Leben als real nimmt.

Weder das Haus, noch der Schritt, noch die Kleidung, noch der tönerne Krug verraten, dass die Notdurft sie erfand: es scheint so, als ob in ihnen allen ein erhabenes Glück und eine olympische Wolkenlosigkeit und gleichsam ein Spielen mit dem Ernste ausgesprochen werden sollte. Während der von Begriffen und Abstraktionen geleitete Mensch durch diese das Unglück nur abwehrt, ohne selbst aus den Abstraktionen sich Glück zu erzwingen, während er nach möglichster Freiheit von Schmerzen trachtet, erntet der intuitive Mensch, inmitten einer Kultur stehend, bereits von seinen Intuitionen, außer der Abwehr des Übels, eine fortwährend einströmende Erhellung, Aufheiterung, Erlösung.

Die Lüge. – Weshalb sagen zu allermeist die Menschen im alltäglichen Leben die Wahrheit? – Gewiss nicht, weil ein Gott das Lügen verboten hat. Sondern erstens: weil es bequemer ist; denn die Lüge erfordert Erfindung, Verstellung und Gedächtnis. (Weshalb Swift sagt: Wer eine Lüge berichtet, merkt selten die schwere Last, die er übernimmt; er muss nämlich, um eine Lüge zu behaupten, zwanzig andere erfinden.) Sodann: Weil es in schlichten Verhältnissen vorteilhaft ist, direkt zu sagen: Ich will dies, ich habe dies getan, und dergleichen; also weil der Weg des Zwangs und der Autorität sicherer ist, als der der List.

Schätzung der unscheinbaren Wahrheiten. – Es ist das Merkmal einer höheren Kultur, die kleinen unscheinbaren Wahrheiten, welche mit strenger Methode gefunden wurden, höher zu schätzen, als die beglückenden und blendenden Irrtümer, welche metaphysischen und künstlerischen Zeitaltern und Menschen entstammen.

Charakter, Psychologie und »Ich«

Nietzsches Vorstellung vom »Ich« ist recht modern. Er geht nicht von einer zentralen Anlauf- und Verarbeitungsstelle jeglichen Denkens und Erfahrens aus, sondern von einem recht diffusen, eng mit körperlichen Bedürfnissen und Stimmungslagen zusammenhängenden Sammelsurium an psycho-physischen Ebenen. In diesem Punkt kann er als philosophischer Vorläufer der Psychoanalyse eines Sigmund Freud, aber auch der modernen kognitiven Psychologie betrachtet werden. »Charakter« und »Ich« sind für Nietzsche stets im Wandel und durch mehr oder weniger »irrationale« Momente bestimmt.

Gedanken. – Gedanken sind die Schatten unserer Empfindungen, – immer dunkler, leerer, einfacher, als diese.

Müßiggang ist aller Psychologie Anfang. Wie? Wäre Psychologie – ein Laster?

Moral für Psychologen. – Keine Kolportage-Psychologie treiben! Nie beobachten, um zu beobachten! Das gibt eine falsche Optik, ein Schielen, etwas Erzwungenes und Übertreibendes. Erleben als Erleben-Wollen – das gerät nicht. Man darf nicht im Erlebnis nach sich hinblicken, jeder Blick wird da zum »bösen Blick«. Ein geborener Psycholog hütet sich aus Instinkt, zu sehn, um zu sehen; dasselbe gilt vom geborenen Maler. Er arbeitet nie »nach der Natur«, – er überlässt seinem Instinkte, seiner camera obscura, das Durchsieben und Ausdrücken des »Falls«, der »Natur«, des »Erlebten« … Das Allgemeine erst kommt ihm zum Bewusstsein, der Schluss, das Ergebnis: Er kennt jenes willkürliche Abstrahieren vom einzelnen Falle nicht. – Was wird daraus, wenn man es anders macht? Zum Beispiel nach Art der Pariser Romanciers groß und klein Kolportage-Psychologie treibt? Das lauert gleichsam der Wirklichkeit auf, das bringt jeden Abend eine Handvoll Kuriositäten mit nach Hause … Aber man sehe nur, was zuletzt herauskommt – ein Haufen von Klecksen, ein Mosaik besten

Falls, in jedem Falle etwas Zusammen-Addiertes, Unruhiges, Farbenschreiendes. Sehen, was ist – das gehört einer andern Gattung von Geistern zu, den antiartistischen, den Tatsächlichen. Man muss wissen, wer man ist …

Fleiß und Gewissenhaftigkeit. – Fleiß und Gewissenhaftigkeit sind oftmals dadurch Antagonisten, dass der Fleiß die Früchte sauer vom Baume nehmen will, die Gewissenhaftigkeit sie aber zu lange hängen lässt, bis sie herabfallen und sich zerschlagen.

Der richtige Beruf. – Männer halten selten einen Beruf aus, von dem sie nicht glauben oder sich einreden, er sei im Grunde wichtiger, als alle anderen. Ebenso geht es Frauen mit ihren Liebhabern.

Ziel und Wege. – Viele sind hartnäckig in Bezug auf den einmal eingeschlagenen Weg, Wenige in Bezug auf das Ziel.

Das Empörende an einer individuellen Lebensart. – Alle sehr individuellen Maßregeln des Lebens bringen die Menschen gegen Den, der sie ergreift, auf; sie fühlen sich durch die außergewöhnliche Behandlung, welche jener sich angedeihen lässt, erniedrigt, als gewöhnliche Wesen.

Unwillkürlich vornehm. – Der Mensch beträgt sich unwillkürlich vornehm, wenn er sich gewöhnt hat, von den Menschen Nichts zu wollen und ihnen immer zu geben.

Phantasie der Angst. – Die Phantasie der Angst ist jener böse äffische Kobold, der dem Menschen gerade dann noch auf den Rücken springt, wenn er schon am schwersten zu tragen hat.

Gegen die Lobenden. – A.: »Man wird nur von Seinesgleichen gelobt!« B.: »Ja! Und wer dich lobt, sagt zu dir: du bist Meinesgleichen!«

Verschiedene Gefährlichkeit des Lebens. – Ihr wisst gar nicht, was ihr erlebt, ihr lauft wie betrunken durch's Leben und fallt ab und zu eine Treppe hinab. Aber, Dank eurer Trunkenheit, brecht ihr doch nicht dabei die Glieder: Eure Muskeln sind zu matt und euer Kopf zu dunkel, als dass ihr die Steine dieser Treppe so hart fändet, wie wir Anderen! Für uns ist das Leben eine größere Gefahr: Wir sind von Glas – wehe, wenn wir uns stoßen! Und alles ist verloren, wenn wir fallen!

Lachen.- Lachen heißt: schadenfroh sein, aber mit gutem Gewissen.

Bedürfnis. – Das Bedürfnis gilt als die Ursache der Entstehung: In Wahrheit ist es oft nur eine Wirkung des Entstandenen.

Bescheidenheit. – Es gibt wahre Bescheidenheit (das heißt die Erkenntnis, dass wir nicht unsere eigenen Werke sind); und recht wohl geziemt sie dem großen Geiste, weil gerade er den Gedanken der völligen Unverantwortlichkeit (auch für das Gute, was er schafft) fassen kann. Die Unbescheidenheit des Großen hasst man nicht, insofern er seine Kraft fühlt, sondern weil er seine Kraft dadurch erst erfahren will, dass er die Anderen verletzt, herrisch behandelt und zusieht, wie weit sie es aushalten. Gewöhnlich beweist dies sogar den Mangel an sicherem Gefühl der Kraft und macht somit die Menschen an seiner Größe zweifeln. Insofern ist Unbescheidenheit vom Gesichtspunkte der Klugheit aus sehr zu widerraten.

Des Tages erster Gedanke. – Das beste Mittel, jeden Tag gut zu beginnen, ist: beim Erwachen daran zu denken, ob man nicht wenigstens einem Menschen an diesem Tage eine Freude machen könne. Wenn dies als ein Ersatz für die religiöse Gewöhnung des Gebetes gelten dürfte, so hätten die Mitmenschen einen Vorteil bei dieser Änderung.

Der Denker. – Er ist ein Denker: das heißt, er versteht sich darauf, die Dinge einfacher zu nehmen, als sie sind.

Anmaßung als letztes Trostmittel. – Wenn man ein Missgeschick, seinen intellektuellen Mangel, seine Krankheit sich so zurecht legt, dass man hierin sein vorgezeichnetes Schicksal, seine

Prüfung oder die geheimnisvolle Strafe für früher Begangenes sieht, so macht man sich sein eigenes Wesen dadurch interessant und erhebt sich in der Vorstellung über seine Mitmenschen. Der stolze Sünder ist eine bekannte Figur in allen kirchlichen Sekten.

Zum Lachen! – Seht hin! Seht hin! Er läuft von den Menschen weg –: diese aber folgen ihm nach, weil er vor ihnen herläuft, – so sehr sind sie Herde!

Die Bettler und die Höflichkeit. – »Man ist nicht unhöflich, wenn man mit einem Steine an die Türe klopft, welcher der Klingelzug fehlt« – so denken Bettler und Notleidende aller Art; aber niemand gibt ihnen Recht.

Der Neidbold. – Das ist ein Neidbold, – dem muss man keine Kinder wünschen; er würde auf sie neidisch sein, weil er nicht mehr Kind sein kann.

Der Weg zum Glücke. – Ein Weiser fragte einen Narren, welches der Weg zum Glücke sei. Dieser antwortete ohne Verzug, wie einer, der nach dem Wege zur nächsten Stadt gefragt wird: »Bewundere dich selbst und lebe auf der Gasse!«. »Halt, rief der Weise, du verlangst zu viel, es genügt schon sich selber zu bewundern!« Der Narr entgegnete: »Aber wie kann man beständig bewundern, ohne beständig zu verachten?«

Die Ruhesuchenden. – Ich erkenne die Geister, welche Ruhe suchen, an den vielen dunklen Gegenständen, welche sie um sich aufstellen: Wer schlafen will, macht sein Zimmer dunkel oder kriecht in eine Höhle. – Ein Wink für die, welche nicht wissen, was sie eigentlich am meisten suchen, und es wissen möchten!

Immer in unserer Gesellschaft. – Alles, was meiner Art ist, in Natur und Geschichte, redet zu mir, lobt mich, treibt mich vorwärts, tröstet mich –: das Andere höre ich nicht oder vergesse es gleich. Wir sind stets nur in unserer Gesellschaft.

Ruhm. – Wenn die Dankbarkeit vieler gegen einen alle Scham wegwirft, so entsteht der Ruhm.

Der unveränderliche Charakter. – Dass der Charakter unveränderlich sei, ist nicht im strengen Sinne wahr; vielmehr heißt dieser beliebte Satz nur so viel, dass während der kurzen Lebensdauer eines Menschen die einwirkenden Motive gewöhnlich nicht tief genug ritzen können, um die aufgeprägten Schriftzüge vieler Jahrtausende zu zerstören. Dächte man sich aber einen Menschen von achtzigtausend Jahren, so hätte man an ihm sogar einen absolut veränderlichen Charakter: so dass eine Fülle verschiedener Individuen sich nach und nach aus ihm entwickelte. Die Kürze des menschlichen Lebens verleitet zu manchen irrtümlichen Behauptungen über die Eigenschaften des Menschen.

Der Einflussreichste. – Dass ein Mensch seiner ganzen Zeit Widerstand leistet, sie am Tore aufhält und zur Rechenschaft zieht, das muss Einfluss üben! Ob er es will, ist gleichgültig; dass er es kann, ist die Sache.

Unbequeme Eigenschaft. – Alle Dinge tief finden – das ist eine unbequeme Eigenschaft: Sie macht, dass man beständig seine Augen anstrengt und am Ende immer mehr findet, als man gewünscht hat.

Egoismus. – Egoismus ist das perspektivische Gesetz der Empfindung, nach dem das Nächste groß und schwer erscheint: während nach der Ferne zu alle Dinge an Größe und Gewicht abnehmen.

Zur Beruhigung des Skeptikers. – »Ich weiß durchaus nicht, was ich tue! Ich weiß durchaus nicht, was ich tun soll!« – Du hast Recht, aber zweifle nicht daran: Du wirst getan! In jedem Augenblicke! Die Menschheit hat zu allen Zeiten das Aktivum und das Passivum verwechselt, es ist ihr ewiger grammatikalischer Schnitzer.

Verdruss des Stolzen. – Der Stolze hat selbst an denen, welche ihn vorwärts bringen, seinen Verdruss: Er blickt böse auf die Pferde seines Wagens.

Die Zwecke in der Natur. – Wer, als unbefangener Forscher, der Geschichte des Auges und seiner Formen bei den niedrigsten Geschöpfen nachgeht und das ganze schrittweise Werden des Auges zeigt, muss zu dem großen Ergebnis kommen: dass das Sehen nicht die Absicht bei der Entstehung des Auges gewesen ist, vielmehr sich eingestellt hat, als der Zufall den Apparat zusammengebracht hatte. Ein einziges solches Beispiel: und die »Zwecke« fallen uns wie Schuppen von den Augen!

Was ist Wollen! – Wir lachen über den, welcher aus seiner Kammer tritt, in der Minute, da die Sonne aus der ihren tritt, und sagt: »Ich will, dass die Sonne aufgehe«; und über den, welcher ein Rad nicht aufhalten kann und sagt: »Ich will, dass es rolle«; und über den, welcher im Ringkampf niedergeworfen wird und sagt: »hier liege ich, aber ich will hier liegen!« Aber, trotz allem Gelächter! Machen wir es denn jemals anders, als einer von diesen Dreien, wenn wir das Wort gebrauchen: »Ich will«?

Was macht heroisch? – Zugleich seinem höchsten Leide und seiner höchsten Hoffnung entgegengehen.

Woran glaubst du? – Daran: dass die Gewichte aller Dinge neu bestimmt werden müssen.

Was sagt dein Gewissen? – »Du sollst der werden, der du bist.«

Wo liegen deine größten Gefahren? – Im Mitleiden.

Was liebst du an Anderen? – Meine Hoffnungen.

Wen nennst du schlecht? – Den, der immer beschämen will.

Was ist dir das Menschlichste? – Jemandem Scham ersparen.

Was ist das Siegel der erreichten Freiheit? – Sich nicht mehr vor sich selber schämen.

Zurückgebliebene und vorwegnehmende Menschen. – Der unangenehme Charakter, welcher voller Misstrauen ist, alles glückliche Gelingen der Mitbewerbenden und Nächsten mit Neid fühlt, gegen abweichende Meinungen gewalttätig und aufbrausend ist, zeigt, dass er einer früheren Stufe der Kultur zugehört, also ein Überbleibsel ist: Denn die Art, in welcher er mit den Menschen verkehrt, war die rechte und zutreffende für die Zustände eines Faustrecht-Zeitalters; es ist ein zurückgebliebener Mensch. Ein anderer Charakter, welcher reich an Mitfreude ist, überall Freunde gewinnt, alles Wachsende und Werdende liebevoll empfindet, alle Ehren und Erfolge Anderer mitgenießt und kein Vorrecht, das Wahre allein zu erkennen, in Anspruch nimmt, sondern voll eines bescheidenen Misstrauens ist, – das ist ein vorwegnehmender Mensch, welcher einer höheren Kultur der Menschen entgegenstrebt. Der unangenehme Charakter stammt aus den Zeiten, wo die rohen Fundamente des menschlichen Verkehrs erst zu bauen waren, der andere lebt auf deren höchsten Stockwerken, möglichst entfernt von dem wilden Tier, welches in den Kellern, unter den Fundamenten der Kultur, eingeschlossen wütet und heult.

Mit einem großen Ziele. – Mit einem großen Ziele ist man sogar der Gerechtigkeit überlegen, nicht nur seinen Taten und seinen Richtern.

Philosophisch gesinnt sein. – Gewöhnlich strebt man danach, für alle Lebenslagen und Ereignisse eine Haltung des Gemütes, eine Gattung von Ansichten zu erwerben, – das nennt man vornehmlich philosophisch gesinnt sein. Aber für die Bereicherung der Erkenntnis mag es höheren Wert haben, nicht in dieser Weise sich zu uniformieren, sondern auf die leise Stimme der verschiedenen Lebenslagen zu hören; diese bringen ihre eigenen Ansichten mit sich. So nimmt man erkennenden Anteil am Leben und Wesen Vieler, indem man sich selber nicht als starres, beständiges, eines Individuum behandelt.

Es ist unmenschlich, da zu segnen, wo einem geflucht wird.

Liebe als Kunstgriff. – Wer etwas Neues wirklich kennen lernen will (sei es ein Mensch, ein Ereignis, ein Buch), der tut gut, dieses Neue mit aller möglichen Liebe aufzunehmen, von Allem, was ihm daran feindlich, anstößig, falsch vorkommt, schnell das Auge abzuwenden, ja es zu vergessen: So dass man zum Beispiel dem Autor eines Buches den größten Vorsprung gibt und geradezu, wie bei einem Wettrennen, mit klopfendem Herzen danach begehrt, dass er sein Ziel erreiche. Mit diesem Verfahren dringt man nämlich der neuen Sache bis an ihr Herz, bis an ihren bewegenden Punkt: Und dies heißt eben sie kennen lernen. Ist man soweit, so macht der Verstand hinterdrein seine Restriktionen; jene Überschätzung, jenes zeitweilige Aushängen des kritischen Pendels war eben nur der Kunstgriff, die Seele einer Sache herauszulocken.

Es gibt eine Unschuld in der Lüge, welche das Zeichen des guten Glaubens an eine Sache ist.

Die Folgen unsrer Handlungen fassen uns am Schopfe, sehr gleichgültig dagegen, dass wir uns inzwischen »gebessert« haben.

Verkehr mit dem höheren Selbst. – Ein jeder hat seinen guten Tag, wo er sein höheres Selbst findet; und die wahre Humanität verlangt, jemanden nur nach diesem Zustande und nicht nach den Werktagen der Unfreiheit und Knechtung zu schätzen. Man soll zum Beispiel einen Maler nach seiner höchsten Vision, die er zu sehen und darzustellen vermochte, taxieren und verehren. Aber die Menschen selber verkehren sehr verschieden mit diesem ihrem höheren Selbst und sind häufig ihre eigenen Schauspieler, insofern sie das, was sie in jenen Augenblicken sind, später immer wieder nachmachen. Manche leben in Scheu und Demut vor ihrem Ideale und möchten es verleugnen: Sie fürchten ihr höheres Selbst, weil es, wenn es redet, anspruchsvoll redet. Dazu hat es eine geisterhafte Freiheit zu kommen und fortzubleiben wie es will; es wird deswegen häufig eine Gabe der Götter genannt, während eigentlich alles andere Gabe der Götter (des Zufalls) ist: Jenes aber ist der Mensch selber.

Ihr Utilitarier, auch ihr liebt alles Utile nur als ein Fuhrwerk eurer Neigungen, – auch ihr findet eigentlich den Lärm seiner Räder unausstehlich?

Die Vertraulichkeit des Überlegenen erbittert, weil sie nicht zurückgegeben werden darf. –

Mitleiden wirkt an einem Menschen der Erkenntnis beinahe zum Lachen, wie zarte Hände an einem Zyklopen.

Leben und Erleben. – Sieht man zu, wie Einzelne mit ihren Erlebnissen – ihren unbedeutenden alltäglichen Erlebnissen – umzugehen wissen, so dass diese zu einem Ackerland werden, das dreimal des Jahres Frucht trägt; während andere – und wie viele! – durch den Wogenschlag der aufregendsten Schicksale, der mannigfaltigsten Zeit- und Volksströmungen hindurch getrieben werden und doch immer leicht, immer obenauf, wie Kork, bleiben: So ist man endlich versucht, die Menschheit in eine Minorität (Minimalität) solcher einzuteilen, welche aus Wenigem Viel zu machen verstehen: und in eine Majorität derer, welche aus Vielem Wenig zu machen verstehen; ja man trifft auf jene umgekehrten Hexenmeister, welche, anstatt die Welt aus Nichts, aus der Welt ein Nichts schaffen.

»Nicht dass du mich belogst, sondern dass ich dir nicht mehr glaube, hat mich erschüttert.« –

Man umarmt aus Menschenliebe bisweilen einen Beliebigen (weil man nicht alle umarmen kann): Aber gerade das darf man dem Beliebigen nicht verraten. ….

Ernst im Spiele. – In Genua hörte ich zur Zeit der Abenddämmerung von einem Turme her ein langes Glockenspiel: Das wollte nicht enden und klang, wie unersättlich an sich selber, über das Geräusch der Gassen in den Abendhimmel und die Meerluft hinaus, so schauerlich, so kindisch zugleich, so wehmutsvoll. Da gedachte ich der Worte Platos und fühlte sie auf einmal im Herzen: Alles Menschliche insgesamt ist des großen Ernstes nicht wert; trotzdem …

Es gibt einen Übermut der Güte, welcher sich wie Bosheit ausnimmt.

Man hasst nicht, solange man noch gering schätzt, sondern erst, wenn man gleich oder höher schätzt.

Klugen Menschen glaubt man ihre Torheiten nicht: Welche Einbuße an Menschenrechten!

Wer nicht durch verschiedene Überzeugungen hindurchgegangen ist, sondern in dem Glauben hängen bleibt, in dessen Netz er sich zuerst verfing, ist unter allen Umständen eben wegen dieser Unwandelbarkeit ein Vertreter zurückgebliebener Kulturen; er ist gemäß diesem Mangel an Bildung (welche immer Bildbarkeit voraussetzt) hart, unverständig, unbelehrbar, ohne Milde, ein ewiger Verdächtiger, ein Unbedenklicher, der zu allen Mitteln greift, seine Meinung durchzusetzen, weil er gar nicht begreifen kann, dass es andere Meinungen geben müsse; er ist, in solchem Betracht, vielleicht eine Kraftquelle und in allzu frei und schlaff gewordenen Kulturen sogar heilsam, aber doch nur, weil er kräftig anreizt, ihm Widerpart zu halten: Denn dabei wird das zartere Gebilde der neuen Kultur, welche zum Kampf mit ihm gezwungen ist, selber stark.

Feinheit des Dienens. – Innerhalb der großen Kunst des Dienens gehört es zu den feinsten Aufgaben, einem unbändig Ehrgeizigen zu dienen, der zwar der stärkste Egoist in allem ist, aber durchaus nicht dafür gelten will (es ist dies gerade ein Stück seines Ehrgeizes), dem alles nach Willen und Laune geschehen muss und doch immer so, dass es den Anschein hat, als ob er sich aufopferte und selten für sich selber etwas wollte.

Der Asket. – Der Asket macht aus der Tugend eine Not.

Sich rächen wollen und sich rächen. Einen Rachegedanken haben und ausführen heißt einen heftigen Fieberanfall bekommen, der aber vorübergeht: Einen Rachegedanken aber haben, ohne Kraft und Mut, ihn auszuführen, heißt ein chronisches Leiden, eine Vergiftung an Leib und Seele mit sich herumtragen. Die Moral, welche nur auf die Absichten sieht, taxiert beide Fälle gleich; für gewöhnlich taxiert man den ersten Fall als den schlimmeren (wegen der bösen Folgen, welche die Tat der Rache vielleicht nach sich zieht). Beide Schätzungen sind kurzsichtig.

Vom Stundenzeiger des Lebens. – Das Leben besteht aus seltenen einzelnen Momenten von höchster Bedeutsamkeit und unzählig vielen Intervallen, in denen uns bestenfalls die Schattenbilder jener Momente umschweben. Die Liebe, der Frühling, jede schöne Melodie, das Gebirge, der Mond, das Meer – alles redet nur einmal ganz zum Herzen: Wenn es überhaupt je ganz zu Worte kommt. Denn viele Menschen haben jene Momente gar nicht und sind selber Intervalle und Pausen in der Symphonie des wirklichen Lebens.

Feinheit der Scham. – Die Menschen schämen sich nicht, etwas Schmutziges zu denken, aber wohl, wenn sie sich vorstellen, dass man ihnen diese schmutzigen Gedanken zutraue.

Den andern zum Vorbild. – Wer ein gutes Beispiel geben will, muss seiner Tugend einen Gran Narrheit zusetzen: Dann ahmt man nach und erhebt sich zugleich über den Nachgeahmten, – was die Menschen lieben.

Leicht resigniert. – Man leidet wenig an versagten Wünschen, wenn man seine Phantasie geübt hat, die Vergangenheit zu verhässlichen.

In Gefahr. – Man ist am Meisten in Gefahr, überfahren zu werden, wenn man eben einem Wagen ausgewichen ist.

Freude an sich.- »Freude an der Sache« so sagt man: Aber in Wahrheit ist es Freude an sich vermittelst einer Sache.

Anschein des Heroismus. – Sich mitten unter die Feinde werfen, kann das Merkmal der Feigheit sein.

»*Charaktervoll*«. – »Was ich einmal gesagt habe, das tue ich« – diese Denkweise gilt als charaktervoll. Wie viele Handlungen werden getan, nicht weil sie als die vernünftigsten ausgewählt worden sind, sondern weil sie, als sie uns einfielen, auf irgendwelche Art unsere Ehrsucht und Eitelkeit gereizt haben, sodass wir dabei verbleiben und sie blindlings durchsetzen! So mehren sie bei uns selber den Glauben an unseren Charakter und unser gutes Gewissen, also, im Ganzen, unsere Kraft: Während das Auswählen des möglichst Vernünftigen die Skepsis gegen uns und dermaßen ein Gefühl der Schwäche in uns unterhält.

Einmal, zweimal und dreimal wahr! – Die Menschen lügen unsäglich oft, aber sie denken hinterher nicht daran und glauben im Ganzen nicht daran.

Die Welt – Vernichter. – Diesem gelingt etwas nicht; schließlich ruft er empört aus: »So möge doch die ganze Welt zu Grunde gehen!« Dieses abscheuliche Gefühl ist der Gipfel des Neides, welcher folgert: Weil ich etwas nicht haben kann, soll alle Welt Nichts haben! soll alle Welt nichts sein!

Der Bescheidene. – Wer gegen Personen bescheiden ist, zeigt gegen Sachen (Stadt, Staat, Gesellschaft, Zeit, Menschheit) umso stärker seine Anmaßung. Das ist seine Rache.

Vorsicht vor den Systematikern! – Es gibt eine Schauspielerei der Systematiker: Indem sie ein System ausfüllen wollen und den Horizont darum rund machen, müssen sie versuchen, ihre schwächeren Eigenschaften im Stile ihrer stärkeren auftreten zu lassen, – sie wollen vollständige und einartig starke Naturen darstellen.

Wert eines Berufes. – Ein Beruf macht gedankenlos; darin liegt sein größter Segen. Denn er ist eine Schutzwehr, hinter welche man sich, wenn Bedenken und Sorgen allgemeiner Art einen anfallen, erlaubtermaßen zurückziehen kann.

Das sogenannte »Ich«. – Die Sprache und die Vorurteile, auf denen die Sprache aufgebaut ist, sind uns vielfach in der Ergründung innerer Vorgänge und Triebe hinderlich: Zum Beispiel dadurch, dass eigentlich Worte allein für superlativische Grade dieser Vorgänge und Triebe da sind –; nun aber sind wir gewohnt, dort, wo uns Worte fehlen, nicht mehr genau zu beobachten, weil es peinlich ist, dort noch genau zu denken; ja, ehedem schloss man unwillkürlich, wo das Reich der Worte aufhöre, höre auch das Reich des Daseins auf. Zorn, Hass, Liebe, Mitleid, Begehren, Erkennen, Freude, Schmerz, – das sind alles Namen für extreme Zustände: die milderen mittleren und gar die immerwährend spielenden niederen Grade entgehen uns, und doch weben sie gerade das Gespinst unseres Charakters und Schicksals.

Feinde der Wahrheit. – Überzeugungen sind gefährlichere Feinde der Wahrheit als Lügen.

Die Länge des Tages. – Wenn man viel hineinzustecken hat, so hat ein Tag hundert Taschen.

Das Urteil des Abends. – Wer über sein Tages- und Lebenswerk nachdenkt, wenn er am Ende und müde ist, kommt gewöhnlich zu einer melancholischen Betrachtung: Das liegt aber nicht am Tage und am Leben, sondern an der Müdigkeit. – Mitten im Schaffen nehmen wir uns gewöhnlich keine Zeit zu Urteilen über das Leben und das Dasein, und mitten im Genießen auch nicht: Kommt es aber einmal doch dazu, so geben wir dem nicht mehr Recht, welcher auf den siebenten Tag und die Ruhe wartete, um alles, was da ist, sehr schön zu finden, – er hatte den besseren Augenblick verpasst.

Sich in lauter Lagen begeben, wo man keine Scheintugenden haben darf, wo man vielmehr, wie der Seiltänzer auf seinem Seile, entweder stürzt oder steht – oder davonkommt …

Neid und Eifersucht. – Neid und Eifersucht sind die Schamteile der menschlichen Seele. Die Vergleichung kann vielleicht fortgesetzt werden.

Mittel der Vertierung. – Im Kampf mit der Dummheit werden die billigsten und sanftesten Menschen zuletzt brutal. Sie sind damit vielleicht auf dem rechten Wege der Verteidigung; denn an die dumme Stirn gehört, als Argument, von Rechtswegen die geballte Faust. Aber weil, wie gesagt, ihr Charakter sanft und billig ist, so leiden sie durch diese Mittel der Notwehr mehr als sie Leid zufügen.

Die unbekannte Welt des »Subjekts«. – Das, was den Menschen so schwer zu begreifen fällt, ist ihre Unwissenheit über sich selber, von den ältesten Zeiten bis jetzt! Nicht nur in Bezug auf gut und böse, sondern in Bezug auf viel Wesentlicheres! Noch immer lebt der uralte Wahn, dass man wisse, ganz genau wisse, wie das menschliche Handeln zu Stande komme, in jedem Falle. Nicht nur »Gott, der in's Herz sieht«., nicht nur der Täter, der seine Tat überlegt, – nein, auch jeder andere zweifelt nicht, das Wesentliche im Vorgange der Handlung jedes andern zu verstehen. »Ich weiß, was ich will, was ich getan habe, ich bin frei und verantwortlich dafür, ich mache den andern verantwortlich, ich kann alle sittlichen Möglichkeiten und alle inneren Bewegungen, die es vor einer Handlung gibt, beim Namen nennen; ihr mögt handeln, wie ihr wollt, – ich verstehe darin mich und euch Alle!« – so dachte ehemals jeder, so denkt fast noch jeder.

Auch der Mutigste von uns hat nur selten den Mut zu dem, was er eigentlich weiß …

Aus der Kriegsschule des Lebens. – Was mich nicht umbringt, macht mich stärker.

Hilf dir selber: dann hilft dir noch Jedermann. Prinzip der Nächstenliebe.

Warum das »Ich« verdoppeln! – Unsere eigenen Erlebnisse mit dem Auge ansehen, mit dem wir sie anzusehen pflegen, wenn es die Erlebnisse anderer sind, – dies beruhigt sehr und ist eine ratsame Medizin.

Kann ein Esel tragisch sein? – Dass man unter einer Last zu Grunde geht, die man weder tragen, noch abwerfen kann? … Der Fall des Philosophen.

Hat man sein »warum?« des Lebens, so verträgt man sich fast mit jedem »wie?« – Der Mensch strebt nicht nach Glück; nur der Engländer tut das.

Die freie Natur. – Wir sind so gern in der freien Natur, weil diese keine Meinung über uns hat.

Vom Wetter. – Ein sehr ungewöhnliches und unberechenbares Wetter macht die Menschen auch gegen einander misstrauisch; sie werden dabei neuerungssüchtig, denn sie müssen von ihren Gewohnheiten abgehen. Deshalb lieben die Despoten alle Länderstriche, wo das Wetter moralisch ist.

Der Wille, einen Affekt zu überwinden, ist zuletzt doch nur der Wille eines anderen oder mehrerer anderer Affekte.

Charaktervoll. – Charaktervoll erscheint ein Mensch weit häufiger, weil er immer seinem Temperamente, als weil er immer seinen Prinzipien folgt.

Seine Umstände kennen. – Unsere Kräfte können wir abschätzen, aber nicht unsere Kraft. Die Umstände verbergen und zeigen uns dieselbe nicht nur, – nein! Sie vergrößern und verkleinern sie. Man soll sich für eine variable Größe halten, deren Leistungsfähigkeit unter Umständen der Begünstigung vielleicht der allerhöchsten gleichkommen kann: Man soll also über die Umstände nachdenken und keinen Fleiß in deren Beobachtung scheuen.

Was? Du suchst? Du möchtest dich verzehnfachen, verhundertfachen? Du suchst Anhänger? – Suche Nullen! –

Posthume Menschen – ich zum Beispiel – werden schlechter verstanden als zeitgemäße, aber besser gehört. Strenger: wir werden nie verstanden – und daher unsre Autorität …

Der Weise als Astronom. – So lange du noch die Sterne fühlst als ein »Über-dir«, fehlt dir noch der Blick des Erkennenden.

Der starke, gute Charakter. – Die Gebundenheit der Ansichten, durch Gewöhnung zum Instinkt geworden, führt zu dem, was man Charakterstärke nennt. Wenn jemand aus wenigen, aber immer aus den gleichen Motiven handelt, so erlangen seine Handlungen eine große Energie; stehen diese Handlungen im Einklange mit den Grundsätzen der gebundenen Geister, so werden sie anerkannt und erzeugen nebenbei in dem, der sie tut, die Empfindung des guten Gewissens. Wenige Motive, energisches Handeln und gutes Gewissen machen das aus, was man Charakterstärke nennt. Dem Charakterstarken fehlt die Kenntnis der vielen Möglichkeiten und Richtungen des Handelns; sein Intellekt ist unfrei, gebunden, weil er ihm in einem gegebenen Falle vielleicht nur zwei Möglichkeiten zeigt; zwischen diesen muss er jetzt gemäß seiner ganzen Natur mit Notwendigkeit wählen, und er tut dies leicht und schnell, weil er nicht zwischen fünfzig Möglichkeiten zu wählen hat.

Wenn der Entschluss einmal gefasst ist, das Ohr auch für den besten Gegengrund zu schließen: Zeichen des starken Charakters. Also ein gelegentlicher Wille zur Dummheit.

Nicht die Stärke, sondern die Dauer der hohen Empfindung macht die hohen Menschen.

Wer sich selbst verachtet, achtet sich doch immer noch dabei als Verächter.

Miterklingen. – Alle stärkeren Stimmungen bringen ein Miterklingen verwandter Empfindungen und Stimmungen mit sich; sie wühlen gleichsam das Gedächtnis auf. Es erinnert sich bei ihnen etwas in uns und wird sich ähnlicher Zustände und deren Herkunft bewusst. So bilden sich angewöhnte rasche Verbindungen von Gefühlen und Gedanken, welche zuletzt, wenn sie blitzschnell hintereinander erfolgen, nicht einmal mehr als Komplexe, sondern als Einheiten empfunden werden. In diesem Sinne redet man vom moralischen Gefühle, vom religiösen Gefühle, wie als ob dies lauter Einheiten seien: In Wahrheit sind sie Ströme mit hundert Quellen und Zuflüssen. Auch hier, wie so oft, verbürgt die Einheit des Wortes nichts für die Einheit der Sache.

Hat man Charakter, so hat man auch sein typisches Erlebnis, das immer wiederkommt.

Wer sein Ideal erreicht, kommt eben damit über dasselbe hinaus.

Man hat schlecht dem Leben zugeschaut, wenn man nicht auch die Hand gesehen hat, die auf eine schonende Weise – tötet.

Was man versprechen kann. – Man kann Handlungen versprechen, aber keine Empfindungen; denn diese sind unwillkürlich. Wer jemandem verspricht, ihn immer zu lieben oder immer zu hassen oder ihm immer treu zu sein, verspricht etwas, das nicht in seiner Macht steht; wohl aber kann er solche Handlungen versprechen, welche zwar gewöhnlich die Folgen der Liebe, des Hasses, der Treue sind, aber auch aus anderen Motiven entspringen können: Denn zu einer Handlung führen mehrere Wege und Motive.

Selbstbeobachtung. – Der Mensch ist gegen sich selbst, gegen Auskundschaftung und Belagerung durch sich selber, sehr gut verteidigt, er vermag gewöhnlich nicht mehr von sich, als seine Außenwerke wahrzunehmen. Die eigentliche Festung ist ihm unzugänglich, selbst unsichtbar, es sei denn, dass Freunde und Feinde die Verräter machen und ihn selber auf geheimem Wege hineinführen.

Unter friedlichen Umständen fällt der kriegerische Mensch über sich selber her.

Mit seinen Grundsätzen will man seine Gewohnheiten tyrannisieren oder rechtfertigen oder ehren oder beschimpfen oder verbergen: – Zwei Menschen mit gleichen Grundsätzen wollen damit wahrscheinlich noch etwas Grundverschiedenes.

Der Instinkt. – Wenn das Haus brennt, vergisst man sogar das Mittagsessen. – Ja: aber man holt es auf der Asche nach.

Wer hat nicht für seinen guten Ruf schon einmal – sich selbst geopfert? –

Wenn man sein Gewissen dressiert, so küsst es uns zugleich, indem es beißt.

Vor uns selbst stellen wir uns alle einfältiger als wir sind: wir ruhen uns so von unsern Mitmenschen aus.

Wer mit Ungeheuern kämpft, mag zusehn, dass er nicht dabei zum Ungeheuer wird. Und wenn du lange in einen Abgrund blickst, blickt der Abgrund auch in dich hinein.

Heute möchte sich ein Erkennender leicht als Tierwerdung Gottes fühlen.

Erleben und Erdichten. – Wie weit einer seine Selbstkenntnis auch treiben mag, Nichts kann doch unvollständiger sein, als das Bild der gesamten Triebe, die sein Wesen konstituieren. Kaum dass er die gröberen beim Namen nennen kann: ihre Zahl und Stärke, ihre Ebbe und Flut, ihr Spiel und Widerspiel untereinander, und vor allem die Gesetze ihrer Ernährung bleiben ihm ganz unbekannt.

Gefühle und deren Abkunft von Urteilen. – »Vertraue deinem Gefühle!« – Aber Gefühle sind nichts Letztes, Ursprüngliches, hinter den Gefühlen stehen Urteile und Wertschätzungen, welche in der Form von Gefühlen (Neigungen, Abneigungen) uns vererbt sind. Die Inspiration, die aus dem Gefühl stammt, ist das Enkelkind eines Urteils – und oft eines falschen! – und jedenfalls nicht deines eigenen! Seinem Gefühle vertrauen – das heißt seinem Großvater und seiner Großmutter und deren Großeltern mehr gehorchen als den Göttern, die in uns sind: unserer Vernunft und unserer Erfahrung.

Das Eine, was Not tut. – Eins muss man haben: Entweder einen von Natur leichten Sinn oder einen durch Kunst und Wissen erleichterten Sinn.

Die Ruhe in der Tat. – Wie ein Wasserfall im Sturz langsamer und schwebender wird, so pflegt der große Mensch der Tat mit mehr Ruhe zu handeln, als seine stürmische Begierde vor der Tat es erwarten ließ.

atavistisch : uralt & überholt.

Bildung und Erziehung

Was ein elitärer und ideologiekritischer Denker wie Nietzsche vom Universitäts- und Schulsystem seiner Zeit hielt, lässt sich leicht ausrechnen. Er war der Meinung, dass in diesen Institutionen Menschen vor allem für die Einpassung in spezielle Berufe und als staatstreue Bürger herangezogen werden, da die Struktur des Denkens sich der Struktur der Bildungseinrichtung anpasst. So gilt Nietzsche die Universität als »Wurmfortsatz der Gymnasialtendenz«. Allgemein(ste) Bildung ist in seinen Augen »Barbarei«. Er hingegen verlangt nach wahrer Bildung, also Bildung, die den verengten Horizont sogenannter Fachwissenschaftler sprengt und das ganze Leben umfasst. Doch das erfordert nicht nur Zeit und Selbstständigkeit, sondern auch Ernsthaftigkeit und ein Vorbild, also einen wahrhaften Gelehrten. Obwohl manche seiner Aphorismen sich atavistisch bzw. irrational interpretieren lassen, ist es nicht so, dass Nietzsche prinzipiell ein Feind von Bildung gewesen wäre. Der Mensch muss erst Bildung genossen haben, um sie auf dem Weg zu neuer Instinktsicherheit wieder abzustreifen. Gerade wenn man an die europaweiten Bildunsgsreformen denkt, an »unfähige Lehrer in harmonischem Verhältnis zu unfähigen Schülern stehend«, ist Nietzsche hier immer noch brandaktuell.

Erziehung. – Die Erziehung ist eine Fortsetzung der Zeugung und oft eine Art nachträglicher Beschönigung derselben.

Unterschätzte Wirkung des gymnasialen Unterrichts. – Man sucht den Wert des Gymnasiums selten in den Dingen, welche wirklich dort gelernt und von ihm unverlierbar heimgebracht werden, sondern in denen, welche man lehrt, welche der Schüler sich aber nur mit Widerwillen aneignet, um sie, so schnell er darf, von sich abzuschütteln. Das Lesen der Klassiker – das gibt jeder Gebildete zu – ist so, wie es überall getrieben wird, eine monströse Prozedur: Vor jungen Menschen, welche in keiner Beziehung dazu reif sind, von Lehrern, welche durch jedes Wort, oft durch ihr Erscheinen schon einen Mehltau über einen guten Autor legen. Aber darin liegt der Wert, der gewöhnlich verkannt wird, – dass diese Lehrer die abstrakte Sprache der höheren Kultur reden, schwerfällig und schwer zum Verstehen, wie sie ist, aber eine hohe Gymnastik des Kopfes; dass Begriffe, Kunstausdrücke, Methoden, Anspielungen in ihrer Sprache fortwährend vorkommen, welche die jungen Leute im Gespräche ihrer Angehörigen und auf der Gasse fast nie hören. Wenn die Schüler nur hören, so wird ihr Intellekt zu einer wissenschaftlichen Betrachtungsweise unwillkürlich präformiert. Es ist nicht möglich, aus dieser Zucht völlig unberührt von der Abstraktion als reines Naturkind herauszukommen.

Lebensalter der Anmaßung. – Zwischen dem sechsundzwanzigsten und dreißigsten Jahre liegt bei begabten Menschen die eigentliche Periode der Anmaßung; es ist die Zeit der ersten Reife, mit einem starken Rest von Säuerlichkeit. Man fordert auf Grund dessen, was man in sich fühlt, von Mensen, welche nichts oder wenig davon sehen, Ehre und Demütigung, und rächt sich, weil diese zunächst ausbleiben, durch jenen Blick, jene Gebärde der Anmaßung, jenen Ton der Stimme, die ein feines Ohr und Auge an allen Produktionen jenes Alters, seien es Gedichte, Philosophien, oder Bilder und Musik, wiedererkennt. Ältere erfahrene Männer lächeln dazu und mit Rührung gedenken sie dieses schönen Lebensalters, in dem man böse über das Geschick ist, so viel zu sein und so wenig zu scheinen. Später scheint man wirklich mehr, – aber man hat den guten Glauben verloren, viel zu sein: man bleibe denn zeitlebens ein unverbesserlicher Narr der Eitelkeit.

Die Natur korrigieren. – Wenn man keinen guten Vater hat, so soll man sich einen anschaffen.

Väter und Söhne. – Väter haben viel zu tun, um es wieder gut zu machen, dass sie Söhne haben.

Einsamkeit lernen. – Oh, ihr armen Schelme in den großen Städten der Weltpolitik, ihr jungen, begabten, vom Ehrgeiz gemarterten Männer, welche es für ihre Pflicht halten, zu allen

Begebenheiten – es begibt sich immer etwas – ihr Wort zu sagen! Welche, wenn sie auf diese Art Staub und Lärm machen, glauben, der Wagen der Geschichte zu sein! Welche, weil sie immer horchen, immer auf den Augenblick passen, wo sie ihr Wort hineinwerfen können, jede echte Produktivität verlieren! Mögen sie auch noch so begehrlich nach großen Werken sein: Die tiefe Schweigsamkeit der Schwangerschaft kommt nie zu ihnen! Das Ereignis des Tages jagt sie wie Spreu vor sich her, während sie meinen, das Ereignis zu jagen, – die armen Schelme! – Wenn man einen Helden auf der Bühne abgeben will, darf man nicht daran denken, Chorus zu machen, ja, man darf nicht einmal wissen, wie man Chorus macht.

Jugend. – Die Jugend ist unangenehm; denn in ihr ist es nicht möglich oder nicht vernünftig, produktiv zu sein, in irgendeinem Sinne.

Die persönlichsten Fragen der Wahrheit. – »Was ist das eigentlich, was ich tue? Und was will gerade ich damit?« – das ist die Frage der Wahrheit, welche bei unserer jetzigen Art Bildung nicht gelehrt und folglich nicht gefragt wird, für sie gibt es keine Zeit. Dagegen mit Kindern von Possen zu reden und nicht von der Wahrheit, mit Frauen, die später Mütter werden sollen, Artigkeiten zu reden und nicht von der Wahrheit, mit Jünglingen von ihrer Zukunft und ihrem Vergnügen zu reden und nicht von der Wahrheit, – dafür ist immer Zeit und Lust da! – Aber was sind auch siebzig Jahre! – Das läuft hin und ist bald zu Ende; es liegt so wenig daran, dass die Welle wisse, wie und wohin sie laufe! Ja, es könnte Klugheit sein, es nicht zu wissen. – »Zugegeben: Aber stolz ist es nicht, auch nicht einmal danach zu fragen; unsere Bildung macht die Menschen nicht stolz.« – Umso besser! – »Wirklich?«

Fortleben der Eltern. – Die unaufgelösten Dissonanzen im Verhältnis von Charakter und Gesinnung der Eltern klingen in dem Wesen des Kindes fort und machen seine innere Leidensgeschichte aus.

Tragödie der Kindheit. – Es kommt vielleicht nicht selten vor, dass edel- und hochstrebende Menschen ihren härtesten Kampf in der Kindheit zu bestehen haben: Etwa dadurch, dass sie ihre Gesinnung gegen einen niedrig denkenden, dem Schein und der Lügnerei ergebenen Vater durchsetzen müssen, oder fortwährend, wie Lord Byron, im Kampfe mit einer kindischen und zornwütigen Mutter leben. Hat man so etwas erlebt, so wird man sein Leben lang es nicht verschmerzen, zu wissen, wer einem eigentlich der größte, der gefährlichste Feind gewesen ist.

Gedanke des Unmutes. – Es ist mit den Menschen wie mit den Kohlenmeilern im Walde. Erst wenn die jungen Menschen ausgeglüht haben und verkohlt sind, gleich jenen, dann werden sie nützlich. Solange sie dampfen und rauchen, sind sie vielleicht interessanter, aber unnütz und gar zu häufig unbequem. – Die Menschheit verwendet schonungslos jeden Einzelnen als Material zum Heizen ihrer großen Maschinen: Aber wozu dann die Maschinen, wenn alle Einzelnen (das heißt die Menschheit) nur dazu nützen, sie zu unterhalten? Maschinen, die sich selbst Zweck sind, – ist das die umana commedia?

Vernünftige Unvernunft. – In der Reife des Lebens und des Verstandes überkommt den Menschen das Gefühl, dass sein Vater Unrecht hatte, ihn zu zeugen.

Trügerisch und doch haltbar. – Wie man, um an einem Abgrund vorbeizugehen oder einen tiefen Bach auf einem Balken zu überschreiten, eines Geländers bedarf, nicht um sich daran festzuhalten, – denn es würde sofort mit einem zusammenbrechen, sondern um die Vorstellung der Sicherheit für das Auge zu erwecken, – so bedarf man als Jüngling solcher Personen, welche uns unbewusst den Dienst jenes Geländers erweisen; es ist wahr, sie würden uns nicht helfen, wenn wir uns wirklich, in großer Gefahr, auf sie stützen wollten, aber sie geben die beruhigende Empfindung des Schutzes in der Nähe (zum Beispiel Väter, Lehrer, Freunde, wie sie, alle drei, gewöhnlich sind).

Mädchen als Gymnasiasten. – Um alles in der Welt nicht noch unsere Gymnasialbildung auf die Mädchen übertragen! Sie, die häufig aus geistreichen, wissbegierigen, feurigen jungen Abbilder ihrer Lehrer macht!

Die Vernunft in der Schule. – Die Schule hat keine wichtigere Aufgabe, als strenges Denken, vorsichtiges Urteilen, konsequentes Schließen zu lehren: Deshalb hat sie von allen Dingen abzusehen, die nicht für diese Operationen tauglich sind, zum Beispiel von der Religion. Sie kann ja darauf rechnen, dass menschliche Unklarheit, Gewöhnung und Bedürfnis später doch wieder den Bogen des allzu straffen Denkens abspannen. Aber solange ihr Einfluss reicht, soll sie das erzwingen, was das Wesentliche und Auszeichnende am Menschen ist- »Vernunft und Wissenschaft des Menschen allerhöchste Kraft« – wie wenigstens Goethe urteilt. Die Vernunft in der Schule hat Europa zu Europa gemacht: Im Mittelalter war es auf dem Wege, wieder zu einem Stück und Anhängsel Asiens zu werden, – also den wissenschaftlichen Sinn, welchen es den Griechen verdankte, einzubüßen.

Zum Erziehungswesen. – In Deutschland fehlt dem höheren Menschen ein großes Erziehungsmittel: Das Gelächter höherer Menschen; diese lachen nicht in Deutschland.

Nicht zu vergessen, dass militärische Privilegien den Zuviel-Besuch der höheren Schulen, das heißt ihren Untergang, förmlich erzwingen. – Es steht niemandem mehr frei, im jetzigen Deutschland seinen Kindern eine vornehme Erziehung zu geben: Unsre »höheren« Schulen sind allesamt auf die zweideutigste Mittelmäßigkeit eingerichtet, mit Lehrern, mit Lehrplänen, mit Lehrzielen. Und überall herrscht eine unanständige Hast, wie als ob etwas versäumt wäre, wenn der junge Mann mit 23 Jahren noch nicht »fertig« ist, noch nicht Antwort weiß auf die »Hauptfrage«: welchen Beruf? – Eine höhere Art Mensch, mit Verlaub gesagt, liebt nicht »Berufe«, genau deshalb, weil sie sich berufen weiß … Sie hat Zeit, sie nimmt sich Zeit, sie denkt gar nicht daran, »fertig« zu werden, – mit dreißig Jahren ist man, im Sinne hoher Kultur, ein Anfänger, ein

Kind. – Unsre überfüllten Gymnasien, unsre überhäuften, stupid gemachten Gymnasiallehrer sind ein Skandal: Um diese Zustände in Schutz zu nehmen, wie es jüngst die Professoren von Heidelberg getan haben, dazu hat man vielleicht Ursachen, – Gründe dafür gibt es nicht.

Die Erfahrung des Sokrates. – Ist man in einer Sache Meister geworden, so ist man gewöhnlich eben dadurch in den meisten andern Sachen ein völliger Stümper geblieben; aber man urteilt gerade umgekehrt, wie dies schon Sokrates erfuhr. Dies ist der Übelstand, welcher den Umgang mit Meistern unangenehm macht.

Ein Mensch mit Genie ist unausstehlich, wenn er nicht mindestens noch zweierlei dazu besitzt: Dankbarkeit und Reinlichkeit.

Zunahme des Interessanten. – Im Verlaufe der höheren Bildung wird dem Menschen alles interessant, er weiß die belehrende Seite einer Sache rasch zu finden und den Punkt anzugeben, wo eine Lücke seines Denkens mit ihr ausgefüllt oder ein Gedanke durch sie bestätigt werden kann. Dabei verschwindet immer mehr die Langeweile, dabei auch die übermäßige Erregbarkeit des Gemütes. Er geht zuletzt wie ein Naturforscher unter Pflanzen, so unter Menschen herum und nimmt sich selber als ein Phänomen wahr, welches nur seinen erkennenden Trieb stark anregt.

Talent. – Das Talent manches Menschen erscheint geringer als es ist, weil er sich immer zu große Aufgaben gestellt hat.

Begabung. – In einer so hoch entwickelten Menschheit, wie die jetzige ist, bekommt von Natur jeder den Zugang zu vielen Talenten mit. Jeder hat angeborenes Talent, aber nur wenigen ist der Grad von Zähigkeit, Ausdauer, Energie angeboren und anerzogen, so dass er wirklich ein Talent wird, also wird, was er ist, das heißt: es in Werken und Handlungen entladet.

Lieben lernen. – Man muss lieben lernen, gütig sein lernen, und dies von Jugend auf; wenn Erziehung und Zufall uns keine Gelegenheit zur Übung dieser Empfindungen geben, so wird unsere Seele trocken und selbst zu einem Verständnisse jener zarten Erfindungen liebevoller Menschen ungeeignet. Ebenso muss der Hass gelernt und genährt werden, wenn einer ein tüchtiger Hasser werden will: sonst wird auch der Keim dazu allmählich absterben.

Aus einer Doktor–Promotion. – »Was ist die Aufgabe alles höheren Schulwesens?« – Aus dem Menschen eine Maschine zu machen, – »Was ist das Mittel dazu?« – Er muss lernen, sich langweilen. – »Wie erreicht man das?« – Durch den Begriff der Pflicht. – »Wer ist sein Vorbild dafür?« – Der Philolog: der lehrt ochsen. – »Wer ist der vollkommene Mensch?« – Der Staats–Beamte. – »Welche Philosophie gibt die höchste Formel für den Staats-Beamten?« – Die Kants: der Staats–Beamte als Ding an sich zum Richter gesetzt über den Staats–Beamten als Erscheinung. –

Wundererziehung. – Das Interesse in der Erziehung wird erst von dem Augenblick an große Stärke bekommen, wo man den Glauben an einen Gott und seine Fürsorge aufgibt: Ebenso wie die Heilkunst erst erblühen konnte, als der Glaube an Wunderkuren aufhörte. Bis jetzt glaubt aber alle Welt noch an die Wundererziehung: Aus der größten Unordnung, Verworrenheit der Ziele, Ungunst der Verhältnisse sah man ja die fruchtbarsten, mächtigsten Menschen erwachsen: Wie konnte dies doch mit rechten Dingen zugehen? Eine Erziehung, welche an kein Wunder mehr glaubt, wird auf dreierlei zu achten haben: Erstens, wie viel Energie ist vererbt? Zweitens, wodurch kann noch neue Energie entzündet werden? Drittens, wie kann das Individuum jenen so überaus vielartigen Ansprüchen der Kultur angepasst werden, ohne dass diese es beunruhigen und seine Einartigkeit zersplittern, – kurz, wie kann das Individuum in den Kontrapunkt der privaten und öffentlichen Kultur eingereiht werden, wie kann es zugleich die Melodie führen und als Melodie begleiten?

Alter, Krankheit und Tod

Alter und Krankheit werden für Nietzsche dann zu einem Problem, wenn sie ein sinnvolles und schöpferisches Leben nicht mehr zulassen. Die aktive und bewusste Entscheidung, sein Leben zu beenden, zeigt die Größe des Menschen. Nietzsche spaltet den Mensch in seine (alternde, verfallende, oft kranke) Kreatürlichkeit und sein Selbst, sein Wesen. Den körperlichen Verfall musste Nietzsche bereits früh und lange vor seiner geistigen Umnachtung am eigenen Leib erfahren, doch konnte er trotz der physischen Einschränkungen intellektuell weiterarbeiten. Hätte er den Verlauf seines rapiden Verfalls vorausgeahnt, wäre der Suizid eine wahrscheinliche Konsequenz gewesen. Ganz ohne Schrecken und ohne Angst, denn für Nietzsche gehört der Tod zum Leben, »hüten wir uns zu sagen, dass der Tod dem Leben entgegengesetzt sei.« Er ist die einzige Gewissheit in der Zukunft, doch keine, vor der man Angst haben muss. Denn nach Nietzsche folgt auf den Tod das »reine Nichts« (Karl Jaspers); damit wird auch die aus dem Glauben resultierende Angst vor möglichen Strafen oder der Hölle obsolet. Nietzsche geht sogar noch weiter: Die Angst vor dem Tod ist nicht nur ein Zeichen von Schwäche und einer Existenz, die ihren Zweck – nämlich ein kreatives, volles Leben zu führen – verfehlt, sondern sie perforiert die Lebenslust und -kraft des Menschen. So gelangt Nietzsche zu der Überzeugung, dass nur der Freitod über den natürlichen Tod triumphiert und die wahre Größe eines Menschen offenbart.

Reife des Mannes: das heißt den Ernst wiedergefunden haben, den man als Kind hatte, beim Spiel.

Greis und Tod. – Abgesehen von den Forderungen, welche die Religion stellt, darf man wohl fragen: Warum sollte es für einen alt gewordenen Mann, welcher die Abnahme seiner Kräfte spürt, rühmlicher sein, seine langsame Erschöpfung und Auflösung abzuwarten, als sich mit vollem Bewusstsein ein Ziel zu setzen? Die Selbsttötung ist in diesem Falle eine ganz natürliche naheliegende Handlung, welche als ein Sieg der

Vernunft billigerweise Ehrfurcht erwecken sollte: Und auch erweckt hat, in jenen Zeiten als die Häupter der griechischen Philosophie und die wackersten römischen Patrioten durch Selbsttötung zu sterben pflegten. Die Sucht dagegen, sich mit ängstlicher Beratung von Ärzten und peinlichster Lebensart von Tag zu Tage fortzufristen, ohne Kraft, dem eigentlichen Lebensziel noch näher zu kommen, ist viel weniger achtbar. – Die Religionen sind reich an Ausflüchten vor der Forderung der Selbsttötung: Dadurch schmeicheln sie sich bei denen ein, welche in das Leben verliebt sind.

Man soll vom Leben scheiden wie Odysseus von Nausikaa schied, – mehr segnend als verliebt.

Das beste Heilmittel. – Etwas Gesundheit ab und zu ist das beste Heilmittel des Kranken.

Lehre aus Bildern. – Betrachtet man eine Reihe Bilder von sich selber, von den Zeiten der letzten Kindheit bis zu der der Mannesreife, so findet man mit einer angenehmen Verwunderung, dass der Mann dem Kinde ähnlicher sieht, als der Mann dem Jünglinge: Dass also, wahrscheinlich diesem Vorgange entsprechend, inzwischen eine zeitweilige Alienation vom Grundcharakter eingetreten ist, über welche die gesammelte, geballte Kraft des Mannes wieder Herr wurde. Dieser Wahrnehmung entspricht die andere, dass alle die starken Einwirkungen von Leidenschaften, Lehrern, politischen Ereignissen, welche in dem Jünglingsalter uns herumziehen, später wieder auf ein festes Maß zurückgeführt erscheinen: Gewiss, sie leben und wirken in uns fort, aber das Grundempfinden und Grundmeinen hat doch die Übermacht und benutzt sie wohl als Kraftquellen, nicht aber mehr als Regulatoren, wie dies wohl in den zwanziger Jahren geschieht. So erscheint auch das Denken und Empfinden des Mannes dem seines kindlichen Lebensalters wieder gemäßer, – und diese innere Tatsache spricht sich in der erwähnten äußeren aus.

Das Duell. – Ich erachte es als einen Vorteil, sagte jemand, ein Duell haben zu können, wenn ich durchaus eines nötig habe;

denn es gibt allezeit brave Kameraden um mich. Das Duell ist der letzte übrig gebliebene, völlig ehrenvolle Weg zum Selbstmord, leider ein Umschweif, und nicht einmal ein ganz sicherer.

Stimmklang der Lebensalter. – Der Ton, indem Jünglinge reden, loben, tadeln, dichten, missfällt dem Älter gewordenen, weil er zu laut ist und zwar zugleich dumpf und undeutlich wie der Ton in einem Gewölbe, der durch die Leerheit eine solche Schallkraft bekommt; denn das meiste, was Jünglinge denken, ist nicht aus der Fülle ihrer eigenen Natur herausgeströmt, sondern ist Anklang, Nachklang von dem, was in ihrer Nähe gedacht, geredet, gelobt, getadelt worden ist. Weil aber die Empfindungen (der Neigung und Abneigung) viel stärker, als die Gründe für jene, in ihnen nachklingen, so entsteht, wenn sie ihre Empfindung wieder laut werden lassen, jener dumpfe, hallende Ton, welcher für die Abwesenheit oder die Spärlichkeit von Gründen das Kennzeichen abgibt. Der Ton des reiferen Alters ist streng, kurz abgebrochen, mäßig laut, aber, wie alles deutlich Artikulierte, sehr weit tragend. Das Alter endlich bringt häufig eine gewisse Milde und Nachsicht in den Klang und verzuckert ihn gleichsam: In manchen Fällen freilich versäuert sie ihn auch.

Die Gedanken über die Krankheit! – Die Phantasie des Kranken beruhigen, dass er wenigstens nicht, wie bisher, mehr von seinen Gedanken über seine Krankheit zu leiden hat, als von der Krankheit selber, – ich denke, das ist etwas! Und es ist nicht Wenig! Versteht ihr nun unsere Aufgabe?

Moral für Ärzte. – Der Kranke ist ein Parasit der Gesellschaft. In einem gewissen Zustande ist es unanständig, noch länger zu leben. Das Fortvegetieren in feiger Abhängigkeit von Ärzten und Praktiken, nachdem der Sinn vom Leben, das Recht zum Leben verloren gegangen ist, sollte bei der Gesellschaft eine tiefe Verachtung nach sich ziehen. Die Ärzte wiederum hätten die Vermittler dieser Verachtung zu sein, – nicht Rezepte, sondern jeden Tag eine neue Dosis Ekel vor ihrem Patienten … Eine neue Verantwortlichkeit schaffen, die des

Arztes, für alle Fälle, wo das höchste Interesse des Lebens, des aufsteigenden Lebens, das rücksichtsloseste Nieder– und Beiseite-drängen des entartenden Lebens verlangt – zum Beispiel für das Recht auf Zeugung, für das Recht, geboren zu werden, für das Recht, zu leben … Auf eine stolze Art sterben, wenn es nicht mehr möglich ist, auf eine stolze Art zu leben. Der Tod, aus freien Stücken gewählt, der Tod zur rechten Zeit, mit Helle und Freudigkeit, inmitten von Kindern und Zeugen vollzogen: Sodass ein wirkliches Abschiednehmen noch möglich ist, wo der noch da ist, der sich verabschiedet, insgleichen ein wirkliches Abschätzen des Erreichten und Gewollten, eine Summierung des Lebens – alles im Gegensatz zu der erbärmlichen und schauderhaften Komödie, die das Christentum mit der Sterbestunde getrieben hat.

Der Gedanke an den Selbstmord ist ein starkes Trostmittel: Mit ihm kommt man gut über manche böse Nacht hinweg.

Was heißt Leben? – Leben – das heißt: Fortwährend etwas von sich abstoßen, das sterben will; Leben – das heißt: Grausam und unerbittlich gegen alles sein, was schwach und alt an uns, und nicht nur an uns, wird. Leben – das heißt also: Ohne Pietät gegen Sterbende, Elende und Greise sein? Immerfort Mörder sein? – Und doch hat der alte Moses gesagt: Du sollst nicht töten!

Lebensalter und Wahrheit. – Junge Leute lieben das Interessante und Absonderliche, gleichgültig wie wahr oder falsch es ist. Reifere Geister lieben das an der Wahrheit, was an ihr interessant und absonderlich ist. Ausgereifte Köpfe endlich lieben die Wahrheit auch in dem, wo sie schlicht und einfältig erscheint und dem gewöhnlichen Menschen Langeweile macht, weil sie gemerkt haben, dass die Wahrheit das Höchste an Geist, was sie besitzt, mit der Miene der Einfalt zu sagen pflegt.

Heilige Grausamkeit. – Zu einem Heiligen trat ein Mann, der ein eben geborenes Kind in den Händen hielt. »Was soll ich mit dem Kinde machen? fragte er, es ist elend, missgestaltet und hat nicht genug Leben, um zu sterben.« »Töte es, rief der

Heilige mit schrecklicher Stimme, töte es und halte es dann drei Tage und drei Nächte lang in deinen Armen, auf dass du dir ein Gedächtnis machest: – so wirst du nie wieder ein Kind zeugen, wenn es nicht an der Zeit für dich ist, zu zeugen.« – Als der Mann dies gehört hatte, ging er enttäuscht davon; und viele tadelten den Heiligen, weil er zu einer Grausamkeit geraten hatte, denn er hatte geraten, das Kind zu töten. »Aber ist es nicht grausamer, es leben zu lassen?« sagte der Heilige.

Die Menschen als schlechte Dichter. – So wie schlechte Dichter im zweiten Teil des Verses zum Reime den Gedanken suchen, so pflegen die Menschen in der zweiten Hälfte des Lebens, ängstlicher geworden, die Handlungen, Stellungen, Verhältnisse zu suchen, welche zu denen ihres früheren Lebens passen, so dass äußerlich alles wohl zusammenklingt: Aber ihr Leben ist nicht mehr von einem starken Gedanken beherrscht und immer wieder neu bestimmt, sondern an die Stelle desselben tritt die Absicht, einen Reim zu finden.

Nicht gar so wichtig. – Bei einem Sterbefalle, dem man zusieht, steigt ein Gedanke regelmäßig auf, den man sofort, aus einem falschen Gefühl der Anständigkeit, in sich unterdrückt: dass der Akt des Sterbens nicht so bedeutend sei, wie die allgemeine Ehrfurcht behauptet, und dass der Sterbende im Leben wahrscheinlich wichtigere Dinge verloren habe, als er hier zu verlieren im Begriffe steht. Das Ende ist hier gewiss nicht das Ziel. –

Ratgeber des Kranken. Wer einem Kranken seine Ratschläge gibt, erwirbt sich ein Gefühl von Überlegenheit über ihn, sei es, dass sie angenommen oder dass sie verworfen werden. Deshalb hassen reizbare und stolze Kranke die Ratgeber noch mehr als ihre Krankheit.

Christentum, Gott und Metaphysik

Nietzsches Ideologiekritik ist vor allem Kritik der religiösen Moral. Das Christentum und das Judentum als Philosophie und Wertesystem sind für Nietzsche das Feindbild Nummer 1. Dabei legt er besonderen Wert darauf, die Körperfeindlichkeit der Religionen und ihre das überdurchschnittliche Individuum zugunsten der Masse im Zaum haltende »Herdenmoral« hervorzuheben. Diese Herdenmoral welche sich historisch aus der Überwindung einer aus starken Individuen zusammengesetzten Kriegergesellschaft ergeben habe, ist für Nietzsche der Inbegriff jener Lebensfeindlichkeit, die die Schwachen über die Starken triumphieren lässt. Ohne Nietzsche hier Originalität absprechen zu wollen, ist anzumerken, dass er in seiner Kritik der Metaphysik zwar als ein hervorragender Vordenker des modernen Atheismus angesehen werden muss, aber vor allem auch als jemand, der eine bereits gesamtgesellschaftlich stark werdende Tendenz zum richtigen Zeitpunkt erfasste und theoretisch weiterführte. Gott ist nicht nur deshalb »tot« weil Nietzsche es so will, sondern, weil er realisierte, dass der Glaube insgesamt in seinen Grundfesten erschüttert worden war und Gott für viele Menschen nicht mehr existierte. Die Aussage »Gott ist tot« legt Nietzsche einem Narren, dem »tollen Menschen«, in den Mund:»Wohin ist Gott?«, rief er[der tolle Mensch]. »Ich will es euch sagen! Wir haben ihn getötet, – ihr und ich! Wir alle sind seine Mörder.« Das ist Nietzsches Diagnose: Er erklärt den Tod Gottes als Untergang des Glaubens an Gott.

Reine Hand und reine Wand. – Man soll weder Gott noch den Teufel an die Wand malen. Man verdirbt damit seine Wand und seine Nachbarschaft.

Der Irrtum Christi. – Der Stifter des Christentums meinte, an nichts litten die Menschen so sehr, als an ihren Sünden: – Es war sein Irrtum, der Irrtum dessen, der sich ohne Sünde fühlte, dem es hierin an Erfahrung gebrach! So füllte sich seine Seele mit jenem wundervollen phantastischen Erbarmen, das einer Not galt, welche selbst bei seinem Volke, dem Erfinder

der Sünde, selten eine große Not war! – Aber die Christen haben es verstanden, ihrem Meister nachträglich Recht zu schaffen und seinen Irrtum zur »Wahrheit« zu heiligen.

Um den Helden herum wird alles zur Tragödie, um den Halbgott herum alles zum Satyrspiel; und um Gott herum wird alles – wie? Vielleicht zur »Welt«? –

Religionskriege. – Der größte Fortschritt der Massen war bis jetzt der Religionskrieg: Denn er beweist, dass die Masse angefangen hat, Begriffe mit Ehrfurcht zu behandeln. Religionskriege entstehen erst, wenn durch die feineren Streitigkeiten der Sekten die allgemeine Vernunft verfeinert ist: Sodass selbst der Pöbel spitzfindig wird und Kleinigkeiten wichtig nimmt, ja es für möglich hält, dass das »ewige Heil der Seele« an den kleinen Unterschieden der Begriffe hängt.

Der Mensch als der Messende. – Vielleicht hatte alle Moralität der Menschheit in der ungeheuren inneren Aufregung ihren Ursprung, welche die Urmenschen ergriff, als sie das Maß und das Messen, die Waage und das Wägen entdeckten (das Wort »Mensch« bedeutet ja den Messenden, er hat sich nach seiner größten Entdeckung *benennen* wollen!). Mit diesen Vorstellungen stiegen sie in Bereiche hinauf, die ganz unmessbar und unwägbar sind, aber es ursprünglich nicht zu sein schienen.

Verrufene Worte. – Weg mit den bis zum Überdruss verbrauchten Wörtern Optimismus und Pessimismus! Denn der Anlass, sie zu gebrauchen, fehlt von Tag zu Tage mehr: Nur die Schwätzer haben sie jetzt noch so unumgänglich nötig. Denn weshalb in aller Welt sollte jemand Optimist sein wollen, wenn er nicht einen Gott zu verteidigen hat, welcher die beste der Welten geschaffen haben muss, falls er selber das Gute und Vollkommene ist, – welcher Denkende hat aber die Hypothese eines Gottes noch nötig?

Gewissensbiss. – Der Gewissensbiss ist, wie der Biss des Hundes gegen einen Stein, eine Dummheit.

Kloaken der Seele. – Auch die Seele muss ihre bestimmten Kloaken haben, wohin sie ihren Unrat abfließen lässt: Dazu dienen Personen, Verhältnisse, Stände oder das Vaterland oder die Welt oder endlich – für die ganz Hoffärtigen (ich meine unsere lieben modernen »Pessimisten«) – der liebe Gott.

Werke und Glaube. – Immer noch wird durch die protestantischen Lehrer jener Grundirrtum fortgepflanzt: Dass es nur auf den Glauben ankomme und dass aus dem Glauben die Werke notwendig folgen müssen. Dies ist schlechterdings nicht wahr, aber klingt so verführerisch, dass es schon andere Intelligenzen, als die Luthers (nämlich die des Sokrates und Plato) betört hat: Obwohl der Augenschein aller Erfahrungen aller Tage dagegen spricht. Das zuversichtlichste Wissen oder Glauben kann nicht die Kraft zur Tat, noch die Gewandtheit zur Tat geben, es kann nicht die Übung jenes feinen, vielteiligen Mechanismus ersetzen, welche vorhergegangen sein muss, damit irgendetwas aus einer Vorstellung sich in Aktion verwandeln könne. Vor allem und zuerst die Werke! Das heißt Übung, Übung, Übung! Der dazu gehörige »Glaube« wird sich schon einstellen, – dessen seid versichert!

Neue Kämpfe. – Nachdem Buddha tot war, zeigte man noch Jahrhunderte lang seinen Schatten in einer Höhle – einen ungeheuren schauerlichen Schatten. Gott ist tot: Aber so wie die Art der Menschen ist, wird es vielleicht noch Jahrtausende lang Höhlen geben, in denen man seinen Schatten zeigt. – Und wir – wir müssen auch noch seinen Schatten besiegen!

»Wo der Baum der Erkenntnis steht, ist immer das Paradies«: So reden die ältesten und die jüngsten Schlangen.

Verbotene Freigebigkeit. – Es ist nicht genug Liebe und Güte in der Welt, um noch davon an eingebildete Wesen wegschenken zu dürfen.

Der tolle Mensch. – Habt ihr nicht von jenem tollen Menschen gehört, der am hellen Vormittage eine Laterne anzündete, auf den Markt lief und unaufhörlich schrie: »Ich suche Gott! Ich suche Gott!« – Da dort gerade Viele von Denen zusammen standen, welche nicht an Gott glaubten, so erregte er ein großes Gelächter. Ist er denn verloren gegangen? sagte der eine. Hat er sich verlaufen wie ein Kind? sagte der andere. Oder hält er sich versteckt? Fürchtet er sich vor uns? Ist er zu Schiff gegangen? ausgewandert? – so schrien und lachten sie durcheinander. Der tolle Mensch sprang mitten unter sie und durchbohrte sie mit seinen Blicken. »Wohin ist Gott? rief er, ich will es euch sagen! Wir haben ihn getötet, – ihr und ich! Wir alle sind seine Mörder!

Mystische Erklärungen. – Die mystischen Erklärungen gelten für tief; die Wahrheit ist, dass sie noch nicht einmal oberflächlich sind.

Das Christentum gab dem Eros Gift zu trinken: – Er starb zwar nicht daran, aber entartete zum Laster.

An die Träumer der Unsterblichkeit. – Diesem schönen Bewusstsein eurer selbst wünscht ihr also ewige Dauer? Ist das nicht schamlos? Denkt ihr denn nicht an alle anderen Dinge, die euch dann in alle Ewigkeit zu ertragen hätten, wie sie euch bisher ertragen haben mit einer mehr als christlichen Geduld? Oder meint ihr, ihnen ein ewiges Wohlgefühl an euch geben zu können? Ein einziger unsterblicher Mensch auf der Erde wäre ja schon genug, um alles andere, das noch da wäre, durch Überdruss an ihm in eine allgemeine Sterbe- und Aufhängewut zu versetzen! Und ihr Erdenbewohner mit euren Begriffelchen von ein paar Tausend Zeitminütchen wollt dem ewigen allgemeinen Dasein ewig lästig fallen! Gibt es etwas Zudringlicheres! – Zuletzt: Seien wir milde gegen ein Wesen von siebzig Jahren! – Es hat seine Phantasie im Ausmalen der eignen »ewigen Langenweile« nicht üben können, – es fehlte ihm an der Zeit!

»Die Erkenntnis um ihrer selbst willen« – das ist der letzte Fallstrick, den die Moral legt: damit verwickelt man sich noch einmal völlig in sie.

Der Reiz der Erkenntnis wäre gering, wenn nicht auf dem Wege zu ihr so viel Scham zu überwinden wäre.

Die Liebe zu einem ist eine Barbarei: Denn sie wird auf Unkosten aller Übrigen ausgeübt. Auch die Liebe zu Gott.

Jesus sagte zu seinen Juden: »Das Gesetz war für Knechte, – liebt Gott, wie ich ihn liebe, als sein Sohn! Was geht uns Söhne Gottes die Moral an!«

Fähigkeit der Vision. – Durch das ganze Mittelalter hindurch galt als das eigentliche und entscheidende Merkmal des höchsten Menschentums: Dass man der Vision – das heißt einer tiefen geistigen Störung! – fähig sei. Und im Grunde gehen die mittelalterlichen Lebensvorschriften aller höheren Naturen (der religiosi) darauf hinaus, den Menschen der Vision fähig zu machen! Was Wunder, wenn noch in unsere Zeit hinein eine Überschätzung halbgestörter, phantastischer, fanatischer, sogenannter genialer Personen überströmte; »Sie haben Dinge gesehen, die andere nicht sehen« – Gewiss! Und dies sollte uns vorsichtig gegen sie stimmen, aber nicht gläubig!

Grundsatz. – Eine unvermeidliche Hypothese, auf welche die Menschheit immer wieder verfallen muss, ist auf die Dauer doch mächtiger, als der bestgeglaubte Glaube an etwas Unwahres (gleich dem christlichen Glauben). Auf die Dauer: Das heißt hier auf hunderttausend Jahre hin.

Bedenklich. – Einen Glauben annehmen, bloß weil er Sitte ist, – das heißt doch: unredlich sein, feige sein, faul sein! – Und so wären Unredlichkeit, Feigheit und Faulheit die Voraussetzungen der Sittlichkeit?

Man ist am unehrlichsten gegen seinen Gott: Er darf nicht sündigen!

Metaphysische Welt. – Es ist wahr, es könnte eine metaphysische Welt geben; die absolute Möglichkeit davon ist kaum zu bekämpfen. Wir sehen alle Dinge durch den Menschenkopf an und können diesen Kopf nicht abschneiden; während doch die Frage übrig bleibt, was von der Welt noch da wäre, wenn man ihn doch abgeschnitten hätte. Dies ist ein rein wissenschaftliches Problem und nicht sehr geeignet, den Menschen Sorgen zu machen; aber alles, was ihnen bisher metaphysische Annahmen wertvoll, schreckensvoll, lustvoll gemacht, was sie erzeugt hat, ist Leidenschaft, Irrtum und Selbstbetrug; die allerschlechtesten Methoden der Erkenntnis, nicht die allerbesten, haben daran glauben lehren.

Die Bedingungen Gottes. »Gott selber kann nicht ohne weise Menschen bestehen« – hat Luther gesagt und mit gutem Rechte; aber »Gott kann noch weniger ohne unweise Menschen bestehen« – das hat der gute Luther nicht gesagt!

Ein gefährlicher Entschluss. – Der christliche Entschluss, die Welt hässlich und schlecht zu finden, hat die Welt hässlich und schlecht gemacht.

Kein Innen und Außen in der Welt. – Wie Demokrit die Begriffe ›oben‹ und ›unten‹ auf den unendlichen Raum übertrug, wo sie keinen Sinn haben, so die Philosophen überhaupt den Begriff ›innen‹ und ›außen‹ auf Wesen und Erscheinung der Welt; sie meinen, mit tiefen Gefühlen komme man tief in's Innere, nahe man sich dem Herzen der Natur. Aber diese Gefühle sind nur insofern tief, als mit ihnen, kaum bemerkbar, gewisse komplizierte Gedankengruppen regelmäßig erregt werden, welche wir tief nennen; ein Gefühl ist tief, weil wir den begleitenden Gedanken für tief halten. Aber der tiefe Gedanke kann dennoch der Wahrheit sehr fern sein, wie zum Beispiel jeder metaphysische; rechnet man vom tiefen Gefühle die beigemischten Gedankenelemente ab, so bleibt das starke Gefühl übrig, und dieses verbürgt nichts für die Erkenntnis, als sich selbst, ebenso wie der starke Glaube nur seine Stärke, nicht die Wahrheit des Geglaubten beweist.

Gegen das Christentum. – Jetzt entscheidet unser Geschmack gegen das Christentum, nicht mehr unsere Gründe.

Wie? Ist der Mensch nur ein Fehlgriff Gottes? Oder Gott nur ein Fehlgriff des Menschen?

Einige Sprossen zurück. – Die eine, gewiss sehr hohe Stufe der Bildung ist erreicht, wenn der Mensch über abergläubische und religiöse Begriffe und Ängste hinauskommt und zum Beispiel nicht mehr an die lieben Englein oder die Erbsünde glaubt, auch vom Heil der Seelen zu reden verlernt hat: Ist er auf dieser Stufe der Befreiung, so hat er auch noch mit höchster Anspannung seiner Besonnenheit die Metaphysik zu überwinden. Dann aber ist eine rückläufige Bewegung nötig: Er muss die historische Berechtigung, ebenso die psychologische in solchen Vorstellungen begreifen, er muss erkennen, wie die größte Förderung der Menschheit von dorther gekommen sei und wie man sich, ohne eine solche rückläufige Bewegung, der besten Ergebnisse der bisherigen Menschheit berauben würde.

Preis der Gläubigen. – Wer solchen Wert darauf legt, dass an ihn geglaubt werde, dass er den Himmel für diesen Glauben gewährleistet, und jedermann, sei es selbst ein Schächer am Kreuze, – der muss an einem furchtbaren Zweifel gelitten und jede Art von Kreuzigung kennen gelernt haben: Er würde sonst seine Gläubigen nicht so teuer kaufen.

Unnachahmlich. – Es gibt eine ungeheure Spannung und Spannweite zwischen Neid und Freundschaft, zwischen Selbstverachtung und Stolz: In der ersten lebte der Grieche, in der zweiten der Christ.

Nicht europäisch und nicht vornehm. – Es ist etwas Orientalisches und etwas Weibliches im Christentum: das verrät sich in dem Gedanken »wen Gott lieb hat, den züchtigt er;« denn die Frauen im Orient betrachten Züchtigungen und strenge Abschließung ihrer Person gegen die Welt als ein Zeichen der Liebe ihres Mannes und beschweren sich, wenn diese Zeichen ausbleiben.

Irrtum als Labsal. – Man mag sagen, was man will: Das Christentum hat die Menschen von der Last der moralischen Anforderungen befreien wollen, dadurch, dass es einen kürzeren Weg zur Vollkommenheit zu zeigen meinte: Ganz so, wie einige Philosophen sich der mühseligen und langwierigen Dialektik und der Sammlung streng geprüfter Tatsachen entschlagen zu können wähnten und auf einen »königlichen Weg zur Wahrheit« verwiesen. Es war beide Male ein Irrtum, – aber doch ein großes Labsal für Übermüde und Verzweifelnde in der Wüste.

Es ist eine Feinheit, dass Gott griechisch lernte, als er Schriftsteller werden wollte – und dass er es nicht besser lernte.

Christentum als Altertum. – Wenn wir eines Sonntag Morgens die alten Glocken brummen hören, da fragen wir uns: Ist es nur möglich! Dies gilt einem vor zwei Jahrtausenden gekreuzigten Juden, welcher sagte, er sei Gottes Sohn. Der Beweis für eine solche Behauptung fehlt. – Sicherlich ist innerhalb unserer Zeiten die christliche Religion ein aus ferner Vorzeit hereinragendes Altertum, und dass man jene Behauptung glaubt, – während man sonst so streng in der Prüfung von Ansprüchen ist –, ist vielleicht das älteste Stück dieses Erbes. Ein Gott, der mit einem sterblichen Weibe Kinder erzeugt; ein Weiser, der auffordert, nicht mehr zu arbeiten, nicht mehr Gericht zu halten, aber auf die Zeichen des bevorstehenden Weltunterganges zu achten; eine Gerechtigkeit, die den Unschuldigen als stellvertretendes Opfer annimmt; jemand, der seine Jünger sein Blut trinken heißt; Gebete um Wundereingriffe; Sünden an einem Gott verübt, durch einen Gott gebüßt; Furcht vor einem Jenseits, zu welchem der Tod die Pforte ist; die Gestalt des Kreuzes als Symbol inmitten einer Zeit, welche die Bestimmung und die Schmach des Kreuzes nicht mehr kennt, – wie schauerlich weht uns dies alles, wie aus dem Grabe uralter Vergangenheit, an! Sollte man glauben, dass so etwas noch geglaubt wird?

Trostgründe. – Bei einem Todesfall braucht man zumeist Trostgründe, nicht sowohl um die Gewalt des Schmerzes zu lindern, als um zu entschuldigen, dass man sich so leicht getröstet fühlt.

Das Christentum und die Affekte. – Aus dem Christentum ist auch ein großer volkstümlicher Protest gegen die Philosophie herauszuhören: Die Vernunft der alten Weisen hatte den Menschen die Affekte widerraten, das Christenthum will dieselben ihnen wiedergeben. Zu diesem Zwecke spricht es der Tugend, so wie sie von den Philosophen gefasst war, – als Sieg der Vernunft über den Affekt – allen moralischen Wert ab, verurteilt überhaupt die Vernünftigkeit und fordert die Affekte heraus, sich in ihrer äußersten Stärke und Pracht zu offenbaren: als Liebe zu Gott, Furcht vor Gott, als fanatischen Glauben an Gott, als blindestes Hoffen auf Gott.

Feinheit im Mangel. – Spottet nur nicht über die Mythologie der Griechen, weil sie so wenig eurer tiefsinnigen Metaphysik gleicht! Ihr solltet ein Volk bewundern, das seinem scharfen Verstande hier gerade Halt gebot und lange Zeit Takt genug hatte, der Gefahr der Scholastik und des spitzfindigen Aberglaubens auszuweichen!

Die christlichen Interpreten des Leibes. – Was nur immer von dem Magen, den Eingeweiden, dem Herzschlage, den Nerven, der Galle, dem Samen herkomme – alle jene Verstimmungen, Entkräftungen, Überreizungen, die ganze Zufälligkeit der uns so unbekannten Maschine! – Alles das muss so ein Christ wie Pascal als ein moralisches und religiöses Phänomen nehmen, mit der Frage, ob Gott oder Teufel, ob gut oder böse, ob Heil oder Verdammnis darin ruhen! Oh über den unglücklichen Interpreten! Wie er sein System winden und quälen muss! Wie er sich selber winden und quälen muss, um Recht zu behalten!

Egoismus gegen Egoismus. – Wie viele schließen immer noch: »Es wäre das Leben nicht auszuhalten, wenn es keinen Gott gäbe!« (Oder, wie es in den Kreisen der Idealisten heißt: »Es wäre das Leben nicht auszuhalten, wenn ihm die ethische Bedeutsamkeit seines Grundes fehlte!«) – folglich müsse es einen

Gott (oder eine ethische Bedeutsamkeit des Daseins) geben! In Wahrheit steht es nur so, dass, wer sich an diese Vorstellungen gewöhnt hat, ein Leben ohne sie nicht wünscht: Dass es also für ihn und seine Erhaltung notwendige Vorstellungen sein mögen, – aber welche Anmaßung, zu dekretieren, dass alles, was für meine Erhaltung notwendig ist, auch wirklich das ein müsse! Als ob meine Erhaltung etwas Notwendiges sei! Wie, wenn andere umgekehrt empfänden! Wenn sie gerade unter den Bedingungen jener beiden Glaubensartikel nicht leben möchten und das Leben dann nicht mehr lebenswert fänden! – Und so steht es jetzt!

Was ist Wahrheit? – Wer wird sich den Schluss der Gläubigen nicht gefallen lassen, welchen sie gern machen: »Die Wissenschaft kann nicht wahr sein, denn sie leugnet Gott. Folglich ist sie nicht aus Gott; folglich ist sie nicht wahr, – denn Gott ist die Wahrheit.« Nicht der Schluss, sondern die Voraussetzung enthält den Fehler: Wie, wenn Gott eben nicht die Wahrheit wäre, und eben dies bewiesen würde? Wenn er die Eitelkeit, das Machtgelüst, die Ungeduld, der Schrecken, der entzückte und entsetzte Wahn der Menschen wäre?

Die historische Widerlegung als die endgültige. – Ehemals suchte man zu beweisen, dass es keinen Gott gebe, heute zeigt man, wie der Glaube, dass es einen Gott gebe, entstehen konnte und wodurch dieser Glaube seine Schwere und Wichtigkeit erhalten hat: Dadurch wird ein Gegenbeweis, dass es keinen Gott gebe, überflüssig. – Wenn man ehemals die vorgebrachten »Beweise vom Dasein Gottes« widerlegt hatte, blieb immer noch der Zweifel, ob nicht noch bessere Beweise aufzufinden seien, als die eben widerlegten: damals verstanden die Atheisten sich nicht darauf, reinen Tisch zu machen.

Arme Menschheit! – Ein Tropfen Blut zu viel oder zu wenig im Gehirn kann unser Leben unsäglich elend und hart machen, dass wir mehr an diesem Tropfen zu leiden haben, als Prometheus an seinem Geier. Aber zum Schrecklichsten kommt es erst, wenn man nicht einmal weiß, dass jener Tropfen die Ursache ist. Sondern »der Teufel«! Oder »die Sünde«!

Umfang des Moralischen. – Wir konstruieren ein neues Bild, das wir sehen, sofort mit Hilfe aller alten Erfahrungen, die wir gemacht haben, je nach dem Grade unserer Redlichkeit und Gerechtigkeit. Es gibt gar keine anderen als moralische Erlebnisse, selbst nicht im Bereiche der Sinneswahrnehmung.

Herden-Instinkt. – Wo wir eine Moral antreffen, da finden wir eine Abschätzung und Rangordnung der menschlichen Triebe und Handlungen. Diese Schätzungen und Rangordnungen sind immer der Ausdruck der Bedürfnisse einer Gemeinde und Herde: Das, was ihr am ersten frommt – und am zweiten und dritten –, das ist auch der oberste Maßstab für den Wert aller Einzelnen. Mit der Moral wird der Einzelne angeleitet, Funktion der Herde zu sein und nur als Funktion sich Wert zuzuschreiben. Da die Bedingungen der Erhaltung einer Gemeinde sehr verschieden von denen einer anderen Gemeinde gewesen sind, so gab es sehr verschiedene Moralen; und in Hinsicht auf noch bevorstehende wesentliche Umgestaltungen der Herden und Gemeinden, Staaten und Gesellschaften kann man prophezeien, dass es noch sehr abweichende Moralen geben wird. Moralität ist Herden-Instinkt im Einzelnen.

Herden-Gewissensbiss. – In den längsten und fernsten Zeiten der Menschheit gab es einen ganz anderen Gewissensbiss als heutzutage. Heute fühlt man sich nur verantwortlich für das, was man will und tut, und hat in sich selber seinen Stolz: Alle unsere Rechtslehrer gehen von diesem Selbst- und Lustgefühle des Einzelnen aus, wie als ob hier von jeher die Quelle des Rechts entsprungen sei. Aber die längste Zeit der Menschheit hindurch gab es nichts Fürchterlicheres, als sich einzeln zu fühlen. Allein sein, einzeln empfinden, weder gehorchen noch herrschen, ein Individuum bedeuten – das war damals keine Lust, sondern eine Strafe; man wurde verurteilt »zum Individuum«. Gedankenfreiheit galt als das Unbehagen selber. Während wir Gesetz und Einordnung als Zwang und Einbuße empfinden, empfand man ehedem den Egoismus als eine peinliche Sache, als eine eigentliche Not. Selbst sein, sich selber nach eigenem Maß und Gewicht schätzen – das ging damals wider den Geschmack. Die Neigung dazu würde als

Wahnsinn empfunden worden sein: Denn mit dem Alleinsein war jedes Elend und jede Furcht verknüpft. Damals hatte der »freie Wille« das böse Gewissen in seiner nächsten Nachbarschaft: Und je unfreier man handelte, je mehr der Herden-Instinkt und nicht der persönliche Sinn aus der Handlung sprach, umso moralischer schätzte man sich. Alles, was der Herde Schaden tat, sei es, dass der Einzelne es gewollt oder nicht gewollt hatte, machte damals dem Einzelnen Gewissensbisse – und seinem Nachbar noch dazu, ja der ganzen Herde! – Darin haben wir am allermeisten umgelernt.

Die vier Irrtümer. – Der Mensch ist durch seine Irrtümer erzogen worden: Er sah sich erstens immer nur unvollständig, zweitens legte er sich erdichtete Eigenschaften bei, drittens fühlte er sich in einer falschen Rangordnung zu Tier und Natur, viertens erfand er immer neue Gütertafeln und nahm sie eine Zeit lang als ewig und unbedingt, sodass bald dieser, bald jener menschliche Trieb und Zustand an der ersten Stelle stand und in Folge dieser Schätzung veredelt wurde. Rechnet man die Wirkung dieser vier Irrtümer weg, so hat man auch Humanität, Menschlichkeit und »Menschenwürde« hinweggerechnet.

Ausblick in die Ferne. – Sind nur die Handlungen moralisch, wie man wohl definiert hat, welche um des anderen willen und nur um seinetwillen getan werden, so gibt es keine moralischen Handlungen! Sind nur die Handlungen moralisch – wie eine andere Definition lautet –, welche in Freiheit des Willens getan werden, so gibt es ebenfalls keine moralischen Handlungen! – Und was ist also das, was man so nennt und das doch jedenfalls existiert und erklärt sein will? Es sind die Wirkungen einiger intellektueller Fehlgriffe. – Und gesetzt, man machte sich von diesen Irrtümern frei, was würde aus den »moralischen Handlungen«? – Vermöge dieser Irrtümer teilten wir bisher einigen Handlungen einen höheren Wert zu, als sie haben: wir trennten sie von den »egoistischen« und den »unfreien« Handlungen ab. Wenn wir sie jetzt diesen wieder zuordnen, wie wir tun müssen, so verringern wir gewiss ihren Wert (ihr Wertgefühl), und zwar unter das billige Maß hinab, weil die »egoistischen« und »unfreien« Handlungen bisher zu niedrig geschätzt wurden, auf Grund jener angeblichen tiefsten und innerlichsten Verschiedenheit. – So werden gerade sie von jetzt ab weniger oft getan werden, weil sie von nun an weniger geschätzt werden? – Unvermeidlich! Wenigstens für eine gute Zeit, solange die Waage des Wertgefühls unter der Reaktion früherer Fehler steht! Aber unsere Gegenrechnung ist die, dass wir den Menschen den guten Mut zu den als egoistisch verschrieenen Handlungen zurückgeben und den Wert derselben wiederherstellen, – wir rauben diesen das böse Gewissen! Und da diese bisher weit die häufigsten waren und in alle Zukunft es sein werden, so nehmen wir dem ganzen Bilde der Handlungen und des Lebens seinen bösen Anschein! Dies ist ein sehr hohes Ergebnis! Wenn der Mensch sich nicht mehr für böse hält, hört er auf, es zu sein!

Die moralischen Moden. – Wie sich die moralischen Gesamturteile verschoben haben! Diese größten Wunder der antiken Sittlichkeit, zum Beispiel Epiktet, wussten nichts von der jetzt üblichen Verherrlichung des Denkens an andere, des Lebens für andere; man würde sie nach unserer moralischen Mode geradezu unmoralisch nennen müssen, denn sie haben sich mit allen Kräften für ihr Ego und gegen die Mitempfindung mit den anderen (namentlich mit deren Leiden und sittlichen Gebrechen) gewehrt. Vielleicht dass sie uns antworten würden: »Habt ihr an euch selber einen so langweiligen oder hässlichen Gegenstand, so denkt doch ja an andere mehr, als an euch! Ihr tut gut daran!«

Man wird moralisch, — nicht weil man moralisch ist! — Die Unterwerfung unter die Moral kann sklavenhaft oder eitel oder eigennützig oder resigniert oder dumpf-schwärmerisch oder gedankenlos oder ein Akt der Verzweiflung sein, wie die Unterwerfung unter einen Fürsten: An sich ist sie nichts Moralisches.

Wandel der Moral. – Es gibt ein fortwährendes Umwandeln und Arbeiten an der Moral, – das bewirken die Verbrechen mit glücklichem Ausgange (wozu zum Beispiel alle Neuerungen des moralischen Denkens gehören).

Moralische Gefühle und moralische Begriffe. – Ersichtlich werden moralische Gefühle so übertragen, dass die Kinder bei den Erwachsenen starke Neigungen und Abneigungen gegen bestimmte Handlungen wahrnehmen und dass sie als geborene Affen diese Neigungen und Abneigungen nachmachen; im späteren Leben, wo sie sich voll von diesen angelernten und wohl geübten Affekten finden, halten sie ein nachträgliches Warum, eine Art Begründung, dass jene Neigungen und Abneigungen berechtigt sind, für eine Sache des Anstandes. Diese »Begründungen« aber haben weder mit der Herkunft, noch dem Grade des Gefühls bei ihnen etwas zu tun: Man findet sich eben nur mit der Regel ab, dass man als vernünftiges Wesen Gründe für sein Für und Wider haben müsse, und zwar angebbare und annehmbare Gründe. Insofern ist die Geschichte der moralischen Gefühle eine ganz andere, als die Geschichte der moralischen Begriffe. Erstere sind mächtig vor der Handlung, Letztere namentlich nach der Handlung, angesichts der Nötigung, sich über sie auszusprechen.

Sancta simplicitas der Tugend. – Jede Tugend hat Vorrechte: Zum Beispiel dies, zu dem Scheiterhaufen eines Verurteilten ihr eigenes Bündchen Holz zu liefern.

Schlaf der Tugend. – Wenn die Tugend geschlafen hat, wird sie frischer aufstehen.

Die drei Phasen der bisherigen Moralität. – Es ist das erste Zeichen, dass das Tier Mensch geworden ist, wenn sein Handeln nicht mehr auf das augenblickliche Wohlbefinden, sondern auf das dauernde sich bezieht, dass der Mensch also nützlich, zweckmäßig wird. Da bricht zuerst die freie Herrschaft der Vernunft heraus. Eine noch höhere Stufe ist erreicht, wenn er nach dem Prinzip der Ehre handelt; vermöge desselben ordnet er sich ein, unterwirft sich gemeinsamen Empfindungen und das erhebt ihn hoch über die Phase, in der nur die persönlich verstandene Nützlichkeit ihn leitete: Er achtet und will geachtet werden, das heißt: Er begreift den Nutzen als abhängig von dem, was er über andere, was andere über ihn meinen. Endlich handelt er, auf der höchsten Stufe der bisherigen Moralität nach seinem Maßstab über die Dinge und Menschen, er selber bestimmt für sich und andere, was ehrenvoll, was nützlich ist; er ist zum Gesetzgeber der Meinungen geworden, gemäß dem immer höher entwickelten Begriff des Nützlichen und Ehrenhaften. Die Erkenntnis befähigt ihn, das Nützlichste, das heißt den allgemeinen dauernden Nutzen dem persönlichen, die ehrende Anerkennung von allgemeiner dauernder Geltung der momentanen voranzustellen; er lebt und handelt als Kollektiv-Individuum.

Gut und Böse

Nietzsche nennt die Moral die »Circe der Menschheit« und sich selbst einen »Immoralisten«: Die Moral ist wider die Natur und damit falsch. Für Nietzsche gibt es »keine moralischen Phänomene, sondern nur eine moralische Interpretation dieser Phänomene«. So sind »gut« und »böse« wie alle anderen moralischen Kategorien nicht absolut zu verstehen, sondern haben etwas mit Machtkonstellationen zu tun. Er leitet dies historisch her, indem er die »Herrenmoral« (das Moralsystem der Mächtigen, bestimmt durch das Gegensatzpaar »gut und schlecht«) der »Sklavenmoral« (das Moralsystem der Untertanen, das zwischen »gut« und »böse« unterscheidet) gegenüberstellt. Attribute eines »guten Menschen« im Sinne der Herrenmoral sind beispielsweise Härte gegenüber Schwächeren, Stärke und Stolz, die Sklavenmoral hingegen verbindet mit »gut« Werte wie Milde und Nachsicht. Man sieht: Jede Kaste wertet ihre Stärke als »gut« ihre »Schwäche« als schlecht. Die ursprüngliche Herrenmoral wurde von der Sklavenmoral abgelöst – das ist Wertewandel, den er als »Sklavenaufstand der Moral« anprangert und in der jüdisch-christlichen Tradition begründet sieht. Der Starke wird also zum Verzicht seiner naturgegebenen Vorzüge gezwungen, die es ihm eigentlich ermöglichten neue Werte und Vorstellungen zu schaffen und die Menschheit weiterzubringen. An den folgenden Aphorismen sieht man vielleicht am eingängigsten, was Nietzsches Methode der »Umwertung aller Werte« ausmacht, nämlich sich frei und unvoreingenommen über die geschichtliche Herkunft der moralischen Kategorien zu informieren, alle Facetten ihrer gesellschaftlichen Rangordnung zu reflektieren und ihnen letztlich einen neuen Sinn zukommen zu lassen.

Das Böse. – Prüfet das Leben der besten und fruchtbarsten Menschen und Völker und fragt euch, ob ein Baum, der stolz in die Höhe wachsen soll, des schlechten Wetters und der Stürme entbehren könne: ob Ungunst und Widerstand von außen, ob irgend welche Arten von Hass, Eifersucht, Eigensinn, Misstrauen, Härte, Habgier und Gewaltsamkeit nicht zu den begünstigenden Umständen gehören, ohne welche ein großes Wachsthum selbst in der Tugend kaum möglich ist? Das Gift, an dem die schwächere Natur zu Grunde geht, ist für den Starken Stärkung – und er nennt es auch nicht Gift.

»Böse Menschen haben keine Lieder«. Wie kommt es, dass die Russen Lieder haben?

Die großen Epochen unsres Lebens liegen dort, wo wir den Mut gewinnen, unser Böses als unser Bestes umzutaufen.

Das Arterhaltende. – Die stärksten und bösesten Geister haben bis jetzt die Menschheit am meisten vorwärts gebracht: Sie entzündeten immer wieder die einschlafenden Leidenschaften – alle geordnete Gesellschaft schläfert die Leidenschaften ein –, sie weckten immer wieder den Sinn der Vergleichung, des Widerspruchs, der Lust am Neuen, Gewagten, Unerprobten, sie zwangen die Menschen, Meinungen gegen Meinungen, Musterbilder gegen Musterbilder zu stellen. Mit den Waffen, mit Umsturz der Grenzsteine, durch Verletzung der Pietäten zumeist: Aber auch durch neue Religionen und Moralen! Dieselbe »Bosheit« ist in jedem Lehrer und Prediger des Neuen, welche einen Eroberer verrufen macht, wenn sie auch sich feiner äußert, nicht sogleich die Muskeln in Bewegung setzt und eben deshalb auch nicht so verrufen macht! Das Neue ist aber unter allen Umständen das Böse, als das, was erobern, die alten Grenzsteine und die alten Pietäten umwerfen will; und nur das Alte ist das Gute! In Wahrheit sind aber die bösen Triebe in eben so hohem Grade zweckmäßig, arterhaltend und unentbehrlich wie die guten: – Nur ist ihre Funktion eine verschiedene.

Glück der Bösen. – Diese stillen, düsteren, bösen Menschen haben etwas, das ihr ihnen nicht streitig machen könnt, einen seltenen und seltsamen Genuss im *dolce far niente*, eine Abend- und Sonnenuntergangs-Ruhe, wie sie nur ein Herz kennt, das allzu oft durch Affekte verzehrt, zerrissen, vergiftet worden ist.

Bosheit ist selten. – Die meisten Menschen sind viel zu sehr mit sich beschäftigt, um boshaft zu sein.

Was eine Zeit als böse empfindet, ist gewöhnlich ein unzeitgemäßer Nachschlag dessen, was ehemals als gut empfunden wurde, – der Atavismus eines älteren Ideals.

Aus dem Paradiese. – »Gut und böse sind die Vorurteile Gottes« – sagte die Schlange.

Böse denken heißt böse machen. – Die Leidenschaften werden böse und tückisch, wenn sie böse und tückisch betrachtet werden. So ist es dem Christentum gelungen, aus Eros und Aphrodite – großen idealfähigen Mächten – höllische Kobolde und Truggeister zu schaffen, durch die Martern, welche es in dem Gewissen der Gläubigen bei allen geschlechtlichen Erregungen entstehen ließ. Ist es nicht schrecklich, notwendige und regelmäßige Empfindungen zu einer Quelle des inneren Elends zu machen und dergestalt das innere Elend bei jedem Menschen notwendig und regelmäßig machen zu wollen! Noch dazu bleibt es ein geheim gehaltenes und dadurch tiefer wurzelndes Elend: Denn nicht alle haben den Mut Shakespeares, ihre christliche Verdüsterung in diesem Punkte so zu bekennen, wie er es in seinen Sonetten getan hat. – Muss denn etwas, gegen das man zu kämpfen, das man in Schranken zu halten oder sich unter Umständen ganz aus dem Sinne zu schlagen hat, immer böse heißen! Ist es nicht gemeiner Seelen Art, sich einen Feind immer böse zu denken! Und darf man Eros einen Feind nennen! An sich ist den geschlechtlichen wie den mitleidenden und anbetenden Empfindungen gemeinsam, dass hier der eine Mensch durch sein Vergnügen einem anderen Menschen wohltut, – man trifft derartige wohlwollende Veranstaltungen nicht zu häufig in der Natur! Und gerade eine solche verlästern und sie durch das böse Gewissen verderben! Die Zeugung des Menschen mit dem bösen Gewissen verschwistern! – Zuletzt hat diese Verteufelung des Eros einen Komödien-Ausgang bekommen: der »Teufel« Eros ist allmählich den Menschen interessanter als alle Engel und Heiligen geworden, Dank der Munkelei und Geheimtuerei der Kirche in allen erotischen Dingen: Sie hat bewirkt, bis in unsere Zeiten hinein, dass die Liebesgeschichte das einzige wirkliche Interesse wurde, das allen Kreisen gemein ist, – in einer dem Altertum unbegreiflichen Übertreibung, der später einmal auch noch das Gelächter nachfolgen wird. Unsere ganze Dichterei und Denkerei, vom Größten bis zum Niedrigsten, ist durch die ausschweifende Wichtigkeit, mit der die Liebesgeschichte darin als Hauptgeschichte auftritt, gezeichnet und mehr als gezeichnet: Vielleicht dass ihrethalben die Nachwelt urteilt, auf der ganzen Hinterlassenschaft der christlichen Kultur liege etwas Kleinliches und Verrücktes.

Schuld und Strafe

Die Vorstellung von Schuld setzt meistens die Vorstellung eines »freien Willens« voraus. Für Nietzsche ist das »Ich« wie die Wege, auf denen unsere Handlungen zustande kommen, komplizierter und nicht einfach mit Kategorien wie »böse« oder »Schuld« erklär- und beurteilbar. Schuld und Strafe sind für ihn vor allem Aspekte einer gesellschaftlichen Interpretation und Regulation individueller Handlung.

Sträflich, nie gestraft. – Unser Verbrechen gegen Verbrecher besteht darin, dass wir sie wie Schufte behandeln.

Aus einer möglichen Zukunft. – Ist ein Zustand undenkbar, wo der Übeltäter sich selber zur Anzeige bringt, sich selber seine Strafe öffentlich diktiert, im stolzen Gefühl, dass er so das Gesetz ehrt, das er selber gemacht hat, dass er seine Macht ausübt, indem er sich straft, die Macht des Gesetzgebers? Er kann sich einmal vergehen, aber er erhebt sich durch die freiwillige Strafe über sein Vergehen, er wischt das Vergehen durch Freimütigkeit, Größe und Ruhe nicht nur aus: er tut eine öffentliche Wohltat hinzu. – Dies wäre der Verbrecher einer möglichen Zukunft, welcher freilich auch eine Gesetzgebung der Zukunft voraussetzt, des Grundgedankens: »Ich beuge mich nur dem Gesetze, welches ich selber gegeben habe, im Kleinen und Großen.« Es müssen so viele Versuche noch gemacht werden! Es muss so manche Zukunft noch an's Licht kommen!

Strafe. – Ein seltsames Ding, unsere Strafe! Sie reinigt nicht den Verbrecher, sie ist kein Abbüßen: Im Gegenteil, sie beschmutzt mehr, als das Verbrechen selber.

Man erwäge. – Der gestraft wird, ist nicht mehr Der, welcher die Tat getan hat. Er ist immer der Sündenbock.

Justiz. – Lieber sich bestehlen lassen, als Vogelscheuchen um sich haben – das ist mein Geschmack. Und es ist unter allen Umständen eine Sache des Geschmackes – und nicht mehr!

Der freie Geist

Der »Freigeist« ist Nietzsches Idealtyp des Intellektuellen. Ein scharfsinniger und unabhängiger Kritiker seiner selbst und der Gesellschaft, der bereit ist, die Moral und Denkgewohnheiten seiner Zeit hinter sich zu lassen. Man kann den freien Geist als die Vorstufe des »Übermenschen« verstehen, der die »nihilistischen« Moral- und Wertesysteme seiner Zeit hinter sich gelassen hat.

Freigeist ein relativer Begriff. – Man nennt den einen Freigeist, welcher anders denkt, als man von ihm auf Grund seiner Herkunft, Umgebung, seines Standes und Amtes oder auf Grund der herrschenden Zeitansichten erwartet. Er ist die Ausnahme, die gebundenen Geister sind die Regel; diese werfen ihm vor, dass seine freien Grundsätze ihren Ursprung entweder in der Sucht, aufzufallen, haben oder gar auf freie Handlungen, das heißt auf solche, welche mit der gebundenen Moral unvereinbar sind, schließen lassen. Bisweilen sagt man auch, diese oder jene freien Grundsätze seien aus Verschrobenheit und Überspanntheit des Kopfes herzuleiten; doch spricht so nur die Bosheit, welche selber an das nicht glaubt, was sie sagt, aber damit schaden will: Denn das Zeugnis für die größere Güte und Schärfe seines Intellektes ist dem Freigeist gewöhnlich in's Gesicht geschrieben, so lesbar, dass es die gebundenen Geister gut genug verstehen. – Übrigens gehört es nicht zum Wesen des Freigeistes, dass er richtigere Ansichten hat, sondern vielmehr, dass er sich von dem Herkömmlichen gelöst hat, sei es mit Glück oder mit einem Misserfolg. Für gewöhnlich wird er aber doch die Wahrheit oder mindestens den Geist der Wahrheitsforschung auf seiner Seite haben: Er fordert Gründe, die anderen Glauben.

Die vornehmste Tugend. – In der ersten Ära des höheren Menschentums gilt die Tapferkeit als die vornehmste der Tugenden, in der zweiten die Gerechtigkeit, in der dritten die Mäßigung, in der vierten die Weisheit. In welcher Ära leben *wir?* In welcher lebst *du?*

Maß der Dinge bei den gebundenen Geistern. – Von vier Gattungen der Dinge sagen die gebundenen Geister, sie seien im Rechte. Erstens: Alle Dinge, welche Dauer haben, sind im Recht; zweitens: Alle Dinge, welche uns nicht lästig fallen, sind im Recht; drittens: Alle Dinge, welche uns Vorteil bringen, sind im Recht; viertens: Alle Dinge, für welche wir Opfer gebracht haben, sind im Recht. Letzteres erklärt zum Beispiel, weshalb ein Krieg, der wider Willen des Volkes begonnen wurde, mit Begeisterung fortgeführt wird, sobald erst Opfer gebracht sind. – Die Freigeister, welche ihre Sache vor dem Forum der gebundenen Geister führen, haben nachzuweisen, dass es immer Freigeister gegeben hat, also dass die Freigeisterei Dauer hat, sodann, dass sie nicht lästig fallen wollen, und endlich, dass sie den gebundenen Geistern im Ganzen Vorteil bringen; aber weil sie von diesem Letzten die gebundenen Geister nicht überzeugen können, nützt es ihnen Nichts, den ersten und zweiten Punkt bewiesen zu haben.

Esprit fort. – Verglichen mit dem, welcher das Herkommen auf seiner Seite hat und keine Gründe für sein Handeln braucht, ist der Freigeist immer schwach, namentlich im Handeln; denn er kennt zu viele Motive und Gesichtspunkte und hat deshalb eine unsichere, ungeübte Hand. Welche Mittel gibt es nun, um ihn doch verhältnismäßig stark zu machen, so dass er sich wenigstens durchsetzt und nicht wirkungslos zu Grunde geht? Wie entsteht der starke Geist (Esprit fort)? Es ist dies in einem einzelnen Falle die Frage nach der Erzeugung des Genius'. Woher kommt die Energie, die unbeugsame Kraft, die Ausdauer, mit welcher der Einzelne, dem Herkommen entgegen, eine ganz individuelle Erkenntnis der Welt zu erwerben trachtet?

Nebenerfolg. – Wer ernstlich frei werden will, wird dabei ohne allen Zwang die Neigung zu Fehlern und Lastern mit verlieren; auch Ärger und Verdruss werden ihn immer seltener anfallen. Sein Wille nämlich will nichts angelegentlicher, als

Erkennen und das Mittel dazu, das heißt: den andauernden Zustand, in dem er am tüchtigsten zum Erkennen ist.

Menschenlos. – Wer tiefer denkt, weiß, dass er immer Unrecht hat, er mag handeln und urteilen, wie er will.

Der Wanderer. – Wer nur einigermaßen zur Freiheit der Vernunft gekommen ist, kann sich auf Erden nicht anders fühlen, denn als Wanderer, – wenn auch nicht als Reisender nach einem letzten Ziele: denn dieses gibt es nicht. Wohl aber will er zusehen und die Augen dafür offen haben, was alles in der Welt eigentlich vorgeht; deshalb darf er sein Herz nicht allzu fest an alles Einzelne anhängen; es muss in ihm selber etwas Wanderndes sein, das seine Freude an dem Wechsel und der Vergänglichkeit habe. Freilich werden einem solchen Menschen böse Nächte kommen, wo er müde ist und das Tor der Stadt, welche ihm Rast bieten sollte, verschlossen findet; vielleicht, dass noch dazu, wie im Orient, die Wüste bis an das Tor reicht, dass die Raubtiere bald ferner bald näher her heulen, dass ein starker Wind sich erhebt, dass Räuber ihm seine Zugtiere wegführen. Dann sinkt für ihn wohl die schreckliche Nacht wie eine zweite Wüste auf die Wüste, und sein Herz wird des Wanderns müde. Geht ihm dann die Morgensonne auf, glühend wie eine Gottheit des Zornes, öffnet sich die Stadt, so sieht er in den Gesichtern der hier Hausenden vielleicht noch mehr Wüste, Schmutz, Trug, Unsicherheit, als vor den Toren – und der Tag ist fast schlimmer, als die Nacht. So mag es wohl einmal dem Wanderer ergehen; aber dann kommen, als Entgelt, die wonnevollen Morgen anderer Gegenden und Tage, wo er schon im Grauen des Lichtes die Musenschwärme im Nebel des Gebirges nahe an sich vorübertanzen sieht, wo ihm nachher, wenn er still, in dem Gleichmaß der Vormittagsseele, unter Bäumen sich ergeht, aus deren Wipfeln und Laubverstecken heraus lauter gute und helle Dinge zugeworfen werden, die Geschenke aller jener freien Geister, die in Berg, Wald und Einsamkeit zu Hause sind und welche, gleich ihm, in ihrer bald fröhlichen bald nachdenklichen Weise, Wanderer und Philosophen sind. Geboren aus den Geheimnissen der Frühe, sinnen sie darüber nach, wie der Tag zwischen dem zehnten und zwölften Glockenschlage ein so reines, durchleuchtetes, verklärt-heiteres Gesicht haben könne: – Sie suchen die Philosophie des Vormittages.

Vorsicht der freien Geister. – Freigesinnte, der Erkenntnis allein lebende Menschen werden ihr äußerliches Lebensziel, ihre endgültige Stellung zu Gesellschaft und Staat bald erreicht finden und zum Beispiel mit einem kleinen Amte oder einem Vermögen, das gerade zum Leben ausreicht, gerne sich zufrieden geben; denn sie werden sich einrichten so zu leben, dass eine große Verwandlung der äußeren Güter, ja ein Umsturz der politischen Ordnungen ihr Leben nicht mit umwirft. Auf alle diese Dinge verwenden sie so wenig wie möglich an Energie, damit sie mit der ganzen angesammelten Kraft und gleichsam mit einem langen Atem in das Element des Erkennens hinabtauchen. So können sie hoffen, tief zu tauchen und auch wohl auf den Grund zu sehen. – Von einem Ereignis wird ein solcher Geist gerne nur einen Zipfel nehmen, er liebt die Dinge in der ganzen Breite und Weitschweifigkeit ihrer Falten nicht: Denn er will sich nicht in diese verwickeln. – Auch er kennt die Wochentage der Unfreiheit, der Abhängigkeit, der Dienstbarkeit. Aber von Zeit zu Zeit muss ihm ein Sonntag der Freiheit kommen, sonst wird er das Leben nicht aushalten. – Es gibt in seiner Lebens- und Denkweise einen verfeinerten Heroismus, welcher es verschmäht, sich der großen Massen-Verehrung, wie sein gröberer Bruder es tut, anzubieten und still durch die Welt und aus der Welt zu gehen pflegt. Was für Labyrinthe er auch durchwandert, unter welchen Felsen sich auch sein Strom zeitweilig durchgequält hat – kommt er an's Licht, so geht er hell, leicht und fast geräuschlos seinen Gang und lässt den Sonnenschein bis in seinen Grund hinab spielen.

Vorwärts. – Und damit vorwärts auf der Bahn der Weisheit, guten Schrittes, guten Vertrauens! Wie du auch bist, so diene dir selber als Quell der Erfahrung! Wirf das Missvergnügen über dein Wesen ab, verzeihe dir dein eignes Ich, denn in jedem Falle hast du an dir eine Leiter mit hundert Sprossen, auf welchen du zur Erkenntnis steigen kannst.

Der moderne Mensch

Obwohl Nietzsche selbst versucht, alle gängigen Werte zu vernichten, bezeichnet er das moderne Wertesystem in einem Akt der »Umwertung aller Werte« als nihilistisch, da es im Kern lebensfeindlich und gegen das Dasein gerichtet ist. Nietzsche meint, dass die Tugenden und Ideale der modernen Gesellschaft im Grunde einen Rückschritt hinter die der alten aristokratischen Kriegergesellschaft bedeute. Gerade die kapitalistischen Demokratien können so zwar funktionierende, aber nur langweilige, im schlechten Sinne flache, Individuen hervorbringen. Nietzsches Menschenbild ist so besehen im Kern reaktionär.

Kritik der Modernität. – Unsre Institutionen taugen nichts mehr: Darüber ist man einmütig. Aber das liegt nicht an ihnen, sondern an uns. Nachdem uns alle Instinkte abhanden gekommen sind, aus denen Institutionen wachsen, kommen uns Institutionen überhaupt abhanden, weil wir nicht mehr zu ihnen taugen. Demokratismus war jederzeit die Niedergangs-Form der organisierenden Kraft. Damit es Institutionen gibt, muss es eine Art Wille, Instinkt, Imperativ geben, antiliberal bis zur Bosheit: den Willen zur Tradition, zur Autorität, zur Verantwortlichkeit auf Jahrhunderte hinaus, zur Solidarität von Geschlechter-Ketten vorwärts und rückwärts in infinitum. Der ganze Westen hat jene Instinkte nicht mehr, aus denen Institutionen wachsen, aus denen Zukunft wächst: seinem »modernen Geiste« geht vielleicht nichts so sehr wider den Strich. Man lebt für heute, man lebt sehr geschwind, – man lebt sehr unverantwortlich: Dies gerade nennt man »Freiheit«. Was aus Institutionen Institutionen macht, wird verachtet, gehasst, abgelehnt: Man glaubt sich in der Gefahr einer neuen Sklaverei, wo das Wort »Autorität« auch nur laut wird. So weit geht die décadence im Wert-Instinkte unsrer Politiker, unsrer politischen Parteien: Sie ziehen instinktiv vor, was auflöst, was das Ende beschleunigt …

Die Ironie der Gegenwärtigen. – Augenblicklich ist es Europäerart, alle großen Interessen mit Ironie zu behandeln, weil man vor Geschäftigkeit in ihrem Dienste keine Zeit hat, sie ernst zu nehmen.

Ohne Melodie. – Es gibt Menschen, denen ein stätiges Beruhen in sich selbst und ein harmonisches Sich-zurecht-Legen aller ihrer Fähigkeiten so zu eigen ist, dass ihnen jede zielesetzende Tätigkeit widerstrebt. Sie gleichen einer Musik, welche aus lauter langgezogenen harmonischen Akkorden besteht, ohne dass je auch nur der Ansatz zu einer gegliederten bewegten Melodie sich zeigte. Alle Bewegung von außen her dient nur, dem Kahne sofort wieder sein neues Gleichgewicht auf dem See harmonischen Wohlklangs zu geben. Moderne Menschen werden gewöhnlich auf's Äußerste ungeduldig, wenn sie solchen Naturen begegnen, aus denen nichts wird, ohne dass man ihnen sagen dürfte, dass sie nichts sind. Aber in einzelnen Stimmungen erregt ihr Anblick jene ungewöhnliche Frage: Wozu überhaupt Melodie? Warum genügt es uns nicht, wenn das Leben sich ruhevoll in einem tiefen See spiegelt? – Das Mittelalter war reicher an solchen Naturen als unsere Zeit. Wie selten trifft man noch auf einen, der so recht friedlich und froh mit sich auch im Gedränge fortleben kann, zu sich redend wie Goethe: »Das Beste ist die tiefe Stille, in der ich gegen die Welt lebe und wachse, und gewinne, was sie mir mit Feuer und Schwert nicht nehmen können.«

Gefahr unserer Kultur. – Wir gehören einer Zeit an, deren Kultur in Gefahr ist, an den Mitteln der Kultur zu Grunde zu gehen.

Verheißungen der Wissenschaft. – Die moderne Wissenschaft hat als Ziel: So wenig Schmerz wie möglich, so lange leben wie möglich, – also eine Art von ewiger Seligkeit, freilich eine sehr bescheidene im Vergleich mit den Verheißungen der Religionen.

In der Nachbarschaft des Wahnsinns. – Die Summe der Empfindungen, Kenntnisse, Erfahrungen, also die ganze Last der Kultur, ist so groß geworden, dass eine Überreizung der

Nerven- und Denkkräfte die allgemeine Gefahr ist, ja dass die kultivierten Klassen der europäischen Länder durchweg neurotisch sind und fast jede ihrer größeren Familien in einem Gliede dem Irrsinn nahe gerückt ist. Nun kommt man zwar der Gesundheit jetzt auf alle Weise entgegen; aber in der Hauptsache bleibt eine Verminderung jener Spannung des Gefühls, jener niederdrückenden Kulturlast vonnöten, welche, wenn sie selbst mit schweren Einbußen erkauft werden sollte, uns doch zu der großen Hoffnung einer neuen Renaissance Spielraum gibt.

Hauptmangel der tätigen Menschen. – Den Tätigen fehlt gewöhnlich die höhere Tätigkeit: ich meine die individuelle. Sie sind als Beamte, Kaufleute, Gelehrte, das heißt als Gattungswesen tätig, aber nicht als ganz bestimmte einzelne und einzige Menschen; in dieser Hinsicht sind sie faul. – Es ist das Unglück der Tätigen, dass ihre Tätigkeit fast immer ein wenig unvernünftig ist. Man darf zum Beispiel bei dem geldsammelnden Bankier nach dem Zweck seiner rastlosen Tätigkeit nicht fragen: Sie ist unvernünftig. Die Tätigen rollen, wie der Stein rollt, gemäß der Dummheit der Mechanik. – Alle Menschen zerfallen, wie zu allen Zeiten so auch jetzt noch, in Sklaven und Freie; denn wer von seinem Tage nicht zwei Drittel für sich hat, ist ein Sklave, er sei übrigens wer er wolle: Staatsmann, Kaufmann, Beamter, Gelehrter.

Seid dankbar. – Das große Ergebnis der bisherigen Menschheit ist, dass wir nicht mehr beständige Furcht vor wilden Tieren, vor Barbaren, vor Göttern und vor unseren Träumen zu haben brauchen.

Kreislauf des Menschentums. – Vielleicht ist das ganze Menschentum nur eine Entwickelungsphase einer bestimmten Tierart von begrenzter Dauer. So dass der Mensch aus dem Affen geworden ist und wieder zum Affen werden wird, während niemand da ist, der an diesem verwunderlichen Komödienausgang irgendein Interesse nehme. So wie mit dem Verfalle der römischen Kultur und seiner wichtigsten Ursache, der Ausbreitung des Christentums, eine allgemeine

Verhässlichung des Menschen innerhalb des römischen Reiches überhandnahm, so könnte auch durch den einstmaligen Verfall der allgemeinen Erdkultur eine viel höher gesteigerte Verhässlichung und endlich Vertierung des Menschen, bis in's Affenhafte, herbeigeführt werden. – Gerade weil wir diese Perspektive in's Auge fassen können, sind wir vielleicht imstande, einem solchen Ende der Zukunft vorzubeugen.

Unter das Tier hinab. – Wenn der Mensch vor Lachen wiehert, übertrifft er alle Tiere durch seine Gemeinheit.

Die Kunst in der Zeit der Arbeit. – Wir haben das Gewissen eines *arbeitsamen* Zeitalters: Dies erlaubt uns nicht, die besten Stunden und Vormittage der Kunst zu geben, und wenn diese Kunst selber die größte und würdigste wäre. Sie gilt uns als Sache der Muße, der Erholung: Wir weihen ihr die *Reste* unserer Zeit, unserer Kräfte. – Dies ist die allgemeinste Tatsache, durch welche die Stellung der Kunst zum Leben verändert ist: Sie hat, wenn sie ihre *großen* Zeit- und Kraftansprüche an die Kunst-Empfangenden macht, das Gewissen der Arbeitsamen und Tüchtigen *gegen* sich, sie ist auf die Gewissenlosen und Lässigen angewiesen, welche aber, ihrer Natur nach, gerade der *großen* Kunst nicht zugetan sind und ihre Ansprüche als Anmaßungen empfinden.

Manieren. – Die guten Manieren verschwinden in dem Maße, in welchem der Einfluss des Hofes und einer abgeschlossenen Aristokratie nachlässt: Man kann diese Abnahme von Jahrzehnt zu Jahrzehnt deutlich beobachten, wenn man ein Auge für die öffentlichen Akte hat: Als welche ersichtlich immer pöbelhafter werden. Niemand versteht mehr, auf geistreiche Art zu huldigen und zu schmeicheln; daraus ergibt sich die lächerliche Tatsache, dass man in Fällen, wo man gegenwärtig Huldigungen darbringen muss (zum Beispiel einem großen Staatsmanne oder Künstler), die Sprache des tiefsten Gefühls, der treuherzigen, ehrenfesten Biederkeit borgt – aus Verlegenheit und Mangel an Geist und Grazie.

»Freiheit, die ich nicht meine …« – In solchen Zeiten, wie heute, seinen Instinkten überlassen sein ist ein Verhängnis mehr. Diese Instinkte widersprechen, stören sich, zerstören sich untereinander; ich definierte das Moderne bereits als den physiologischen Selbstwiderspruch. Die Vernunft der Erziehung würde wollen, dass unter einem eisernen Drucke wenigstens eins dieser Instinktsysteme paralysiert würde, um einem andern zu erlauben, zu Kräften zu kommen, stark zu werden, Herr zu werden. Heute müsste man das Individuum erst möglich machen, indem man dasselbe beschneidet: möglich, das heißt ganz … Das Umgekehrte geschieht: Der Anspruch auf Unabhängigkeit, auf freie Entwicklung, auf laisser aller wird gerade von Denen am hitzigsten gemacht, für die kein Zügel zu streng wäre – dies gilt in politicis, dies gilt in der Kunst. Aber das ist ein Symptom der décadence: Unser moderner Begriff »Freiheit« ist ein Beweis von Instinktentartung mehr.

Geschäftsleute. – Euer Geschäft – das ist euer größtes Vorurteil, es bindet euch an euren Ort, an eure Gesellschaft, an eure Neigungen. Im Geschäft fleißig, – aber im Geiste faul, mit eurer Dürftigkeit zufrieden und die Schürze der Pflicht über diese Zufriedenheit gehängt: So lebt ihr, so wollt ihr eure Kinder!

Zu Gunsten der Müßigen. – Zum Zeichen dafür, dass die Schätzung des beschaulichen Lebens abgenommen hat, wetteifern die Gelehrten jetzt mit den tätigen Menschen in einer Art von hastigem Genusse, so dass sie also diese Art, zu genießen, höher zu schätzen scheinen, als die, welche ihnen eigentlich zukommt und welche in der Tat viel mehr Genuss ist. Die Gelehrten schämen sich des otium. Es ist aber ein edel Ding um Muße und Müßiggehen. – Wenn Müßiggang wirklich der Anfang aller Laster ist, so befindet er sich also wenigstens in der nächsten Nähe aller Tugenden; der müßige Mensch ist immer noch ein besserer Mensch als der tätige. – Ihr meint doch nicht, dass ich mit Muße und Müßiggehen auf euch ziele, ihr Faultiere?

Bettler. – Man soll die Bettler abschaffen: Denn man ärgert sich, ihnen zu geben, und ärgert sich, ihnen nicht zu geben.

Sich nicht auf den Handel verstehen ist vornehm. – Seine Tugend nur zum höchsten Preise verkaufen oder gar mit ihr Wucher treiben, als Lehrer, Beamter, Künstler, – macht aus Genie und Begabung eine Krämerangelegenheit. Mit seiner Weisheit soll man nun einmal nicht klug sein wollen!

Die moderne Unruhe. – Nach dem Westen zu wird die moderne Bewegtheit immer größer, so dass den Amerikanern die Bewohner Europas insgesamt sich als ruheliebende und genießende Wesen darstellen, während diese doch selbst wie Bienen und Wespen durcheinander fliegen. Diese Bewegtheit wird so groß, dass die höhere Kultur ihre Früchte nicht mehr zeitigen kann; es ist, als ob die Jahreszeiten zu rasch aufeinander folgten. Aus Mangel an Ruhe läuft unsere Zivilisation in eine neue Barbarei aus. Zu keiner Zeit haben die Tätigen, das heißt die Ruhelosen, mehr gegolten. Es gehört deshalb zu den notwendigen Korrekturen, welche man am Charakter der Menschheit vornehmen muss, das beschauliche Element in großem Maße zu verstärken. Doch hat schon jeder Einzelne, welcher in Herz und Kopf ruhig und stetig ist, das Recht zu glauben, dass er nicht nur ein gutes Temperament, sondern eine allgemein nützliche Tugend besitze und durch die Bewahrung dieser Tugend sogar eine höhere Aufgabe erfülle.

Die Schönheit kein Zufall. – Auch die Schönheit einer Rasse oder Familie, ihre Anmut und Güte in allen Gebärden wird erarbeitet: Sie ist, gleich dem Genie, das Schlussergebnis der akkumulierten Arbeit von Geschlechtern. Man muss dem guten Geschmacke große Opfer gebracht haben, man muss um seinetwillen Vieles getan, Vieles gelassen haben – das siebzehnte Jahrhundert Frankreichs ist bewunderungswürdig in Beidem –, man muss in ihm ein Prinzip der Wahl, für Gesellschaft, Ort, Kleidung, Geschlechtsbefriedigung gehabt haben, man muss Schönheit dem Vorteil, der Gewohnheit, der Meinung, der Trägheit vorgezogen haben. Oberste Richtschnur: Man muss sich auch vor sich selber nicht »gehenlassen«. – Die guten Dinge sind über die Maßen kostspielig: und immer gilt das Gesetz, dass wer sie hat, ein andrer ist, als wer sie erwirbt.

Alles Gute ist Erbschaft: Was nicht ererbt ist, ist unvollkommen, ist Anfang …

Geiz. – Unser Geiz beim Kaufen nimmt mit der Wohlfeilheit der Gegenstände zu, – warum? Ist es, dass die kleinen Preisunterschiede eben erst das kleine Auge des Geizes machen?

Inwiefern die Maschine demütigt. – Die Maschine ist unpersönlich, sie entzieht dem Stück Arbeit seinen Stolz, sein individuell *Gutes* und *Fehlerhaftes*, was an jeder Nicht-Maschinenarbeit klebt,— also sein bisschen Humanität. Früher war alles Kaufen von Handwerkern ein *Auszeichnen von Personen*, mit deren Abzeichen man sich umgab: Der Hausrat und die Kleidung wurde dergestalt zur Symbolik gegenseitiger Wertschätzung und persönlicher Zusammengehörigkeit, während wir jetzt nur inmitten anonymen und unpersönlichen Sklaventums zu leben scheinen. – Man muss die Erleichterung der Arbeit nicht zu teuer kaufen.

Freund und Feind

Für Nietzsche sind die Grenzen zwischen Freund und Feind fließend und ein guter Feind ist besser als ein schlechter Freund. Freundschaft ist für ihn idealerweise das Arbeitsbündnis (im weitesten Sinne) zweier freier und starker Persönlichkeiten.

Mangel an Vertraulichkeit. – Mangel an Vertraulichkeit unter Freunden ist ein Fehler, der nicht gerügt werden kann, ohne unheilbar zu werden.

Gleichgewicht der Freundschaft. – Manchmal kehrt, im Verhältnis von uns zu einem andern Menschen, das rechte Gleichgewicht der Freundschaft zurück, wenn wir in unsre eigene Waagschale einige Gran Unrecht legen.

Vertrauen und Vertraulichkeit. – Wer die Vertraulichkeit mit einer anderen Person geflissentlich zu erzwingen sucht, ist gewöhnlich nicht sicher darüber, ob er ihr Vertrauen besitzt. Wer des Vertrauens sicher ist, legt auf Vertraulichkeit wenig Wert.

Wo ist der schlimmste Feind? – Wer seine Sache gut führen kann und sich dessen bewusst ist, ist gegen seinen Widersacher meist versöhnlich gestimmt. Aber zu glauben, dass man die gute Sache für sich habe, und zu wissen, dass man nicht geschickt ist, sie zu verteidigen, – das macht einen ingrimmigen und unversöhnlichen Hass auf den Gegner der eignen Sache. – Möge jeder danach berechnen, wo seine schlimmsten Feinde zu suchen sind!

Merkmal der Entfremdung. – Das stärkste Anzeichen von Entfremdung der Ansichten bei zwei Menschen ist dies, dass beide sich gegenseitig einiges Ironische sagen, aber keiner von beiden das Ironische daran fühlt.

Bedingung des Heroentums. – Wenn Einer zum Helden werden will, so muss die Schlange vorher zum Drachen geworden sein, sonst fehlt ihm sein rechter Feind.

Geheime Feinde. – Einen geheimen Feind sich halten können – das ist ein Luxus, für den die Moralität selbst hochgesinnter Geister nicht reich genug zu sein pflegt.

Zwei Freunde. – Es waren Freunde, aber sie haben aufgehört, es zu sein, und sie knüpften von beiden Seiten zugleich ihre Freundschaft los, der eine, weil er sich zu sehr verkannt glaubte, der andere, weil er sich zu sehr erkannt glaubte – und beide haben sich dabei getäuscht! – denn jeder von ihnen kannte sich selber nicht genug.

Gefahr persönlichen Einflusses. – Wer fühlt, dass er auf einen anderen einen großen innerlichen Einfluss ausübt, muss ihm ganz freie Zügel lassen, ja gelegentliches Widerstreben gern sehen und selbst herbeiführen: Sonst wird er unvermeidlich sich einen Feind machen.

Freund. – Mit-Freude, nicht Mitleiden, macht den Freund.

Mangel an Freunden. – Der Mangel an Freunden lässt auf Neid oder Anmaßung schließen. Mancher verdankt seine Freunde nur dem glücklichen Umstande, dass er keinen Anlass zum Neide hat.

Das Talent zur Freundschaft. – Unter den Menschen, welche eine besondere Gabe zur Freundschaft haben, treten zwei Typen hervor. Der eine ist in einem fortwährenden Aufsteigen und findet für jede Phase seiner Entwickelung einen genau zugehörigen Freund. Die Reihe von Freunden, welche er auf diese Weise erwirbt, ist unter sich selten im Zusammenhang, mitunter in Misshelligkeit und Widerspruch: Ganz dem entsprechend, dass die späteren Phasen in seiner Entwickelung die früheren Phasen aufheben oder beeinträchtigen. Ein solcher Mensch mag im Scherz eine Leiter heißen. – Den andern Typus vertritt der, welcher eine Anziehungskraft auf sehr verschiedene Charaktere und Begabungen ausübt, so dass er einen ganzen Kreis von Freunden gewinnt; diese aber kommen dadurch selber untereinander in freundschaftliche Beziehung, trotz aller Verschiedenheit. Einen solchen Menschen nenne man einen Kreis: Denn in ihm muss jene Zusammengehörigkeit so verschiedener Anlagen und Naturen irgendwie vorgebildet sein. – Übrigens ist die Gabe, gute Freunde zu haben, in manchem Menschen viel größer, als die Gabe, ein guter Freund zu sein.

Das Geheimnis des Freundes. – Es wird wenige geben, welche, wenn sie um Stoff zur Unterhaltung verlegen sind, nicht die geheimeren Angelegenheiten ihrer Freunde preisgeben.

Freundschaft und Ehe. – Der beste Freund wird wahrscheinlich die beste Gattin bekommen, weil die gute Ehe auf dem Talent zur Freundschaft beruht.

Von den Freunden. – Überlege nur mit dir selber einmal, wie verschieden die Empfindungen, wie geteilt die Meinungen selbst unter den nächsten Bekannten sind; wie selbst gleiche Meinungen in den Köpfen deiner Freunde eine ganz andere Stellung oder Stärke haben, als in deinem; wie hundertfältig der Anlass kommt zum Missverstehen, zum feindseligen Auseinanderfliehen. Nach alledem wirst du dir sagen: Wie unsicher ist der Boden, auf dem alle unsere Bündnisse und Freundschaften ruhen, wie nahe sind kalte Regengüsse oder böse Wetter, wie vereinsamt ist jeder Mensch! Sieht einer dies ein und noch dazu, dass alle Meinungen und deren Art und Stärke bei seinen Mitmenschen ebenso notwendig und unverantwortlich sind wie ihre Handlungen, gewinnt er das Auge für diese innere Notwendigkeit der Meinungen aus der unlösbaren Verflechtung von Charakter, Beschäftigung, Talent, Umgebung, – so wird er vielleicht die Bitterkeit und Schärfe jener Empfindung los, mit der jener Weise rief: »Freunde, es gibt keine Freunde!« Er wird sich vielmehr eingestehen: Ja es gibt Freunde, aber der Irrtum, die Täuschung über dich führte sie dir zu; und Schweigen müssen sie gelernt haben, um dir Freund zu bleiben; denn fast immer beruhen solche menschlichen Beziehungen darauf, dass irgendein paar Dinge nie gesagt werden, ja dass an sie nie gerührt wird; kommen diese Steinchen aber in's Rollen, so folgt die Freundschaft hinterdrein und zerbricht. Gibt es Menschen, welche nicht tödlich zu verletzen sind, wenn sie erführen, was ihre vertrautesten Freunde im Grunde von ihnen wissen? – Indem wir uns selbst erkennen und unser Wesen selber als eine wandelnde Sphäre der Meinungen und Stimmungen ansehen und somit ein wenig geringschätzen lernen, bringen wir uns wieder in's Gleichgewicht mit den Übrigen. Es ist wahr, wir haben gute Gründe, jeden unserer Bekannten, und seien es die größten, gering zu achten; aber ebenso gute, diese Empfindung gegen uns selber zu kehren. – Und so wollen wir es miteinander aushalten, da wir es ja mit uns aushalten; und vielleicht kommt jedem auch einmal die freudigere Stunde, wo er sagt:

»Freunde, es gibt keine Freunde!«, so rief der sterbende Weise;
»Feinde, es gibt keinen Feind!« – ruf' ich, der lebende Tor.

Politik

Was man auch vom politischen Sachverstand des deutschen reaktionären Denkens halten mag, gelingt es doch dieser Traditionslinie immer wieder den Fortschritts- und Zivilisationsoptimismus kritisch zu hinterfragen und Diskussionen zu provozieren. Wir wollen Nietzsches eigene reaktionär anmutende Einlassungen hier auch nicht weiter werten, sondern sie als Haltung und (mögliche) Reaktion eines Geistesmenschen auf die aufkommende moderne Massengesellschaft begreifen. Nietzsche geht davon aus, dass es immer »starke« und »schwache« Individuen geben wird, und davon, dass diese Tatsache in unserer Gesellschaft kaschiert würde, indem man die Starken »böse« und die Schwachen »gut« nennt. Nietzsche empfindet eine tiefgehende Skepsis gegen jede Art von politischem Idealismus und Parteiengeist und tendiert selbst zu einer Idealisierung einer heroisch-aristokratischen Elitenkaste und des einzelgängerischen Intellektuellen. Heute wäre er bei gemäßigter Interpretation am ehesten liberal-konservativen Richtungen zuzuordnen, die ein Minimum an staatlichen Eingriffen und ein Maximum an »Selbstverantwortung« (selbst wenn der Begriff heute arg inflationär gebraucht wird) befürworten. In seinen radikalsten Momenten kann man Nietzsche den individual-anarchistischen Tendenzen – ähnlich der Max Stirners – zuordnen.

Der Irrsinn ist bei Einzelnen etwas Seltenes, – aber bei Gruppen, Parteien, Völkern, Zeiten die Regel.

Der Dämon der Macht. – Nicht die Notdurft, nicht die Begierde, – nein, die Liebe zur Macht ist der Dämon der Menschen. Man gebe ihnen alles, Gesundheit, Nahrung, Wohnung, Unterhaltung, – sie sind und bleiben unglücklich und grillig: denn der Dämon wartet und wartet und will befriedigt sein. Man nehme ihnen alles und befriedige diesen: So sind sie beinahe glücklich, – so glücklich als eben Menschen und Dämonen sein können. Aber warum sage ich dies noch? Luther hat es schon gesagt, und besser als ich, in den Versen: »Nehmen sie uns den Leib, Gut, Ehr', Kind und Weib: Lass fahren dahin, – das Reich muss uns doch bleiben!« Ja! Ja! Das »Reich«!

Ein Volk ist der Umschweif der Natur, um zu sechs, sieben großen Männern zu kommen. – Ja: Und um dann um sie herumzukommen.

Kultur und Kaste. – Eine höhere Kultur kann allein dort entstehen, wo es zwei unterschiedene Kasten der Gesellschaft gibt: die der Arbeitenden und die der Müßigen, zu wahrer Muße Befähigten; oder mit stärkerem Ausdruck: die Kaste der Zwangsarbeit und die Kaste der Freiarbeit. Der Gesichtspunkt der Verteilung des Glücks ist nicht wesentlich, wenn es sich um die Erzeugung einer höheren Kultur handelt; jedenfalls aber ist die Kaste der Müßigen die leidensfähigere, leidendere, ihr Behagen am Dasein ist geringer, ihre Aufgabe größer. Findet nun gar ein Austausch der beiden Kasten statt, so, dass die stumpferen, ungeistigeren Familien und Einzelnen aus der oberen Kaste in die niedere herabgesetzt werden und wiederum die freieren Menschen aus dieser den Zutritt zur höheren erlangen: So ist ein Zustand erreicht, über den hinaus man nur noch das offene Meer unbestimmter Wünsche sieht. – So redet die verklingende Stimme der alten Zeit zu uns; aber wo sind noch Ohren, sie zu hören?

Tyrannengenie. – Wenn in der Seele eine unbezwingliche Lust dazu rege ist, sich tyrannisch durchzusetzen und das Feuer beständig unterhält, so wird selbst eine geringe Begabung (bei Politikern, Künstlern) allmählich zu einer fast unwiderstehlichen Naturgewalt.

Abseits. – Der Parlamentarismus, das heißt die öffentliche Erlaubnis, zwischen fünf politischen Grundmeinungen wählen zu dürfen, schmeichelt sich bei jenen vielen ein, welche gerne selbständig und individuell scheinen und für ihre Meinungen kämpfen möchten. Zuletzt aber ist es gleichgültig, ob der Herde *eine* Meinung befohlen oder fünf Meinungen gestattet sind. – Wer von den fünf öffentlichen Meinungen abweicht und bei Seite tritt, hat immer die ganze Herde gegen sich.

Von der Beredsamkeit. – Wer besaß bis jetzt die überzeugendste Beredsamkeit? Der Trommelwirbel: Und solange die Könige diesen in der Gewalt haben, sind sie immer noch die besten Redner und Volksaufwiegler.

»Unser Nächster ist nicht unser Nachbar, sondern dessen Nachbar« – so denkt jedes Volk.

Die eherne Notwendigkeit. – Die eherne Notwendigkeit ist ein Ding, von dem die Menschen im Verlauf der Geschichte einsehen, dass es weder ehern noch notwendig ist.

Subordination. – Die Subordination, welche im Militär- und Beamtenstaate so hoch geschätzt wird, wird uns bald ebenso unglaublich werden, wie die geschlossene Taktik der Jesuiten es bereits geworden ist; und wenn diese Subordination nicht mehr möglich ist, lässt sich eine Menge der erstaunlichsten Wirkungen nicht mehr erreichen, und die Welt wird ärmer sein. Sie muss schwinden, denn ihr Fundament schwindet: der Glaube an die unbedingte Autorität, an die endgültige Wahrheit; selbst in Militärstaaten ist der physische Zwang nicht ausreichend, sie hervorzubringen, sondern die angeerbte Adoration vor dem Fürstlichen wie vor etwas Übermenschlichem. – In freieren Verhältnissen ordnet man sich nur auf Bedingungen unter, infolge gegenseitigen Vertrages, also mit allen Vorbehalten des Eigennutzes.

Regieren. – Die einen regieren, aus Lust am Regieren; die andern, um nicht regiert zu werden: – Diesen ist es nur das Geringere von zwei Übeln.

So wenig als möglich Staat! – Alle politischen und wirtschaftlichen Verhältnisse sind es nicht wert, dass gerade die begabtesten Geister sich mit ihnen befassen dürften und müssten: Ein solcher Verbrauch des Geistes ist im Grunde schlimmer, als ein Notstand. Es sind und bleiben Gebiete der Arbeit für die geringeren Köpfe, und andere als die geringen Köpfe sollten dieser Werkstätte nicht zu Diensten stehen: Möge lieber die Maschine wieder einmal in Stücke gehen! So wie es aber jetzt steht, wo nicht nur alle täglich darum glauben wissen zu müssen, sondern auch jedermann alle Augenblicke dafür tätig sein will und seine eigene Arbeit darüber im Stiche lässt, ist es ein großer und lächerlicher Wahnsinn. Man bezahlt die »allgemeine Sicherheit« viel zu teuer um diesen Preis: Und, was das Tollste ist, man bringt überdies das Gegenteil der allgemeinen Sicherheit damit hervor, wie unser liebes Jahrhundert zu beweisen unternimmt: Als ob es noch nie bewiesen wäre! Die Gesellschaft diebessicher und feuerfest und unendlich bequem für jeden Handel und Wandel zu machen und den Staat zur Vorsehung im guten und schlimmen Sinne umzuwandeln, – dies sind niedere, mäßige und nicht durchaus unentbehrliche Ziele, welche man nicht mit den höchsten Mitteln und Werkzeugen erstreben sollte, die es überhaupt gibt, – den Mitteln, die man eben für die höchsten und seltensten Zwecke sich aufzusparen hätte! Unser Zeitalter, so viel es von Ökonomie redet, ist ein Verschwender: Es verschwendet das Kostbarste, den Geist.

Die Kriege. – Die großen Kriege der Gegenwart sind die Wirkungen des historischen Studiums.

Wahn der Idealisten. – Alle Idealisten bilden sich ein, die Sachen, welchen sie dienen, seien wesentlich besser, als die anderen Sachen in der Welt, und wollen nicht glauben, dass wenn ihre Sache überhaupt gedeihen soll, sie genau desselben übel riechenden Düngers bedarf, welchen alle anderen menschlichen Unternehmungen nötig haben.

Angreifen oder eingreifen. – Wir machen häufig den Fehler, eine Richtung oder Partei oder Zeit lebhaft anzufeinden, weil wir zufällig nur ihre veräußerlichte Seite, ihre Verkümmerung oder die ihnen notwendig anhaftenden »Fehler ihrer Tugenden« zu sehen bekommen, – vielleicht weil wir selbst an diesen vornehmlich teilgenommen haben. Dann wenden wir ihnen den Rücken und suchen eine entgegengesetzte Richtung; aber das Bessere wäre, die starken guten Seiten aufzusuchen oder an sich selber auszubilden. Freilich gehört ein kräftigerer Blick und besserer Wille dazu, das Werdende und Unvollkommene zu fördern, als es in seiner Unvollkommenheit zu durchschauen und zu verleugnen.

Hoffnung als Anmaßung. – Unsere gesellschaftliche Ordnung wird langsam wegschmelzen, wie es alle früheren Ordnungen getan haben, sobald die Sonnen neuer Meinungen mit neuer Glut über die Menschen hinleuchteten. Wünschen kann man dies Wegschmelzen nur, indem man hofft: Und hoffen darf man vernünftigerweise nur, wenn man sich und seinesgleichen mehr Kraft in Herz und Kopf zutraut, als den Vertretern des Bestehenden. Gewöhnlich also wird diese Hoffnung eine Anmaßung, eine Überschätzung sein.

Krieg. – Zu Ungunsten des Krieges kann man sagen: Er macht den Sieger dumm, den Besiegten boshaft. Zu Gunsten des Krieges: Er barbarisiert in beiden eben genannten Wirkungen und macht dadurch natürlicher; er ist für die Kultur Schlaf oder Winterszeit, der Mensch kommt kräftiger zum Guten und Bösen aus ihm heraus.

Benutzung der kleinsten Unredlichkeit. – Die Macht der Presse besteht darin, dass jeder Einzelne, der ihr dient, sich nur ganz wenig verpflichtet und verbunden fühlt. Er sagt für gewöhnlich seine Meinung, aber sagt sie einmal auch nicht, um seiner Partei oder der Politik seines Landes oder endlich sich selbst zu nützen. Solche kleinen Vergehen der Unredlichkeit oder vielleicht nur einer unredlichen Verschwiegenheit sind von dem Einzelnen nicht schwer zu tragen, doch sind die Folgen außerordentlich, weil diese kleinen Vergehen von vielen zu gleicher Zeit begangen werden. Jeder von diesen sagt sich: »Für so geringe Dienste lebe ich besser, kann ich mein Auskommen finden; durch den Mangel solcher kleinen Rücksichten mache ich mich unmöglich«. Weil es beinahe sittlich gleichgültig erscheint, eine Zeile, noch dazu vielleicht ohne Namensunterschrift, mehr zu schreiben oder nicht zu schreiben, so kann einer, der Geld und Einfluss hat, jede Meinung zur öffentlichen machen. Wer da weiß, dass die meisten Menschen in Kleinigkeiten schwach sind, und seine eigenen Zwecke durch sie erreichen will, ist immer ein gefährlicher Mensch.

Nicht geeignet zum Parteimann. – Wer viel denkt, eignet sich nicht zum Parteimann: Er denkt sich zu bald durch die Partei hindurch.

Die Lobredner der Arbeit. – Bei der Verherrlichung der »Arbeit«, bei dem unermüdlichen Reden vom »Segen der Arbeit« sehe ich denselben Hintergedanken, wie bei dem Lobe der gemeinnützigen unpersönlichen Handlungen: Den der Furcht vor allem Individuellen. Im Grunde fühlt man jetzt, beim Anblick der Arbeit – man meint immer dabei jene harte Arbeitsamkeit von früh bis spät –, dass eine solche Arbeit die beste Polizei ist, dass sie jeden im Zaume hält und die Entwicklung der Vernunft, der Begehrlichkeit, des Unabhängigkeitsgelüstes kräftig zu hindern versteht. Denn sie verbraucht außerordentlich viel Nervenkraft und entzieht dieselbe dem Nachdenken, Grübeln, Träumen, Sorgen, Lieben, Hassen, sie stellt ein kleines Ziel immer in's Auge und gewährt leichte und regelmäßige Befriedigungen. So wird eine Gesellschaft, in welcher fortwährend hart gearbeitet wird, mehr Sicherheit haben: Und die Sicherheit betet man jetzt als die oberste Gottheit an. – Und nun! Entsetzen! Gerade der »Arbeiter« ist gefährlich geworden! Es wimmelt von »gefährlichen Individuen«! Und hinter ihnen die Gefahr der Gefahren – das Individuum!

Angesichts jeder Partei. – Ein Hirt hat immer auch noch einen Leithammel nötig, – oder er muss selbst gelegentlich Hammel sein.

Allzu lauter Ton bei Beschwerden. – Dadurch, dass ein Notstand (zum Beispiel die Gebrechen einer Verwaltung, Bestechlichkeit und Gunstwillkür in politischen oder gelehrten Körperschaften) stark übertrieben dargestellt wird, verliert zwar die Darstellung bei den Einsichtigen ihre Wirkung, aber wirkt umso stärker auf die Nichteinsichtigen (welche bei einer sorgsamen maßvollen Darlegung gleichgültig geblieben wären). Da diese aber bedeutend in der Mehrzahl sind und stärkere Willenskräfte, ungestümere Lust zum Handeln in sich beherbergen, so wird jene Übertreibung zum Anlass von Untersuchungen,

Bestrafungen, Versprechen, Reorganisationen. – Insofern ist es nützlich, Notstände übertrieben darzustellen.

Gerechtigkeit als Parteien-Lockruf. – Wohl können edle (wenn auch nicht gerade sehr einsichtsvolle) Vertreter der beherrschenden Klasse sich geloben: »Wir wollen die Menschen als gleich behandeln, ihnen gleiche Rechte zugestehen«; insofern ist eine sozialistische Denkungsweise, welche auf Gerechtigkeit ruht, möglich, aber wie gesagt nur innerhalb der herrschenden Klasse, welche in diesem Falle die Gerechtigkeit mit Opfern und Verleugnungen übt. Dagegen Gleichheit der Rechte fordern, wie es die Sozialisten der unterworfenen Kaste tun, ist nimmermehr der Ausfluss der Gerechtigkeit, sondern der Begehrlichkeit. – Wenn man der Bestie blutige Fleischstücke aus der Nähe zeigt und wieder wegzieht, bis sie endlich brüllt: Meint ihr, dass dies Gebrüll Gerechtigkeit bedeute?

Die Überzeugungstreuen. – Wer viel zu tun hat, behält seine allgemeinen Ansichten und Standpunkte fast unverändert bei. Ebenso jeder, der im Dienst einer Idee arbeitet: Er wird die Idee selber nie mehr prüfen, dazu hat er keine Zeit mehr; ja es geht gegen sein Interesse, sie überhaupt noch für diskutierbar zu halten.

Besitz und Gerechtigkeit. – Wenn die Sozialisten nachweisen, dass die Eigentumsverteilung in der gegenwärtigen Menschheit die Konsequenz zahlloser Ungerechtigkeiten und Gewaltsamkeiten ist und in summa die Verpflichtung gegen etwas so unrecht Begründetes ablehnen: So sehen sie nur etwas Einzelnes. Die ganze Vergangenheit der alten Kultur ist auf Gewalt, Sklaverei, Betrug, Irrtum aufgebaut; wir können aber uns selbst, die Erben aller dieser Zustände, ja die Concrescenzen aller jener Vergangenheit, nicht wegdekretieren und dürfen nicht ein einzelnes Stück herausziehen wollen. Die ungerechte Gesinnung steckt in den Seelen der Nicht-Besitzenden auch, sie sind nicht besser als die Besitzenden und haben kein moralisches Vorrecht, denn irgendwann sind ihre Vorfahren Besitzende gewesen. Nicht gewaltsame neue Verteilungen, sondern allmähliche Umschaffungen des Sinnes tun not, die

Gerechtigkeit muss in allen größer werden, der gewalttätige Instinkt schwächer.

Das Leben des Feindes. – Wer davon lebt, einen Feind zu bekämpfen, hat ein Interesse daran, dass er am Leben bleibt.

Die Gefährlichen unter den Umsturz-Geistern. – Man teile die, welche auf einen Umsturz der Gesellschaft bedacht sind, in solche ein, welche für sich selbst, und in solche, welche für ihre Kinder und Enkel etwas erreichen wollen. Die Letzteren sind die Gefährlicheren; denn sie haben den Glauben und das gute Gewissen der Uneigennützigkeit. Die anderen kann man abspeisen: Dazu ist die herrschende Gesellschaft immer noch reich und klug genug. Die Gefahr beginnt, sobald die Ziele unpersönlich werden; die Revolutionäre aus unpersönlichem Interesse dürfen alle Verteidiger des Bestehenden als persönlich interessiert ansehen und sich deshalb ihnen überlegen fühlen.

Politischer Wert der Vaterschaft. – Wenn der Mensch keine Söhne hat, so hat er kein volles Recht, über die Bedürfnisse eines einzelnen Staatswesens mitzureden. Man muss selber mit den anderen sein Liebstes daran gewagt haben; das erst bindet an den Staat fest; man muss das Glück seiner Nachkommen in's Auge fassen, also vor allem Nachkommen haben, um an allen Institutionen und deren Veränderung rechten, natürlichen Anteil zu nehmen. Die Entwickelung der höheren Moral hängt daran, dass einer Söhne hat; dies stimmt ihn unegoistisch, oder richtiger: Es erweitert seinen Egoismus der Zeitdauer nach, und lässt ihn Ziele über seine individuelle Lebenslänge hinaus mit Ernst verfolgen.

Wert abgeschmackter Gegner. – Man bleibt mitunter einer Sache nur deshalb treu, weil ihre Gegner nicht aufhören, abgeschmackt zu sein.

Leitende Geister und ihre Werkzeuge. – Wir sehen große Staatsmänner und überhaupt alle die, welche sich vieler Menschen zur Durchführung ihrer Pläne bedienen müssen, bald so, bald so verfahren: Entweder wählen sie sehr fein und sorgsam die zu ihren Plänen passenden Menschen aus und lassen ihnen dann verhältnismäßige große Freiheit, weil sie wissen, dass die Natur dieser Ausgewählten sie eben dahin treibt, wohin sie selber jene haben wollen; oder sie wählen schlecht, ja nehmen was ihnen unter die Hand kommt, formen aber aus jedem Tone etwas für ihre Zwecke Taugliches. Diese letzte Art ist die gewaltsamere, sie begehrt auch unterwürfigere Werkzeuge; ihre Menschenkenntnis ist gewöhnlich viel geringer, ihre Menschenverachtung größer, als bei den erstgenannten Geistern, aber die Maschine, welche sie konstruieren, arbeitet gemeinhin besser, als die Maschine aus der Werkstätte jener.

Der große Mann der Masse. – Das Rezept zu dem, was die Masse einen großen Mann nennt, ist leicht gegeben. Unter allen Umständen verschaffe man ihr etwas, das ihr sehr angenehm ist, oder setze ihr erst in den Kopf, dass dies und jenes sehr angenehm wäre, und gebe es ihr dann. Doch um keinen Preis sofort: Sondern man erkämpfe es mit größter Anstrengung oder scheine es zu erkämpfen. Die Masse muss den Eindruck haben, dass eine mächtige, ja unbezwingliche Willenskraft da sei; mindestens muss sie da zu sein scheinen. Den starken Willen bewundert jedermann, weil niemand ihn hat und jedermann sich sagt, dass, wenn er ihn hätte, es für ihn und seinen Egoismus keine Grenze mehr gäbe. Zeigt sich nun, dass ein solcher starker Wille etwas der Masse sehr Angenehmes bewirkt, statt auf die Wünsche seiner Begehrlichkeit zu hören, so bewundert man noch einmal und wünscht sich selber Glück. Im Übrigen habe er alle Eigenschaften der Masse: Umso weniger schämt sie sich vor ihm, umso mehr ist er populär. Also: Er sei gewalttätig, neidisch, ausbeuterisch, intrigant, schmeichlerisch, kriechend, aufgeblasen, je nach Umständen alles.

Schwaches Gewissen. – Menschen, welche von ihrer Bedeutung für die Menschheit sprechen, haben in Bezug auf gemeine bürgerliche Rechtlichkeit im Halten von Verträgen, Versprechungen, ein schwaches Gewissen.

Fürst und Gott. – Die Menschen verkehren mit ihren Fürsten vielfach in ähnlicher Weise wie mit ihrem Gotte, wie ja vielfach auch der Fürst der Repräsentant des Gottes, mindestens sein Oberpriester war. Diese fast unheimliche Stimmung von Verehrung und Angst und Scham war und ist viel schwächer geworden, aber mitunter lodert sie auf und heftet sich an mächtige Personen, überhaupt. Der Kultus des Genius' ist ein Nachklang dieser Götter-Fürsten-Verehrung. Überall, wo man sich bestrebt, einzelne Menschen in das Übermenschliche hinaufzuheben, entsteht auch die Neigung, ganze Schichten des Volkes sich roher und niedriger vorzustellen, als sie wirklich sind.

Der Parasit. – Es bezeichnet einen völligen Mangel an vornehmer Gesinnung, wenn jemand lieber in Abhängigkeit, auf anderer Kosten, leben will, um nur nicht arbeiten zu müssen, gewöhnlich mit einer heimlichen Erbitterung gegen die, von denen er abhängt. – Eine solche Gesinnung ist viel häufiger bei Frauen als bei Männern, auch viel verzeihlicher (aus historischen Gründen).

Meine Utopie. – In einer besseren Ordnung der Gesellschaft wird die schwere Arbeit und Not des Lebens dem zuzumessen sein, welcher am wenigsten durch sie leidet, also dem Stumpfesten, und so schrittweise aufwärts bis zu dem, welcher für die höchsten sublimiertesten Gattungen des Leidens am empfindlichsten ist und deshalb selbst noch bei der größten Erleichterung des Lebens leidet.

Maß. – Die volle Entschiedenheit des Denkens und Forschens, also die Freigeisterei, zur Eigenschaft des Charakters geworden, macht im Handeln mäßig: Denn sie schwächt die Begehrlichkeit, zieht viel von der vorhandenen Energie an sich, zur Förderung geistiger Zwecke, und zeigt das Halbnützliche oder Unnütze und Gefährliche aller plötzlichen Veränderungen.

Auferstehung des Geistes. – Auf dem politischen Krankenbette verjüngt ein Volk gewöhnlich sich selbst und findet seinen Geist wieder, den es im Suchen und Behaupten der Macht allmählich verlor. Die Kultur verdankt das Allerhöchste den politisch geschwächten Zeiten.

Neue Meinungen im alten Hause. – Dem Umsturz der Meinungen folgt der Umsturz der Institutionen nicht sofort nach, vielmehr wohnen die neuen Meinungen lange Zeit im verödeten und unheimlich gewordenen Hause ihrer Vorgängerinnen und konservieren es selbst, aus Wohnungsnot.

Schulwesen. – Das Schulwesen wird in großen Staaten immer höchstens mittelmäßig sein, aus demselben Grunde, aus dem in großen Küchen bestenfalls mittelmäßig gekocht wird.

Unschuldige Korruption. – In allen Instituten, in welche nicht die scharfe Luft der öffentlichen Kritik hineinweht, wächst eine unschuldige Korruption auf, wie ein Pilz (also zum Beispiel in gelehrten Körperschaften und Senaten).

Gelehrte als Politiker. – Gelehrten, welche Politiker werden, wird gewöhnlich die komische Rolle zugeteilt, das gute Gewissen einer Politik sein zu müssen.

Der Wolf hinter dem Schafe versteckt. – Fast jeder Politiker hat unter gewissen Umständen einmal einen ehrlichen Mann so nötig, dass er, gleich einem heißhungrigen Wolfe, in einen Schafstall bricht: Nicht aber um dann den geraubten Widder zu fressen, sondern um sich hinter seinen wolligen Rücken zu verstecken.

Menschenverachtung. – Das unzweideutigste Anzeichen von einer Geringschätzung der Menschen ist dies, dass man jedermann nur als Mittel zu seinem Zwecke oder gar nicht gelten lässt.

Glückszeiten. – Ein glückliches Zeitalter ist deshalb gar nicht möglich, weil die Menschen es nur wünschen wollen, aber nicht haben wollen und jeder Einzelne, wenn ihm gute Tage kommen, förmlich um Unruhe und Elend beten lernt. Das Schicksal der Menschen ist auf glückliche Augenblicke eingerichtet – jedes Leben hat solche –, aber nicht auf glückliche Zeiten. Trotzdem werden diese als »das jenseits der Berge« in der Phantasie des Menschen bestehen bleiben, als Erbstück der Urväter; denn man hat wohl den Begriff des Glückszeitalters seit uralten Zeiten her jenem Zustande entnommen, in dem der Mensch, nach gewaltiger Anstrengung durch Jagd und Krieg, sich der Ruhe übergibt, die Glieder streckt und die Fittige des Schlafes um sich rauschen hört. Es ist ein falscher Schluss, wenn der Mensch jener alten Gewöhnung gemäß sich vorstellt, dass er nun auch nach ganzen Zeiträumen der Not und Mühsal eines Zustandes des Glücks in entsprechender Steigerung und Dauer teilhaftig werden könne.

Der gefährlichste Parteimann. – In jeder Partei ist einer, der durch sein gar zu gläubiges Aussprechen der Parteigrundsätze die Übrigen zum Abfall reizt.

Doppelte Art der Gleichheit. – Die Sucht nach Gleichheit kann sich so äußern, dass man entweder alle anderen zu sich hinunterziehen möchte (durch Verkleinern, Sekretieren, Beinstellen) oder sich mit allen hinauf (durch Anerkennen, Helfen, Freude an fremdem Gelingen).

Und nochmals gesagt. – Öffentliche Meinungen – private Faulheiten.

In Gesellschaft

In den Momenten, in denen sich Nietzsche von den abstrakten philosophischen Kernproblemen der Erkenntnis- und Ideologiekritik abwendet und sich konkreten Fragen des Zwischenmenschlichen, zum Gespräch und zur Kunst der Überzeugung widmet, entwickelt sich Lebenskunst in Reinform. Gegen die einseitige Rationalitätsideale seiner Zeit gerichtet, legt er hier vor allem Wert auf die – wie man heute sagen würde – »non-verbalen« Aspekte der Kommunikation.

Gefahr in der Stimme. – Mit einer sehr lauten Stimme im Halse, ist man fast außer Stande, feine Sachen zu denken.

Gegen manche Verteidigung. – Die perfideste Art, einer Sache zu schaden, ist, sie absichtlich mit fehlerhaften Gründen verteidigen.

Der eine sucht einen Geburtshelfer für seine Gedanken, der andre einen, dem er helfen kann: So entsteht ein gutes Gespräch.

Gegen Verlegenheit. – Das beste Mittel, sehr verlegenen Leuten zu Hilfe zu kommen und sie zu beruhigen, besteht darin, dass man sie entschieden lobt.

Eine Schule des Redners. – Wenn man ein Jahr lang schweigt, so verlernt man das Schwätzen und lernt das Reden. Die Pythagoreer waren die besten Staatsmänner ihrer Zeit.

Das Zünglein an der Waage. – Man lobt oder tadelt, je nachdem das eine oder das andere mehr Gelegenheit gibt, unsere Urteilskraft leuchten zu lassen.

Die Misstrauischen und der Stil. – Wir sagen die stärksten Dinge schlicht, vorausgesetzt, dass Menschen um uns sind, die an unsere Stärke glauben: – Eine solche Umgebung erzieht zur »Einfachheit des Stils«. Die Misstrauischen reden emphatisch; die Misstrauischen machen emphatisch.

Je abstrakter die Wahrheit ist, die du lehren willst, umso mehr musst du noch die Sinne zu ihr verführen.

Noch nicht genug! – Es ist noch nicht genug, eine Sache zu beweisen, man muss die Menschen zu ihr auch noch verführen oder zu ihr erheben. Deshalb soll der Wissende lernen, seine Weisheit zu sagen: Und oft so, dass sie wie Torheit klingt!

Zu deutlich reden. – Man kann aus verschiedenen Gründen zu deutlich artikuliert sprechen: Einmal, aus Misstrauen gegen sich, in einer neuen ungeübten Sprache, sodann aber auch aus Misstrauen gegen die anderen, wegen ihrer Dummheit oder Langsamkeit des Verständnisses. Und so auch im Geistigsten: Unsere Mitteilung ist mitunter zu deutlich, zu peinlich, weil die, welchen wir uns mitteilen, uns sonst nicht verstehen. Folglich ist der vollkommene und leichte Stil nur vor einer vollkommenen Zuhörerschaft erlaubt.

Gewöhnlich missverstanden. – Im Gespräche bemerkt man den einen bemüht, eine Falle zu legen, in welche der andere fällt, nicht aus Bosheit, wie man denken sollte, sondern aus Vergnügen an der eignen Pfiffigkeit: Dann wieder andre, welche den Witz vorbereiten, damit der andre ihn mache, und welche die Schleife knüpfen, damit jener den Knoten daraus ziehe: Nicht aus Wohlwollen, wie man denken sollte, sondern aus Bosheit und Verachtung der groben Intellekte.

Im Lobe ist mehr Zudringlichkeit, als im Tadel.

Redefreiheit. – »Die Wahrheit muss gesagt werden, und wenn die Welt in Stücke gehen sollte!« – So ruft, mit großem Munde, der große Fichte! – Ja! Ja! Aber man müsste sie auch haben! – Aber er meint, jeder solle seine Meinung sagen, und wenn alles drunter und drüber ginge. Darüber ließe sich mit ihm noch rechten.

Positiv und negativ. – Dieser Denker braucht niemanden, der ihn widerlegt: Er genügt sich dazu selber.

Viel von sich reden kann auch ein Mittel sein, sich zu verbergen.

Mittel, um schnell verachtet zu werden. – Ein Mensch, der schnell und viel spricht, sinkt außerordentlich tief in unserer Achtung nach dem kürzesten Verkehre, und selbst wenn er verständig spricht, – nicht nur in dem Maße als er lästig fällt, sondern weit tiefer. Denn wir erraten, wie vielen Menschen er schon lästig gefallen ist, und rechnen zu dem Missbehagen, das er macht, noch die Missachtung hinzu, welche wir für ihn voraussetzen.

»Er missfällt mir.« – Warum? – »Ich bin ihm nicht gewachsen.« – Hat je ein Mensch so geantwortet?

Zur Ehre der Kenner. – Sobald einer, ohne Kenner zu sein, doch den Urteiler spielt, soll man sofort protestieren: Ob es nun Männlein oder Weiblein sei. Schwärmerei und Entzücken für ein Ding oder einen Menschen sind keine Argumente: Widerwillen und Hass gegen sie auch nicht.

Durch Missfallen gefallen. – Die Menschen, welche lieber auffallen und dabei missfallen wollen, begehren dasselbe wie die, welche nicht auffallen und gefallen wollen, nur in einem viel höheren Grade und indirekt, vermittelst einer Stufe, durch welche sie sich scheinbar von ihrem Ziele entfernen. Sie wollen Einfluss und Macht, und zeigen deshalb ihre Überlegenheit, selbst so, dass sie unangenehm empfunden wird; denn sie wissen, dass der, welcher endlich zur Macht gelangt ist, fast in allem, was er tut und sagt, gefällt, und dass selbst, wo er missfällt, er doch noch zu gefallen scheint.

Worte in uns gegenwärtig. – Wir drücken unsere Gedanken immer mit den Worten aus, die uns zur Hand sind. Oder um meinen ganzen Verdacht auszudrücken: Wir haben in jedem

Momente eben nur den Gedanken, für welchen uns die Worte zur Hand sind, die ihn ungefähr auszudrücken vermögen.

Gründe und ihre Grundlosigkeit. – Du hast eine Abneigung gegen ihn und bringst auch reichliche Gründe für diese Abneigung vor, – ich glaube aber nur deiner Abneigung, und nicht deinen Gründen! Es ist eine Schöntuerei vor dir selber, das, was instinktiv geschieht, dir und mir wie einen Vernunftschluss vorzuführen.

Wenn wir über jemanden umlernen müssen, so rechnen wir ihm die Unbequemlichkeit hart an, die er uns damit macht.

Zum Disputieren erforderlich. – Wer seine Gedanken nicht auf Eis zu legen versteht, der soll sich nicht in die Hitze des Streites begeben.

Verkehrte Welt. – Man kritisiert einen Denker schärfer, wenn er einen uns unangenehmen Satz hinstellt; und doch wäre es vernünftiger, dies zu tun, wenn sein Satz uns angenehm ist.

Eigene Meinungen. – Die erste Meinung, welche uns einfällt, wenn wir plötzlich über eine Sache befragt werden, ist gewöhnlich nicht unsere eigene, sondern nur die landläufige, unserer Kaste, Stellung, Abkunft zugehörige; die eigenen Meinungen schwimmen selten obenauf.

Geist verbergen. – Wenn wir jemanden dabei ertappen, dass er seinen Geist vor uns verbirgt, so nennen wir ihn böse: Und zwar umso mehr, wenn wir argwöhnen, dass Artigkeit und Menschenfreundlichkeit ihn dazu getrieben haben.

Seine »Einzelheit« kennen. – Wir vergessen zu leicht, dass wir im Auge fremder Menschen, die uns zum ersten Male sehen, etwas ganz anderes sind, als das, wofür wir uns selber halten: Meistens nichts mehr, als eine in die Augen springende Einzelheit, welche den Eindruck bestimmt. So kann der sanftmütigste und billigste Mensch, wenn er nur einen großen Schnurrbart hat, gleichsam im Schatten desselben sitzen, und ruhig sitzen, – die gewöhnlichen Augen sehen in ihm den Zubehör zu einem großen Schnurrbart, will sagen: einen militärischen, leicht aufbrausenden, unter Umständen gewaltsamen Charakter – und benehmen sich danach vor ihm.

Die Pathetischen und die Naiven. – Es kann eine sehr unedle Gewohnheit sein, keine Gelegenheit vorbeizulassen, wo man sich pathetisch zeigen kann: Um jenes Genusses willen, sich den Zuschauer dabei zu denken, der sich an die Brust schlägt und sich selber jämmerlich und klein fühlt. Es kann folglich auch ein Zeichen des Edelsinns sein, mit pathetischen Lagen Spott zu treiben und in ihnen sich unwürdig zu benehmen. Der alte kriegerische Adel Frankreichs hatte diese Art Vornehmheit und Feinheit.

Zweimal sagen. – Es ist gut, eine Sache sofort doppelt auszudrücken und ihr einen rechten und einen linken Fuß zu geben. Auf einem Bein kann die Wahrheit zwar stehen; mit zweien aber wird sie gehen und herumkommen.

»*Natürlich*«. – In seinen Fehlern wenigstens natürlich zu sein, ist vielleicht das letzte Lob eines künstlichen und überall sonst schauspielerischen und halbechten Künstlers. Ein solches Wesen wird deshalb gerade seine Fehler keck herauslassen.

Rücksichtsvoll. – niemanden kränken, niemanden beeinträchtigen wollen kann ebensowohl das Kennzeichen einer gerechten, als einer ängstlichen Sinnesart sein.

Hässlich scheinen. – Die Mäßigkeit sieht sich selber als schön; sie ist unschuldig daran, dass sie im Auge des Unmäßigen rau und nüchtern, folglich als hässlich erscheint.

Nicht zu verwechseln! – Ja! Er betrachtet die Sache von allen Seiten, und ihr meint, das sei ein rechter Mann der Erkenntnis. Aber er will nur den Preis herabsetzen, – er will sie kaufen!

Taktik im Gespräch. – Nach einem Gespräch mit jemandem ist man am besten auf den Mitunterredner zu sprechen, wenn man Gelegenheit hatte, seinen Geist, seine Liebenswürdigkeit vor ihm im ganzen Glanze zu zeigen. Dies benutzen kluge Menschen, welche jemanden sich günstig stimmen wollen, indem sie bei der Unterredung ihm die besten Gelegenheiten zu einem guten Witz und dergleichen zuschieben. Es wäre ein lustiges Gespräch zwischen zwei sehr Klugen zu denken, welche sich gegenseitig günstig stimmen wollen und sich deshalb die schönen Gelegenheiten im Gespräch hin und her zuwerfen, während keiner sie annimmt: Sodass das Gespräch im Ganzen geistlos und unliebenswürdig verliefe, weil jeder dem andern die Gelegenheit zu Geist und Liebenswürdigkeit zuwiese.

Wohlwollende Verstellung. – Es ist häufig im Verkehre mit Menschen eine wohlwollende Verstellung nötig, als ob wir die Motive ihres Handelns nicht durchschauten.

Kopien. – Nicht selten begegnet man Kopien bedeutender Menschen; und den meisten gefallen, wie bei Gemälden, so auch hier, die Kopien besser als die Originale.

Warum man widerspricht. – Man widerspricht oft einer Meinung, während uns eigentlich nur der Ton, mit dem sie vorgetragen wurde, unsympathisch ist.

Bedingung der Höflichkeit. – Die Höflichkeit ist eine sehr gute Sache und wirklich eine der vier Haupttugenden (wenn auch die letzte): Aber damit wir uns einander nicht mit ihr lästig werden, muss der, mit dem ich gerade zu tun habe, um einen Grad weniger oder mehr höflich sein, als ich es bin, – sonst kommen wir nicht von der Stelle, und die Salbe salbt nicht nur, sondern klebt uns fest.

Schnur der Dankbarkeit. – Es gibt sklavische Seelen, welche die Erkenntlichkeit für erwiesene Wohltaten so weit treiben, dass sie sich mit der Schnur der Dankbarkeit selbst erdrosseln.

Aus einer Disputation. – A: Freund, Sie haben sich heiser gesprochen! – B: So bin ich widerlegt. Reden wir nicht weiter davon.

Ironie. – Die Ironie ist nur als pädagogisches Mittel am Platze, von Seiten eines Lehrers im Verkehr mit Schülern irgendwelcher Art: Ihr Zweck ist Demütigung, Beschämung, aber von jener heilsamen Art, welche gute Vorsätze erwachen lässt und dem, welcher uns so behandelte, Verehrung, Dankbarkeit als einem Arzte entgegenbringen heißt. Der Ironische stellt sich unwissend und zwar so gut, dass die sich mit ihm unterredenden Schüler getäuscht sind und in ihrem guten Glauben an ihr eigenes Besserwissen dreist werden und sich Blößen aller Art geben; sie verlieren die Behutsamkeit und zeigen sich, wie sie sind, – bis in einem Augenblick die Leuchte, die sie dem Lehrer in's Gesicht hielten, ihre Strahlen sehr demütigend auf sie selbst zurückfallen lässt. – Wo ein solches Verhältnis, wie zwischen Lehrer und Schüler, nicht stattfindet, ist sie eine Unart, ein gemeiner Affekt. Alle ironischen Schriftsteller rechnen auf die alberne Gattung von Menschen, welche sich gerne allen anderen mit dem Autor zusammen überlegen fühlen wollen, als welchen sie für das Mundstück ihrer Anmaßung ansehen. – Die Gewöhnung an Ironie, ebenso wie die an Sarkasmus, verdirbt übrigens den Charakter, sie verleiht allmählich die Eigenschaft einer schadenfrohen Überlegenheit: Man ist zuletzt einem bissigen Hunde gleich, der noch das Lachen gelernt hat, außer dem Beißen.

Halbwissen. – Der, welcher eine fremde Sprache wenig spricht, hat mehr Freude daran, als der, welcher sie gut spricht. Das Vergnügen ist bei den Halbwissenden.

Gefährliche Hilfsbereitschaft. – Es gibt Leute, welche das Leben den Menschen erschweren wollen, aus keinem andern Grunde, als um ihnen hinterdrein ihre Rezepte zur Erleichterung des Lebens, zum Beispiel ihr Christentum, anzubieten.

Größe heißt: Richtung-Geben. – Kein Strom ist durch sich selber groß und reich: Sondern dass er so viele Nebenflüsse aufnimmt und fortführt, das macht ihn dazu. So steht es auch mit allen Größen des Geistes. Nur darauf kommt es an, dass einer die Richtung angibt, welcher dann so viele Zuflüsse folgen müssen; nicht darauf, ob er von Anbeginn arm oder reich begabt ist.

Der vornehmste Heuchler. – Gar nicht von sich zu reden, ist eine sehr vornehme Heuchelei.

Zu große Ziele. – Wer sich öffentlich große Ziele stellt und hinterdrein im Geheimen einsieht, dass er dazu zu schwach ist, hat gewöhnlich auch nicht Kraft genug, jene Ziele öffentlich zu widerrufen und wird dann unvermeidlich zum Heuchler.

Im Strome. – Starke Wasser reißen viel Gestein und Gestrüpp mit sich fort, starke Geister viel dumme und verworrene Köpfe.

Durch andre hindurch. – Es gibt Menschen, die gar nicht anders gesehen werden wollen, als durch andre hindurchschimmernd. Und daran ist viel Klugheit.

Andern Freude machen. – Warum geht Freude machen über alle Freuden? – Weil man damit seinen fünfzig eignen Trieben auf einmal eine Freude macht. Es mögen das einzeln sehr kleine Freuden sein: Aber tut man sie alle in eine Hand, so hat man die Hand voller, als jemals sonst, – und das Herz auch!

Verkörperung des Geistes. – Wenn einer viel und klug denkt, so bekommt nicht nur sein Gesicht, sondern auch sein Körper ein kluges Aussehen.

Schlecht sehen und schlecht hören. – Wer wenig sieht, sieht immer weniger; wer schlecht hört, hört immer Einiges noch dazu.

Die »Geistreichen«. – Der hat keinen Geist, welcher den Geist sucht.

Wo Fanatismus zu wünschen ist. – Phlegmatische Naturen sind nur so zu begeistern, dass man sie fanatisiert.

Das Licht scheuen. – Die gute Tat scheut ebenso ängstlich das Licht, als die böse Tat: Diese fürchtet, durch das Bekanntwerden komme der Schmerz (als Strafe), jene fürchtet, durch das Bekanntwerden schwinde die Lust (jene reine Lust an sich selbst nämlich, welche sofort aufhört, sobald eine Befriedigung der Eitelkeit hinzutritt).

Je nach der Stimme die Rolle. – Wer gezwungen ist, lauter zu reden, als er gewohnt ist (etwa vor einem Halb-Tauben oder vor einem großen Auditorium), übertreibt gewöhnlich die Dinge, welche er mitzuteilen hat. – Mancher wird zum Verschwörer, böswilligen Nachredner, Intriganten, bloß weil seine Stimme sich am besten zu einem Geflüster eignet.

Herkunft des Mutes. – Der gewöhnliche Mensch ist mutig und unverwundbar wie ein Held, wenn er die Gefahr nicht sieht, für sie keine Augen hat. Umgekehrt: Der Held hat die einzig verwundbare Stelle auf dem Rücken, also dort, wo er keine Augen hat.

Halbwissen. – Das Halbwissen ist siegreicher, als das Ganzwissen: Es kennt die Dinge einfacher, als sie sind, und macht daher seine Meinung fasslicher und überzeugender.

Vertreter der Wahrheit. – Nicht wenn es gefährlich ist, die Wahrheit zu sagen, findet sie am seltensten Vertreter, sondern wenn es langweilig ist.

Der Befangene. – Menschen, die sich in der Gesellschaft nicht sicher fühlen, benutzen jede Gelegenheit, um an einem Nahegestellten, dem sie überlegen sind, diese Überlegenheit öffentlich, vor der Gesellschaft, zu zeigen, zum Beispiel durch Neckereien.

Durch Tadel auszeichnen. – Sehr angesehene Personen erteilen selbst ihren Tadel so, dass sie uns damit auszeichnen wollen.

Es soll uns aufmerksam machen, wie angelegentlich sie sich mit uns beschäftigen. Wir verstehen sie ganz falsch, wenn wir ihren Tadel sachlich nehmen und uns gegen ihn verteidigen; wir ärgern sie dadurch und entfremden uns ihnen.

Unarten als gute Anzeichen. – Der überlegene Geist hat an den Taktlosigkeiten, Anmaßungen, ja Feindseligkeiten ehrgeiziger Jünglinge gegen ihn sein Vergnügen; es sind die Unarten feuriger Pferde, welche noch keinen Reiter getragen haben und doch in Kurzem so stolz sein werden, ihn zu tragen.

Ein Mal eins. – Einer hat immer Unrecht: aber mit Zweien beginnt die Wahrheit. – Einer kann sich nicht beweisen: aber zwei kann man bereits nicht widerlegen.

Die privaten und öffentlichen Ankläger. – Sieh dir jeden genau an, der anklagt und inquiriert, – er enthüllt dabei seinen Charakter: Und zwar nicht selten einen schlechteren Charakter, als das Opfer hat, hinter dessen Verbrechen er her ist. Der Anklagende meint in aller Unschuld, der Gegner eines Frevels und eines Frevlers müsse schon an sich von gutem Charakter sein oder als gut gelten, – und so lässt er sich gehen, das heißt: Er lässt sich heraus.

Die »Gründlichen«. – Die Langsamen der Erkenntnis meinen, die Langsamkeit gehöre zur Erkenntnis.

Selbstgenügsamkeit. – Das goldene Vlies der Selbstgenügsamkeit schützt gegen Prügel, aber nicht gegen Nadelstiche.

Sich Schmerzen machen. – Rücksichtslosigkeit des Denkens ist oft das Zeichen einer unfriedlichen inneren Gesinnung, welche Betäubung begehrt.

Schatten in der Flamme. – Die Flamme ist sich selber nicht so hell, als den Anderen, denen sie leuchtet: So auch der Weise.

Wann es ratsam ist, Unrecht zu behalten. – Man tut gut, gemachte Anschuldigungen, selbst wenn sie uns Unrecht tun, ohne Widerlegung hinzunehmen, im Fall der Anschuldigende darin ein noch größeres Unrecht unsererseits sehen würde, wenn wir ihm widersprächen und etwa gar ihn widerlegten. Freilich kann einer auf diese Weise immer Unrecht haben und immer Recht behalten und zuletzt mit dem besten Gewissen von der Welt der unerträglichste Tyrann und Quälgeist werden; und was vom Einzelnen gilt, kann auch bei ganzen Klassen der Gesellschaft vorkommen.

Wann Paradoxien am Platze sind. – Geistreichen Personen braucht man mitunter, um sie für einen Satz zu gewinnen, denselben nur in der Form einer ungeheuerlichen Paradoxie vorzulegen.

Urzustände in der Rede nachklingend. – In der Art, wie jetzt die Männer im Verkehre Behauptungen aufstellen, erkennt man oft einen Nachklang der Zeiten, wo dieselben sich besser auf Waffen, als auf irgendetwas verstanden: Sie handhaben ihre Behauptungen bald wie zielende Schützen ihr Gewehr, bald glaubt man das Sausen und Klirren der Klingen zu hören; und bei einigen Männern poltert eine Behauptung herab wie ein derber Knüttel. – Frauen dagegen sprechen so, wie Wesen, welche Jahrtausende lang am Webstuhl saßen oder die Nadel führten oder mit Kindern kindisch waren.

Der Höfliche. – »Er ist so höflich!« – Ja, er hat immer einen Kuchen für den Cerberus bei sich und ist so furchtsam, dass er jedermann für den Cerberus hält, auch dich und mich, – das ist seine Höflichkeit.

Man lügt wohl mit dem Munde; aber mit dem Maule, das man dabei macht, sagt man doch noch die Wahrheit.

Ich misstraue allen Systematikern und gehe ihnen aus dem Weg. Der Wille zum System ist ein Mangel an Rechtschaffenheit.

Der Freudlose. – Ein einziger freudloser Mensch genügt schon, um einem ganzen Hausstande dauernden Missmut und trüben Himmel zu machen; und nur durch ein Wunder geschieht es, dass dieser eine fehlt! – Das Glück ist lange nicht eine so ansteckende Krankheit, – woher kommt das?

Aus der Erfahrung. – Mancher weiß nicht, wie reich er ist, bis er erfährt, was für reiche Menschen an ihm noch zu Dieben werden.

Der Erzähler. – Wer etwas erzählt, lässt leicht merken, ob er erzählt, weil ihn das Faktum interessiert oder weil er durch die Erzählung interessieren will. Im letzteren Falle wird er übertreiben, Superlative gebrauchen und Ähnliches tun. Er erzählt dann gewöhnlich schlechter, weil er nicht so sehr an die Sache, als an sich denkt.

Wider unsern Charakter. – Geht die Wahrheit, die wir zu sagen haben, wider unsern Charakter – wie es oft vorkommt –, so benehmen wir uns dabei, als ob wir schlecht lögen und erregen Misstrauen.

Die Ängstlichen. – Gerade die ungeschickten ängstlichen Wesen werden leicht zu Totschlägern: Sie verstehen die kleine zweckentsprechende Verteidigung oder Rache nicht, ihr Hass weiß aus Mangel an Geist und Geistesgegenwart keinen andern Ausweg, als die Vernichtung.

Die Stunden der Beredsamkeit. – Der eine hat, um gut zu sprechen, jemanden nötig, der ihm entschieden und anerkannt überlegen ist, der andere kann nur vor einem, den er überragt, völlige Freiheit der Rede und glückliche Wendungen der Beredsamkeit finden: In beiden Fällen ist es derselbe Grund; jeder von ihnen redet nur gut, wenn er sans gêne redet, der eine, weil er vor dem Höheren den Antrieb der Konkurrenz, des Wettbewerbs nicht fühlt, der andere ebenfalls deshalb angesichts des Niederen. – Nun gibt es eine ganz andere Gattung von Menschen, die nur gut reden, wenn sie im Wetteifer, mit der Absicht zu siegen, reden. Welche von beiden Gattungen ist die ehrgeizigere: Die, welche aus erregter Ehrsucht gut, oder die, welche aus eben diesen Motiven schlecht oder gar nicht spricht?

Am hässlichsten. – Es ist zu bezweifeln, ob ein Vielgereister irgendwo in der Welt hässlichere Gegenden gefunden hat, als im menschlichen Gesichte.

Die Mitleidigen. – Die mitleidigen, im Unglück jederzeit hilfreichen Naturen sind selten zugleich die sich mitfreuenden: Beim Glück der anderen haben sie nichts zu tun, sind überflüssig, fühlen sich nicht im Besitz ihrer Überlegenheit und zeigen deshalb leicht Missvergnügen.

Undank vorauszusehen. – Der, welcher etwas Großes schenkt, findet keine Dankbarkeit; denn der Beschenkte hat schon durch das Annehmen zu viel Last.

Gegenwart von Zeugen. – Man springt einem Menschen, der in's Wasser fällt, noch einmal so gern nach, wenn Leute zugegen sind, die es nicht wagen.

Man liebt seine Erkenntnis nicht genug mehr, sobald man sie mitteilt.

Im Disput. – Wenn man zugleich einer anderen Meinung widerspricht und dabei seine eigene entwickelt, so verrückt gewöhnlich die fortwährende Rücksicht auf die andere Meinung die natürliche Haltung der eigenen: Sie erscheint absichtlicher, schärfer, vielleicht etwas übertrieben.

Gewissensbisse nach Gesellschaften. – Warum haben wir nach gewöhnlichen Gesellschaften Gewissensbisse? Weil wir wichtige Dinge leicht genommen haben, weil wir bei der Besprechung von Personen nicht mit voller Treue gesprochen oder weil wir geschwiegen haben, wo wir reden sollten, weil wir gelegentlich nicht aufgesprungen und fortgelaufen sind, kurz weil wir uns in der Gesellschaft benahmen, als ob wir zu ihr gehörten.

Man wird falsch beurteilt. – Wer immer danach hinhorcht, wie er beurteilt wird, hat immer Ärger. Denn wir werden schon von denen, welche uns am nächsten stehen (»am besten kennen«), falsch beurteilt. Selbst gute Freunde lassen ihre Verstimmung mitunter in einem missgünstigen Worte aus; und würden sie unsere Freunde sein, wenn sie uns genau kennten? – Die Urteile der Gleichgültigen tun sehr weh, weil sie so unbefangen, fast sachlich klingen. Merken wir aber gar, dass jemand, der uns feind ist, uns in einem geheim gehaltenen Punkte so gut kennt, wie wir uns, wie groß ist dann erst der Verdruss!

Was wir tun. – Was wir tun, wird nie verstanden, sondern immer nur gelobt und getadelt.

Verkannte Ehrlichkeit. – Wenn jemand im Gespräche sich selber zitiert (»Ich sagte damals«, »Ich pflege zu sagen«), so macht dies den Eindruck der Anmaßung, während es häufiger gerade aus der entgegengesetzten Quelle hervorgeht, mindestens aus Ehrlichkeit, welche den Augenblick nicht mit den Einfällen schmücken und herausputzen will, welche einem früheren Augenblicke angehören.

Das Gefährliche an freien Meinungen. – Das leichte Befassen mit freien Meinungen gibt einen Reiz, wie eine Art jucken; gibt man ihm mehr nach, so fängt man an, die Stellen zu reiben; bis zuletzt eine offene schmerzende Wunde entsteht, das heißt: Bis die freie Meinung uns in unserer Lebensstellung, unsern menschlichen Beziehungen zu stören, zu quälen beginnt.

Unmut über andere und die Welt. – Wenn wir, wie so häufig, unsern Unmut an anderen auslassen, während wir ihn eigentlich über uns empfinden, erstreben wir im Grunde eine Umnebelung und Täuschung unseres Urteils: Wir wollen diesen Unmut a posteriori motivieren durch die Versehen, Mängel der anderen und uns selber so aus den Augen verlieren. – Die religiös strengen Menschen, welche gegen sich selber unerbittliche Richter sind, haben zugleich am meisten Übles der Menschheit überhaupt nachgesagt: Ein Heiliger, welcher sich die Sünden und den Anderen die Tugenden vorbehält, hat nie gelebt: Ebenso wenig wie jener, welcher nach Buddhas Vorschrift sein Gutes vor den Leuten verbirgt und ihnen sein Böses allein sehen lässt.

Verrechnung in der Gesellschaft. – Dieser wünscht interessant zu sein durch seine Urteile, jener durch seine Neigungen und Abneigungen, der Dritte durch seine Bekanntschaften, ein Vierter durch seine Vereinsamung – und sie verrechnen sich alle. Denn der, vor dem das Schauspiel aufgeführt wird, meint selber dabei das einzig in Betracht kommende Schauspiel zu sein.

Mitleid fordern als Zeichen der Anmaßung. – Es gibt Menschen, welche, wenn sie in Zorn geraten und die anderen beleidigen, dabei erstens verlangen, dass man ihnen Nichts übel nehme und zweitens, dass man mit ihnen Mitleid habe, weil sie so heftigen Paroxysmen unterworfen sind. So weit geht die menschliche Anmaßung.

Köder. – »Jeder Mensch hat seinen Preis«, – das ist nicht wahr. Aber es findet sich wohl für jeden ein Köder, an den er anbeißen muss. So braucht man, um manche Personen für eine Sache zu gewinnen, dieser Sache nur den Glanz des Menschenfreundlichen, Edlen, Mildtätigen, Aufopfernden zu geben – und welcher Sache könnte man ihn nicht geben? – Es ist das Zuckerwerk und die Näscherei ihrer Seele; andere haben anderes.

Über die Eitelkeit

Im Gegensatz zur christlichen Verdammung der Eitelkeit als Hauptsünde, betrachtet Nietzsche das Phänomen der Selbstsorge zunächst recht nüchtern als Psychologe. Vor dem Hintergrund seines lebenszentrierten Wertesystems und dem Ideal des souverän ja-sagenden Individuums, gerät ihm Eitelkeit sogar fast zur Tugend und Egoismus zum Angelpunkt jeglichen Handelns.

Ohne Eitelkeit. – Leidenschaftliche Menschen denken wenig an Das, was die Anderen denken, ihr Zustand erhebt sie über die Eitelkeit.

Festhalten einer Meinung. – Der eine hält eine Meinung fest, weil er sich etwas darauf einbildet, von selbst auf sie gekommen zu sein, der andere, weil er sie mit Mühe gelernt hat und stolz darauf ist, sie begriffen zu haben: Beide also aus Eitelkeit.

Wunderliche Eitelkeit. – Wer dreimal mit Dreistigkeit das Wetter prophezeit hat und Erfolg hatte, der glaubt im Grunde seiner Seele ein wenig an seine Prophetengabe. Wir lassen das Wunderliche, Irrationelle gelten, wenn es unserer Selbstschätzung schmeichelt.

Eitelkeit der Zunge. – Ob der Mensch seine schlechten Eigenschaften und Laster verbirgt oder mit Offenheit sie eingesteht, so wünscht doch in beiden Fällen seine Eitelkeit einen Vorteil dabei zu haben: man beachte nur, wie fein er unterscheidet, vor wem er jene Eigenschaften verbirgt, vor wem er ehrlich und offenherzig wird.

Sich kreuzende Eitelkeiten. – Zwei sich begegnende Personen, deren Eitelkeit gleichgroß ist, behalten hinterdrein voneinander einen schlechten Eindruck, weil jede so mit dem Eindruck beschäftigt war, den sie bei der andern hervorbringen wollte, dass die andere auf sie keinen Eindruck machte; beide merken endlich, dass ihr Bemühen verfehlt ist und schieben je der andern die Schuld zu.

Wie? Ein großer Mann? Ich sehe immer nur den Schauspieler seines eigenen Ideals.

Die Eitelkeit andrer geht uns nur dann wider den Geschmack, wenn sie wider unsre Eitelkeit geht.

Haut der Seele. – Wie die Knochen, Fleischstücke, Eingeweide und Blutgefäße mit einer Haut umschlossen sind, die den Anblick des Menschen erträglich macht, so werden die Regungen und Leidenschaften der Seele durch die Eitelkeit umhüllt: Sie ist die Haut der Seele.

Alltags-Maßstab. – Man wird selten irren, wenn man extreme Handlungen auf Eitelkeit, mittelmäßige auf Gewöhnung und kleinliche auf Furcht zurückführt.

Sklaven und Arbeiter. – Dass wir mehr Wert auf Befriedigung der Eitelkeit, als auf alles übrige Wohlbefinden (Sicherheit, Unterkommen, Vergnügen aller Art) legen, zeigt sich in einem lächerlichen Grade daran, dass jedermann (abgesehen von politischen Gründen) die Aufhebung der Sklaverei wünscht und es auf's Ärgste verabscheut, Menschen in diese Lage zu bringen: Während jeder sich sagen muss, dass die Sklaven in allen Beziehungen sicherer und glücklicher leben, als der moderne Arbeiter, dass Sklavenarbeit sehr wenig Arbeit im Verhältnis zu der des »Arbeiters« ist. Man protestiert im Namen der »Menschenwürde«: Das ist aber, schlichter ausgedrückt, jene liebe Eitelkeit, welche das Nicht-gleichgestellt-sein, das Öffentlich-niedriger-geschätzt-Werden, als das härteste Loos empfindet. – Der Zyniker denkt anders darüber, weil er die Ehre verachtet: – Und so war Diogenes eine Zeitlang Sklave und Hauslehrer.

Die Liebe

Der Begriff der Liebe ist für Nietzsches Philosophie von ähnlich großer Bedeutung wie der Begriff des Lebens. Neben seinem abstrakteren Konzept der »Amor Fati«, der Liebe zum Schicksal, wird in diesem Kapitel die Liebe im klassischen, zwischenmenschlichen und auch sexuell konnotierten Sinne des Wortes reflektiert.

Die Liebe bringt die hohen und verborgenen Eigenschaften eines Liebenden an's Licht, – sein Seltenes, Ausnahmsweises: Insofern täuscht sie leicht über das, was Regel an ihm ist.

»Unegoistisch!« – Jener ist hohl und will voll werden, dieser ist überfüllt und will sich ausleeren, – beide treibt es, sich ein Individuum zu suchen, das ihnen dazu dient. Und diesen Vorgang, im höchsten Sinne verstanden, nennt man beidemal mit einem Worte: Liebe, – wie? Die Liebe sollte etwas Unegoistisches sein?

Was aus Liebe getan wird, geschieht immer jenseits von Gut und Böse.

Liebe. – Die Abgötterei, welche die Frauen mit der Liebe treiben, ist im Grunde und ursprünglich eine Erfindung der Klugheit, insofern sie ihre Macht durch alle jene Idealisierungen der Liebe erhöhen und sich in den Augen der Männer als immer begehrenswerter darstellen. Aber durch die jahrhundertelange Gewöhnung an diese übertriebene Schätzung der Liebe ist es geschehen, dass sie in ihr eigenes Netz gelaufen sind und jenen Ursprung vergessen haben. Sie selber sind jetzt noch mehr die Getäuschten, als die Männer, und leiden deshalb auch mehr an der Enttäuschung, welche fast notwendig im Leben jeder Frau eintreten wird – sofern sie überhaupt Phantasie und Verstand genug hat, um getäuscht und enttäuscht werden zu können.

Liebe und Hass. – Liebe und Hass sind nicht blind, aber geblendet vom Feuer, das sie selber mit sich tragen.

Hier sind neue Ideale zu erfinden. – Es sollte nicht erlaubt sein, im Zustande der Verliebtheit einen Entschluss über sein Leben zu fassen und einer heftigen Grille wegen den Charakter seiner Gesellschaft ein für allemal festzusetzen: Man sollte die Schwüre der Liebenden öffentlich für ungültig erklären und ihnen die Ehe verweigern: – Und zwar, weil man die Ehe unsäglich wichtiger nehmen sollte! So dass sie in solchen Fällen, wo sie bisher zu Stande kam, für gewöhnlich gerade nicht zu Stande käme! Sind nicht die meisten Ehen der Art, dass man keinen Dritten als Zeugen wünscht? Und gerade dieser Dritte fehlt fast nie – das Kind – und ist mehr als ein Zeuge, nämlich der Sündenbock!

Die Sinnlichkeit übereilt oft das Wachstum der Liebe, so dass die Wurzel schwach bleibt und leicht auszureißen ist.

Zu nahe. – Leben wir zu nahe mit einem Menschen zusammen, so geht es uns so, wie wenn wir einen guten Kupferstich immer wieder mit bloßen Fingern anfassen: Eines Tages haben wir schlechtes beschmutztes Papier und Nichts weiter mehr in den Händen. Auch die Seele eines Menschen wird durch beständiges Angreifen endlich abgegriffen; mindestens erscheint sie uns endlich so, – wir sehen ihre ursprüngliche Zeichnung und Schönheit nie wieder. – Man verliert immer durch den allzu vertraulichen Umgang mit Frauen und Freunden; und mitunter verliert man die Perle seines Lebens dabei.

Die Kurzsichtigen sind verliebt. – Mitunter genügt schon eine stärkere Brille, um den Verliebten zu heilen; und wer die Kraft der Einbildung hätte, um ein Gesicht, eine Gestalt sich zwanzig Jahre älter vorzustellen, ginge vielleicht sehr ungestört durch das Leben.

Der Sinn für das Tragische nimmt mit der Sinnlichkeit ab und zu.

Liebe und Gerechtigkeit. – Warum überschätzt man die Liebe zu Ungunsten der Gerechtigkeit und sagt die schönsten Dinge von ihr, als ob sie ein viel höheres Wesen als jene sei? Ist sie denn nicht ersichtlich dümmer als jene? – Gewiss, aber gerade deshalb um so viel angenehmer für alle. Sie ist dumm und besitzt ein reiches Füllhorn; aus ihm teilt sie ihre Gaben aus, an jedermann, auch wenn er sie nicht verdient, ja ihr nicht einmal dafür dankt. Sie ist unparteiisch wie der Regen, welcher, nach der Bibel und der Erfahrung, nicht nur den Ungerechten, sondern unter Umständen auch den Gerechten bis auf die Haut nass macht.

Eine Seele, die sich geliebt weiß, aber selbst nicht liebt, verrät ihren Bodensatz: – Ihr Unterstes kommt herauf.

Die gleichen Affekte sind bei Mann und Weib doch im Tempo verschieden: Deshalb hören Mann und Weib nicht auf, sich misszuverstehn.

Gegenliebe entdecken sollte eigentlich den Liebenden über das geliebte Wesen ernüchtern. »Wie? Es ist bescheiden genug, sogar dich zu lieben? Oder dumm genug? Oder – oder –.«

Man liebt zuletzt seine Begierde, und nicht das Begehrte.

Heilige. – Die sinnlichsten Männer sind es, welche vor den Frauen fliehen und den Leib martern müssen.

Geliebt sein wollen. – Die Forderung, geliebt zu werden, ist die größte der Anmaßungen.

Frauen

Man liest verblüffenderweise immer wieder, dass Nietzsche ein ausgesprochener Frauenhasser gewesen sei. Die folgenden Passagen werden vielleicht nicht jeden Zweifler verstummen lassen, doch vermitteln sie eher das Bild eines leicht verbitterten Gelehrten, der die Geschlechterrollen seiner Zeit sehr gut verstand, sie beschrieb, und auch relativ aufgeschlossen auf die Emanzipation der Frau reagierte. Denkt man an seine Freundschaft, Dreiecksbeziehung und Fast-Ehe zur Intellektuellen Lou Andreas-Salomé, sind die Passagen zu Frau und Ehe von besonderer Bedeutung.

Das vollkommene Weib. – Das vollkommene Weib ist ein höherer Typus des Menschen, als der vollkommene Mann: Auch etwas viel Selteneres. – Die Naturwissenschaft der Tiere bietet ein Mittel, diesen Satz wahrscheinlich zu machen.

Von der Mutter her. – Jedermann trägt ein Bild des Weibes von der Mutter her in sich: Davon wird er bestimmt, die Weiber überhaupt zu verehren oder sie gering zu schätzen oder gegen sie im Allgemeinen gleichgültig zu sein.

Fehlschluss, Fehlschuss. – Er kann sich nicht beherrschen: Und daraus schließt jene Frau, es werde leicht sein, ihn zu beherrschen und wirft ihre Fangseile nach ihm aus; – die Arme, die in Kürze seine Sklavin sein wird.

Ohne Nebenbuhlerinnen. – Frauen merken es einem Manne leicht an, ob seine Seele schon in Besitz genommen ist; sie wollen ohne Nebenbuhlerinnen geliebt sein und verargen ihm die Ziele seines Ehrgeizes, seine politischen Aufgaben, seine Wissenschaften und Künste, wenn er eine Leidenschaft zu solchen Sachen hat. Es sei denn, dass er durch diese glänze, – dann erhoffen sie, im Falle einer Liebesverbindung mit ihm, zugleich einen Zuwachs ihres Glanzes; wenn es so steht, begünstigen sie den Liebhaber.

Das Glück des Mannes heißt: Ich will. Das Glück des Weibes heißt: Er will.

Oberfläche ist des Weibes Gemüt, eine bewegliche stürmische Haut auf einem seichten Gewässer. Des Mannes Gemüt aber ist tief, sein Strom rauscht in unterirdischen Höhlen: das Weib ahnt seine Kraft, aber begreift sie nicht

»Gib mir, Weib, deine kleine Wahrheit!« sagte ich. Und also sprach das alte Weiblein: »Du gehst zu Frauen? Vergiss die Peitsche nicht!« –

Den Nächsten zu einer guten Meinung verführen und hinterdrein an diese Meinung des Nächsten gläubig glauben: Wer tut es in diesem Kunststück den Weibern gleich? –

Der Mann hat das Weib geschaffen – woraus doch? Aus einer Rippe seines Gottes, – seines »Ideals« …

Weiberfeinde. – »Das Weib ist unser Feind« – wer so als Mann zu Männern spricht, aus dem redet der ungebändigte Trieb, der nicht nur sich selber, sondern auch seine Mittel hasst.

Verschiedener Stolz. – Die Frauen sind es, welche bei der Vorstellung erbleichen, ihr Geliebter möchte ihrer nicht wert sein; die Männer sind es, welche bei der Vorstellung erbleichen, sie möchten ihrer Geliebten nicht wert sein. Es ist hier von ganzen Frauen, ganzen Männern die Rede. Solche Männer, als die Menschen der Zuversichtlichkeit und des Machtgefühls für gewöhnlich, haben im Zustande der Passion ihre Verschämtheit, ihren Zweifel an sich; solche Frauen aber fühlen sich sonst immer als die Schwachen, zur Hingebung Bereiten, aber in der hohen Ausnahme der Passion haben sie ihren Stolz und ihr Machtgefühl, – als welches fragt: Wer ist meiner würdig?

Was das Weib unter Liebe versteht, ist klar genug: vollkommene Hingabe (nicht nur Hingebung) mit Seele und Leib, ohne jede Rücksicht, jeden Vorbehalt, mit Scham und Schrecken vielmehr vor dem Gedanken einer verklausulierten, an

Bedingungen geknüpften Hingabe. In dieser Abwesenheit von Bedingungen ist eben seine Liebe ein *Glaube*: das Weib hat keinen anderen. — Der Mann, wenn er ein Weib liebt, *will* von ihm eben diese Liebe, ist folglich für seine Person selbst am entferntesten von der Voraussetzung der weiblichen Liebe; gesetzt aber, dass es auch Männer geben sollte, denen ihrerseits das Verlangen nach vollkommener Hingebung nicht fremd ist, nun, so sind das eben — keine Männer. Ein Mann, der liebt wie ein Weib, wird damit Sklave; ein Weib aber, das liebt wie ein Weib, wird damit ein *vollkommeneres* Weib … Die Leidenschaft des Weibes, in ihrem unbedingten Verzichtleisten auf eigne Rechte, hat gerade zur Voraussetzung, dass auf der andren Seite *nicht* ein gleiches Pathos, ein gleiches Verzichtleisten-Wollen besteht: denn wenn Beide aus Liebe auf sich selbst verzichteten, so entstünde daraus — nun, ich weiß nicht was, vielleicht ein leerer Raum? — Das Weib will genommen, angenommen werden als Besitz, will aufgehen in den Begriff »Besitz«, »besessen«; folglich will es einen, der *nimmt*, der sich nicht selbst gibt und weggibt, der umgekehrt vielmehr gerade reicher an »sich« gemacht werden soll — durch den Zuwachs an Kraft, Glück, Glaube, als welchen ihm das Weib sich selbst gibt. Das Weib gibt sich weg, der Mann nimmt hinzu — ich denke, über diesen Natur-Gegensatz wird man durch keine sozialen Verträge, auch nicht durch den allerbesten Willen zur Gerechtigkeit hinwegkommen: So wünschenswert es sein mag, dass man das Harte, Schreckliche, Rätselhafte, Unmoralische dieses Antagonismus sich nicht beständig vor Augen stellt. Denn die Liebe, ganz, groß, voll gedacht, ist Natur und als Natur in alle Ewigkeit etwas »Unmoralisches«.

Eine Art der Eifersucht. – Mütter sind leicht eifersüchtig auf die Freunde ihrer Söhne, wenn diese besondere Erfolge haben. Gewöhnlich liebt eine Mutter sich mehr in ihrem Sohn, als den Sohn selber.

Skeptiker. – Ich fürchte, dass altgewordene Frauen im geheimsten Verstecke ihres Herzens skeptischer sind, als alle Männer: Sie glauben an die Oberflächlichkeit des Daseins als an sein Wesen, und alle Tugend und Tiefe ist ihnen nur Verhüllung dieser »Wahrheit«, die sehr wünschenswerte Verhüllung eines pudendum –, also eine Sache des Anstandes und der Scham, und nicht mehr!

Lieben und besitzen. – Frauen lieben meistens einen bedeutenden Mann so, dass sie ihn allein haben wollen. Sie würden ihn gern in Verschluss legen, wenn nicht ihre Eitelkeit widerriete: Diese will, dass er auch vor anderen bedeutend erscheine.

Masken. – Es gibt Frauen, die, wo man bei ihnen auch nachsucht, kein Inneres haben, sondern reine Masken sind. Der Mann ist zu beklagen, der sich mit solchen fast gespenstischen, notwendig unbefriedigenden Wesen einlässt, aber gerade sie vermögen das Verlangen des Mannes auf das Stärkste zu erregen: Er sucht nach ihrer Seele – und sucht immerfort.

Frauen im Hass. – Im Zustande des Hasses sind Frauen gefährlicher, als Männer; zuvörderst weil sie durch keine Rücksicht auf Billigkeit in ihrer einmal erregten feindseligen Empfindung gehemmt werden, sondern ungestört ihren Hass bis zu den letzten Konsequenzen anwachsen lassen, sodann weil sie darauf eingeübt sind, wunde Stellen (die jeder Mensch, jede Partei hat) zu finden und dort hineinzustechen: wozu ihnen ihr dolchspitzer Verstand treffliche Dienste leistet (während die Männer beim Anblick von Wunden zurückhaltend, oft großmütig und versöhnlich gestimmt werden).

Wo nicht Liebe oder Hass mitspielt, spielt das Weib mittelmäßig.

Das vollkommene Weib begeht Literatur, wie es eine kleine Sünde begeht: Zum Versuch, im Vorübergehen, sich umblickend, ob es jemand bemerkt und dass es jemand bemerkt …

Wenn das Weib männliche Tugenden hat, so ist es zum Davonlaufen; und wenn es keine männlichen Tugenden hat, so läuft es selbst davon.

Zur Emanzipation der Frauen. – Können die Frauen überhaupt gerecht sein, wenn sie so gewohnt sind, zu lieben, gleich für oder wider zu empfinden? Daher sind sie auch seltener für Sachen, mehr für Personen eingenommen: Sind sie es aber für Sachen, so werden sie sofort deren Parteigänger und verderben damit die reine unschuldige Wirkung derselben. So entsteht eine nicht geringe Gefahr, wenn ihnen die Politik und einzelne Theile der Wissenschaft anvertraut werden (zum Beispiel Geschichte). Denn was wäre seltener, als eine Frau, welche wirklich wüsste, was Wissenschaft ist? Die Besten nähren sogar im Busen gegen sie eine heimliche Geringschätzung, als ob sie irgendwodurch ihr überlegen wären. Vielleicht kann dies alles anders werden, einstweilen ist es so.

Sitte und Schönheit. – Zugunsten der Sitte sei nicht verschwiegen, dass bei jedem, der sich ihr völlig und von ganzem Herzen und von Anbeginn an unterwirft, die Angriffs- und Verteidigungsorgane – die körperlichen und geistigen – verkümmern: Das heißt, er wird zunehmend schöner! Denn die Übung jener Organe und der ihnen entsprechenden Gesinnung ist es, welche hässlich erhält und hässlicher macht. Der alte Pavian ist darum hässlicher, als der junge, und der weibliche junge Pavian ist dem Menschen am ähnlichsten: also am schönsten. – Hiernach mache man einen Schluss auf den Ursprung der Schönheit der Weiber!

Mann und Weib im Ganzen verglichen, darf man sagen: Das Weib hätte nicht das Genie des Putzes, wenn es nicht den Instinkt der zweiten Rolle hätte.

Frauenfreundschaft. – Frauen können recht gut mit einem Manne Freundschaft schließen; aber um diese aufrecht zu erhalten – dazu muss wohl eine kleine physische Antipathie mithelfen.

Proteus-Natur. – Weiber werden aus Liebe ganz zu dem, als was sie in der Vorstellung der Männer, von denen sie geliebt werden, leben.

Der weibliche Intellekt. – Der Intellekt der Weiber zeigt sich als vollkommene Beherrschung, Gegenwärtigkeit des Geistes, Benutzung aller Vorteile. Sie vererben ihn als ihre Grundeigenschaft auf ihre Kinder, und der Vater gibt den dunkleren Hintergrund des Willens dazu. Sein Einfluss bestimmt gleichsam Rhythmus und Harmonie, mit denen das neue Leben abgespielt werden soll; aber die Melodie desselben stammt vom Weibe. – Für solche gesagt, welche etwas sich zu Recht zu legen wissen: Die Weiber haben den Verstand, die Männer das Gemüt und die Leidenschaft. Dem widerspricht nicht, dass die Männer tatsächlich es mit ihrem Verstande so viel weiterbringen: Sie haben die tieferen, gewaltigeren Antriebe; diese tragen ihren Verstand, der an sich etwas Passives ist, so weit. Die Weiber wundern sich im Stillen oft über die große Verehrung, welche die Männer ihrem Gemüte zollen. Wenn die Männer vor allem nach einem tiefen, gemütvollen Wesen, die Weiber aber nach einem klugen, geistesgegenwärtigen und glänzenden Wesen bei der Wahl ihres Ehegenossen suchen, so sieht man im Grunde deutlich, wie der Mann nach dem idealisierten Manne, das Weib nach dem idealisierten Weibe sucht, also nicht nach Ergänzung, sondern nach Vollendung der eigenen Vorzüge.

Man hält das Weib für tief – warum? Weil man nie bei ihm auf den Grund kommt. Das Weib ist noch nicht einmal flach.

Gefahr in der Schönheit. – Diese Frau ist schön und klug: Ach, wie viel klüger aber würde sie geworden sein, wenn sie nicht schön wäre!

Sturm- und Drangperiode der Frauen. – Man kann in den drei oder vier zivilisierten Ländern Europas aus den Frauen durch einige Jahrhunderte von Erziehung alles machen, was man will, selbst Männer, freilich nicht in geschlechtlichem Sinne, aber doch in jedem anderen Sinne. Sie werden unter einer solchen Einwirkung einmal alle männlichen Tugenden und Stärken angenommen haben, dabei allerdings auch deren Schwächen und Laster mit in den Kauf nehmen müssen: So viel, wie gesagt, kann man erzwingen. Aber wie werden wir den dadurch herbeigeführten Zwischenzustand aushalten, welcher vielleicht selber ein paar Jahrhunderte dauern kann, während denen die weiblichen Narrheiten und Ungerechtigkeiten, ihr uraltes Angebinde, noch die Übermacht über alles Hinzugewonnene, Angelernte behaupten? Diese Zeit wird es sein, in welcher der Zorn den eigentlich männlichen Affekt ausmacht, der Zorn darüber, dass alle Künste und Wissenschaften durch einen unerhörten Dilettantismus überschwemmt und verschlammt sind, die Philosophie durch sinnverwirrendes Geschwätz zu Tode geredet, die Politik phantastischer und parteiischer als je, die Gesellschaft in voller Auflösung ist, weil die Bewahrerinnen der alten Sitte sich selber lächerlich geworden und in jeder Beziehung außer der Sitte zu stehen bestrebt sind. Hatten nämlich die Frauen ihre größte Macht in der Sitte, wonach werden sie greifen müssen, um eine ähnliche Fülle der Macht wiederzugewinnen, nachdem sie die Sitte aufgegeben haben?

Ehe

Nietzsches Einlassungen zur Ehe sind nicht nur amüsant, sondern vor allem biographisch aufschlussreich. Man meint ab und an, dass er mit seinem Ideal des einsamen intellektuellen Junggesellen hadert.

Probe einer Überlegung vor der Ehe. – Gesetzt, sie liebte mich, wie lästig würde sie mir auf die Dauer werden! Und gesetzt, sie liebte mich nicht, wie lästig würde sie erst da mir auf die Dauer werden! – Es handelt sich nur um zwei verschiedene Arten des Lästigen: – Heiraten wir also!

Glück der Ehe. – Alles Gewohnte zieht ein immer fester werdendes Netz von Spinnweben um uns zusammen; und alsbald merken wir, dass die Fäden zu Stricken geworden sind und dass wir selber als Spinne in der Mitte sitzen, die sich hier gefangen hat und von ihrem eigenen Blute zehren muss. Deshalb hasst der Freigeist alle Gewöhnungen und Regeln, alles Dauernde und Definitive, deshalb reißt er, mit Schmerz, das Netz um sich immer wieder auseinander: Wiewohl er infolgedessen an zahlreichen kleinen und großen Wunden leiden wird, – denn jene Fäden muss er von sich, von seinem Leibe, seiner Seele abreißen. Er muss dort lieben lernen, wo er bisher hasste, und umgekehrt. Ja es darf für ihn nichts Unmögliches sein, auf dasselbe Feld Drachenzähne auszusäen, auf welches er vorher die Füllhörner seiner Güte ausströmen lies. – Daraus lässt sich abnehmen, ob er für das Glück der Ehe geschaffen ist.

Freigeist und Ehe. – Ob die Freigeister mit Frauen leben werden? Im Allgemeinen glaube ich, dass sie, gleich den wahrsagenden Vögeln des Altertums, als die Wahrdenkenden, Wahrheit-Redenden der Gegenwart es vorziehen müssen, allein zu fliegen.

Für die Ferne blind. – Ebenso wie die Mütter eigentlich nur Sinn und Auge für die augen- und sinnfälligen Schmerzen ihrer Kinder haben, so vermögen die Gattinnen hoch strebender Männer es nicht über sich zu gewinnen, ihre Ehegenossen leidend, darbend und gar missachtet zu sehen, – während vielleicht alles dies nicht nur die Wahrzeichen einer richtigen Wahl ihrer Lebenshaltung, sondern schon die Bürgschaften dafür sind, dass ihre großen Ziele irgendwann einmal erreicht werden müssen. Die Frauen intrigieren im Stillen immer gegen die höhere Seele ihrer Männer; sie wollen dieselbe um ihre Zukunft, zugunsten einer schmerzlosen, behaglichen Gegenwart, betrügen

Der Einwand, der Seitensprung, das fröhliche Misstrauen, die Spottlust sind Anzeichen der Gesundheit: Alles Unbedingte gehört in die Pathologie.

Gewöhnliche Folgen der Ehe. – Jeder Umgang, der nicht hebt, zieht nieder, und umgekehrt; deshalb sinken gewöhnlich die Männer etwas, wenn sie Frauen nehmen, während die Frauen etwas gehoben werden. Allzu geistige Männer bedürfen eben so sehr der Ehe, als sie ihr wie einer widrigen Medizin widerstreben.

Ehe von gutem Bestand. – Eine Ehe, in der jedes durch das andere ein individuelles Ziel erreichen will, hält gut zusammen, zum Beispiel wenn die Frau durch den Mann berühmt, der Mann durch die Frau beliebt werden will.

Verschiedene Seufzer. – Einige Männer haben über die Entführung ihrer Frauen geseufzt, die meisten darüber, dass niemand sie ihnen entführen wollte.

Probe einer guten Ehe. – Die Güte einer Ehe bewährt sich dadurch, dass sie einmal eine »Ausnahme« verträgt.

Die Geschlechter täuschen sich übereinander: Das macht, sie ehren und lieben im Grunde nur sich selbst (oder ihr eigenes Ideal, um es gefälliger auszudrücken –). So will der Mann das

Weib friedlich, – aber gerade das Weib ist wesentlich unfriedlich, gleich der Katze, so gut es sich auch auf den Anschein des Friedens eingeübt hat.

Auch das Konkubinat ist korrumpiert worden: – durch die Ehe.

Wahrscheinlich und unwahrscheinlich. – Eine Frau liebte heimlich einen Mann, hob ihn hoch über sich und sagte sich im Geheimsten hundert Male: »Wenn mich ein solcher Mann liebte, so wäre dies wie eine Gnade, vor der ich im Staube liegen müsste!« – Und dem Manne ging es ganz ebenso, und gerade in Bezug auf diese Frau, und er sagte sich im Geheimsten auch gerade diesen Gedanken. Als endlich einmal beiden die Zunge sich gelöst hatte und sie alles das Verschwiegene und Verschwiegenste des Herzens einander sagten, entstand schließlich ein Stillschweigen und einige Besinnung. Darauf hob die Frau an, mit erkälteter Stimme: »Aber es ist ja ganz klar! Wir sind beide nicht das, was wir geliebt haben! Wenn du das bist, was du sagst und nicht mehr, so habe ich mich umsonst erniedrigt und dich geliebt; der Dämon verführte mich so wie dich.« – Diese sehr wahrscheinliche Geschichte kommt nie vor, – weshalb?

Die Ehe als langes Gespräch. – Man soll sich beim Eingehen einer Ehe die Frage vorlegen: Glaubst du, dich mit dieser Frau bis in's Alter hinein gut zu unterhalten? Alles andere in der Ehe ist transitorisch, aber die meiste Zeit des Verkehrs gehört dem Gespräche an.

Liebesheiraten. – Die Ehen, welche aus Liebe geschlossen werden (die sogenannten Liebesheiraten), haben den Irrtum zum Vater und die Not (das Bedürfnis) zur Mutter.

Die Einheit des Ortes und das Drama. – Wenn die Ehegatten nicht beisammen lebten, würden die guten Ehen häufiger sein.

Der Zufall der Ehen. – Wäre ich ein Gott, und ein wohlwollender Gott, so würden mich die Ehen der Menschen mehr als alles andere ungeduldig machen. Weit, weit kann ein Einzelner vorwärts kommen, in seinen siebzig, ja in seinen dreißig Jahren, – es ist zum Erstaunen, selbst für Götter! Aber sieht man dann, wie er das Erbe und Vermächtnis dieses Ringens und Siegens, den Lorbeer seiner Menschlichkeit, an den ersten besten Ort aufhängt, wo ihn ein Weiblein zerpflückt; sieht man, wie gut er zu erringen, wie schlecht zu bewahren versteht, ja wie er gar nicht daran denkt, dass er vermittelst der Zeugung ein noch siegreicheres Leben vorbereiten könne: So wird man, wie gesagt, ungeduldig und sagt sich »es kann aus der Menschheit auf die Dauer nichts werden, die Einzelnen werden verschwendet, der Zufall der Ehen macht alle Vernunft eines großen Ganges der Menschheit unmöglich; – hören wir auf, die eifrigen Zuschauer und Narren dieses Schauspiels ohne Ziel zu sein!« – In dieser Stimmung zogen sich einstmals die Götter Epikurs in ihre göttliche Stille und Seligkeit zurück: Sie waren der Menschen und ihrer Liebeshändel müde.

Gastrosophie

Schweres Essen macht schwere Gedanken. Nietzsche hat nicht nur wichtige Impulse für die Erkenntnis- und Sprachphilosophie gegeben, das Moral und Wertesystem seiner Zeit zertrümmert und sich als scharfsinniger Psychologe hervorgetan, sondern hat - ebenfalls im Zeichen einer ganzheitlichen Lebenskunst - eine Philosophie der bewussten Ernährung entwickelt. Nietzsches Überwindung des Körper-Geist-Dualismus geht einher mit der Hinwendung zum Alltäglichen, in der ihm Ernährung zur Schlüsselfunktion des leichten Lebens wird.

Die Pessimisten als Opfer. – Wo eine tiefe Unlust am Dasein überhandnimmt, kommen die Nachwirkungen eines großen Diätfehlers, dessen sich ein Volk lange schuldig gemacht hat, an's Licht. So ist die Verbreitung des Buddhismus (nicht seine Entstehung) zu einem guten Teile abhängig von der übermäßigen und fast ausschließlichen Reiskost der Inder und der dadurch bedingten allgemeinen Erschlaffung. Vielleicht ist die europäische Unzufriedenheit der neuen Zeit daraufhin anzusehen, dass unsere Vorwelt, das ganze Mittelalter, Dank den Einwirkungen der germanischen Neigungen auf Europa, dem Trunk ergeben war: Mittelalter, das heißt die Alkoholvergiftung Europas. – Die deutsche Unlust am Leben ist wesentlich Wintersiechtum, eingerechnet die Wirkungen der Kellerluft und des Ofengiftes in deutschen Wohnräumen.

Gegen die schlechte Diät. – Pfui über die Mahlzeiten, welche jetzt die Menschen machen, in den Gasthäusern sowohl als überall, wo die wohlbestellte Klasse der Gesellschaft lebt! Selbst wenn hochansehnliche Gelehrte zusammenkommen, ist es die selbe Sitte, welche ihren Tisch wie den des Bankiers füllt: Nach dem Gesetz des »Viel zu viel« und des »Vielerlei«, – woraus folgt, dass die Speisen auf den Effekt und nicht auf die Wirkung hin zubereitet werden, und aufregende Getränke helfen müssen, die Schwere im Magen und Gehirn zu vertreiben. Pfui, welche Wüstheit und Überempfindsamkeit muss die allgemeine Folge sein! Pfui, welche Träume müssen ihnen kommen! Pfui, welche Künste und Bücher werden der Nachtisch solcher Mahlzeiten sein! Und mögen sie tun, was sie wollen: In ihrem Tun wird der Pfeffer und der Widerspruch oder die Weltmüdigkeit regieren! (Die reiche Klasse in England hat ihr Christentum nötig, um ihre Verdauungsbeschwerden und ihre Kopfschmerzen ertragen zu können.) Zuletzt, um das Lustige an der Sache und nicht nur deren Ekelhaftes zu sagen, sind diese Menschen keineswegs Schlemmer; unser Jahrhundert und seine Art Geschäftigkeit ist mächtiger über ihre Glieder, als ihr Bauch: Was wollen also diese Mahlzeiten? – Sie repräsentieren! Was, in aller Heiligen Namen? Den Stand? – Nein, das Geld: Man hat keinen Stand mehr! Man ist »Individuum«! Aber Geld ist Macht, Ruhm, Würde, Vorrang, Einfluss; Geld macht jetzt das große oder kleine moralische Vorurteil für einen Menschen, je nachdem er davon hat! Niemand will es unter den Scheffel, niemand möchte es auf den Tisch stellen; folglich muss das Geld einen Repräsentanten haben, den man auf den Tisch stellen kann: Siehe unsere Mahlzeiten!

Die Ernährung des modernen Menschen. – Er versteht vieles, ja fast alles zu verdauen, – es ist seine Art Ehrgeiz: Aber er würde höherer Ordnung sein, wenn er dies gerade nicht verstünde; homo pamphagus ist nicht die feinste Spezies. Wir leben zwischen einer Vergangenheit, die einen verrückteren und eigensinnigeren Geschmack hatte, als wir, und einer Zukunft, die vielleicht einen gewählteren haben wird, – wir leben zu sehr in der Mitte.

Rausch und Ernährung. – Die Völker werden so sehr betrogen, weil sie immer einen Betrüger suchen, nämlich einen aufregenden Wein für ihre Sinne. Wenn sie nur den haben können, dann nehmen sie wohl mit schlechtem Brote fürlieb. Der Rausch gilt ihnen mehr, als die Nahrung, – hier ist der Köder, an dem sie immer anbeißen werden! Was sind ihnen Männer, aus ihrer Mitte gewählt – und seien es die sachkundigsten Praktiker – gegen glänzende Eroberer, oder alte prunkhafte Fürstenhäuser! Mindestens muss der Volksmann ihnen Eroberungen und

Prunk in Aussicht stellen: So findet er vielleicht Glauben. Sie gehorchen immer, und tun noch mehr, als gehorchen, vorausgesetzt, dass sie sich dabei berauschen können! Man darf ihnen selbst die Ruhe und das Vergnügen nicht anbieten, ohne den Lorbeerkranz und seine verrückt machende Kraft darin. Dieser pöbelhafte Geschmack, welcher den Rausch wichtiger nimmt, als die Ernährung, ist aber keineswegs in der Tiefe des Pöbels entstanden: Er ist vielmehr dorthin getragen, dorthin verpflanzt und dort nur noch am meisten rückständig und üppig aufschießend, während er von den höchsten Intelligenzen her seinen Ursprung nimmt und Jahrtausende lang in ihnen geblüht hat. Das Volk ist der letzte wilde Boden, auf dem dieses glänzende Unkraut noch gedeihen kann. – Wie! Und ihm gerade sollte man die Politik anvertrauen? Damit es sich aus ihr seinen täglichen Rausch mache?

Kunst und Dichtung

Nietzsches Philosophie wurde häufig als Kunstphilosophie betrachtet. Das hat nicht nur mit der poetischen und rhetorischen Qualität seiner Schriften zu tun, sondern vor allem mit zentralen Motiven seines Denkens. Da das Leben für ihn im besten Fall eine Kette kreativer, bewusster und ästhetischer Momente ist, wird die Kunst zum Sinnbild des gelingenden Lebens. So wundert es nicht, dass Nietzsches Einfluss auf das 20. Jahrhundert in den Künsten zunächst weitaus stärker zu spüren war als in der akademischen Philosophie. Über Expressionismus und Dadaismus, Thomas Mann und Gottfried Benn führt wohl jeder moderne Künstler etwas von Nietzsches Gedankenwelt weiter. Nietzsche selbst war über sein schriftstellerisch-rhetorisches Talent hinaus musisch begabt, komponierte und verfasste Gedichte.

Der große Stil. – Der große Stil entsteht, wenn das Schöne den Sieg über das Ungeheure davonträgt.

Das Vollkommene soll nicht geworden sein. – Wir sind gewöhnt, bei allem Vollkommenen die Frage nach dem Werden zu unterlassen: sondern uns des Gegenwärtigen zu freuen, wie als ob es auf einen Zauberschlag aus dem Boden aufgestiegen sei. Der Künstler weiß, dass sein Werk nur voll wirkt, wenn es den Glauben an eine Improvisation, an eine wundergleiche Plötzlichkeit der Entstehung erregt; und so hilft er wohl dieser Illusion nach und führt jene Elemente der begeisterten Unruhe, der blind greifenden Unordnung, des aufhorchenden Träumens beim Beginn der Schöpfung in die Kunst ein, als Trugmittel, um die Seele des Schauers oder Hörers so zu stimmen, dass sie an das plötzliche Hervorspringen des Vollkommenen glaubt. – Die Wissenschaft der Kunst hat dieser Illusion, wie es sich von selbst versteht, auf das Bestimmteste zu widersprechen und die Fehlschlüsse und Verwöhnungen des Intellekts aufzuzeigen, vermöge welcher er dem Künstler in das Netz läuft.

L'art pour l'art. – Der Kampf gegen den Zweck in der Kunst ist immer der Kampf gegen die moralisierende Tendenz in der Kunst, gegen ihre Unterordnung unter die Moral. L'art pour l'art heißt: »der Teufel hole die Moral!« – Aber selbst noch diese Feindschaft verrät die Übergewalt des Vorurteils. Wenn man den Zweck des Moralpredigens und Menschen–Verbesserns von der Kunst ausgeschlossen hat, so folgt daraus noch lange nicht, dass die Kunst überhaupt zwecklos, ziellos, sinnlos, kurz l'art pour l'art – ein Wurm, der sich in den Schwanz beißt – ist. »Lieber gar keinen Zweck als einen moralischen Zweck!« – so redet die bloße Leidenschaft. Ein Psycholog fragt dagegen: Was tut alle Kunst? Lobt sie nicht? Verherrlicht sie nicht? Wählt sie nicht aus? Zieht sie nicht hervor? Mit dem allem stärkt oder schwächt sie gewisse Wertschätzungen … Ist dies nur ein Nebenbei? Ein Zufall? Etwas, bei dem der Instinkt des Künstlers gar nicht beteiligt wäre? Oder aber: Ist es nicht die Voraussetzung dazu, dass der Künstler kann …? Geht dessen unterster Instinkt auf die Kunst oder nicht vielmehr auf den Sinn der Kunst, das Leben? auf eine Wünschbarkeit von Leben? – Die Kunst ist das große Stimulans zum Leben: Wie könnte man sie als zwecklos, als ziellos, als l'art pour l'art verstehen?

Die Dichter sind gegen ihre Erlebnisse schamlos: Sie beuten sie aus.

Der Wahrheitssinn des Künstlers. – Der Künstler hat in Hinsicht auf das Erkennen der Wahrheiten eine schwächere Moralität, als der Denker; er will sich die glänzenden, tiefsinnigen Deutungen des Lebens durchaus nicht nehmen lassen und wehrt sich gegen nüchterne, schlichte Methoden und Resultate. Scheinbar kämpft er für die höhere Würde und Bedeutung des Menschen; in Wahrheit will er die für seine Kunst wirkungsvollsten Voraussetzungen nicht aufgeben, also das Phantastische, Mythische, Unsichere, Extreme, den Sinn für das Symbolische, die Überschätzung der Person, den Glauben an etwas Wunderartiges im Genius: Er hält also die Fortdauer seiner Art des Schaffens für wichtiger, als die wissenschaftliche Hingebung an das Wahre in jeder Gestalt, erscheine diese auch noch so schlicht.

Witz. – Die witzigsten Autoren erzeugen das kaum bemerkbarste Lächeln.

Lob in der Wahl. – Der Künstler wählt seine Stoffe aus: Das ist seine Art zu loben.

Unsere letzte Dankbarkeit gegen die Kunst. – Hätten wir nicht die Künste gut geheißen und diese Art von Kultus des Unwahren erfunden: So wäre die Einsicht in die allgemeine Unwahrheit und Verlogenheit, die uns jetzt durch die Wissenschaft gegeben wird – die Einsicht in den Wahn und Irrtum als in eine Bedingung des erkennenden und empfindenden Daseins –, gar nicht auszuhalten. Die Redlichkeit würde den Ekel und den Selbstmord im Gefolge haben. Nun aber hat unsere Redlichkeit eine Gegenmacht, die uns solchen Konsequenzen ausweichen hilft: Die Kunst als den guten Willen zum Scheine. Wir verwehren es unserm Auge nicht immer, auszurunden, zu Ende zu dichten: Und dann ist es nicht mehr die ewige Unvollkommenheit, die wir über den Fluss des Werdens tragen – dann meinen wir, eine Göttin zu tragen und sind stolz und kindlich in dieser Dienstleistung. Als ästhetisches Phänomen ist uns das Dasein immer noch erträglich, und durch die Kunst ist uns Auge und Hand und vor allem das gute Gewissen dazu gegeben, aus uns selber ein solches Phänomen machen zu können. Wir müssen zeitweilig von uns ausruhen, dadurch, dass wir auf uns hin und hinab sehen und, aus einer künstlerischen Ferne her, über uns lachen oder über uns weinen; wir müssen den Helden und ebenso den Narren entdecken, der in unsrer Leidenschaft der Erkenntnis steckt, wir müssen unsrer Torheit ab und zu froh werden, um unsrer Weisheit froh bleiben zu können!

Die Kranken und die Kunst. – Gegen jede Art von Trübsal und Seelenelend soll man zunächst versuchen: Veränderung der Diät und körperliche derbe Arbeit. Aber die Menschen sind gewohnt, in diesem Falle nach Mitteln der Berauschung zu greifen: Zum Beispiel nach der Kunst, – zu ihrem und der Kunst Unheil! Merkt ihr nicht, dass, wenn ihr als Kranke nach der Kunst verlangt, ihr die Künstler krank macht?

Vermöge der Musik genießen sich die Leidenschaften selbst.

Der langsame Pfeil der Schönheit. – Die edelste Art der Schönheit ist die, welche nicht auf einmal hinreißt, welche nicht stürmische und berauschende Angriffe macht (eine solche erweckt leicht Ekel), sondern jene langsam einsickernde, welche man fast unbemerkt mit sich fortträgt und die einem im Traum einmal wiederbegegnet, endlich aber, nachdem sie lange mit Bescheidenheit an unserm Herzen gelegen, von uns ganz Besitz nimmt, unser Auge mit Tränen, unser Herz mit Sehnsucht füllt. – Wonach sehnen wir uns beim Anblick der Schönheit? Danach, schön zu sein: Wir wähnen, es müsse viel Glück damit verbunden sein. – Aber das ist ein Irrtum.

Gedanken im Gedicht. – Der Dichter führt seine Gedanken festlich daher, auf dem Wagen des Rhythmus': Gewöhnlich deshalb, weil diese zu Fuß nicht gehen können.

Gegen die Originalen. – Wenn die Kunst sich in den abgetragensten Stoff kleidet, erkennt man sie am besten als Kunst.

Prosa und Poesie. – Man beachte doch, dass die großen Meister der Prosa fast immer auch Dichter gewesen sind, sei es öffentlich, oder auch nur im Geheimen und für das »Kämmerlein«; und fürwahr, man schreibt nur im Angesichte der Poesie gute Prosa! Denn diese ist ein ununterbrochener artiger Krieg mit der Poesie: Alle ihre Reize bestehen darin, dass beständig der Poesie ausgewichen und widersprochen wird; jedes Abstraktum will als Schalkheit gegen diese und wie mit spöttischer Stimme vorgetragen sein; jede Trockenheit und Kühle soll die liebliche Göttin in eine liebliche Verzweiflung bringen; oft gibt es Annäherungen, Versöhnungen des Augenblickes und dann ein plötzliches Zurückspringen und Auslachen; oft wird der Vorhang aufgezogen und grelles Licht hereingelassen, während gerade die Göttin ihre Dämmerungen und dumpfen Farben genießt; oft wird ihr das Wort aus dem Munde genommen und nach einer Melodie abgesungen, bei der sie die feinen Hände vor die feinen Öhrchen hält – und so gibt es tausend Vergnügungen des Krieges, die Niederlagen mitgezählt, von denen die Unpoetischen, die sogenannten Prosa-Menschen, gar Nichts wissen: – Diese schreiben und sprechen denn auch nur schlechte Prosa! Der Krieg ist der Vater aller guten Dinge, der Krieg ist auch der Vater der guten Prosa!

Aber warum schreibst denn du? – A.: Ich gehöre nicht zu denen, welche mit der nassen Feder in der Hand denken; und noch weniger zu jenen, die sich gar vor dem offenen Tintenfasse ihren Leidenschaften überlassen, auf ihrem Stuhle sitzend und auf's Papier starrend. Ich ärgere oder schäme mich alles Schreibens; Schreiben ist für mich eine Notdurft, – selbst im Gleichnis davon zu reden, ist mir widerlich. B.: Aber warum schreibst du dann? A.: Ja, mein Lieber, im Vertrauen gesagt: Ich habe bisher noch kein anderes Mittel gefunden, meine Gedanken loszuwerden. B.: Und warum willst du sie loswerden? A.: Warum ich will? Will ich denn? Ich muss. – B.: Genug! Genug!

Beseelung der Kunst. – Die Kunst erhebt ihr Haupt, wo die Religionen nachlassen. Sie übernimmt eine Menge durch die Religion erzeugter Gefühle und Stimmungen, legt sie an ihr Herz und wird jetzt selber tiefer, seelenvoller, so dass sie Erhebung und Begeisterung mitzuteilen vermag, was sie vordem noch nicht konnte. Der zum Strome angewachsene Reichtum des religiösen Gefühls bricht immer wieder aus und will sich neue Reiche erobern: Aber die wachsende Aufklärung hat die Dogmen der Religion erschüttert und ein gründliches Misstrauen eingeflößt: So wirft sich das Gefühl, durch die Aufklärung aus der religiösen Sphäre hinausgedrängt, in die Kunst; in einzelnen Fällen auch auf das politische Leben, ja selbst direkt auf die Wissenschaft. Überall, wo man an menschlichen Bestrebungen eine höhere düstere Färbung wahrnimmt, darf man vermuten, dass Geistergrauen, Weihrauchduft und Kirchenschatten daran hängen geblieben sind.

Zweierlei Verkennung. – Das Unglück scharfsinniger und klarer Schriftsteller ist, dass man sie für flach nimmt und deshalb ihnen keine Mühe zuwendet: Und das Glück der unklaren, dass der Leser sich an ihnen abmüht und die Freude über seinen Eifer ihnen zu Gute schreibt.

Paradoxien des Autors. – Die sogenannten Paradoxien des Autors, an welchen ein Leser Anstoß nimmt, stehen häufig gar nicht im Buche des Autors, sondern im Kopfe des Lesers.

Herkunft des Komischen. – Wenn man erwägt, dass der Mensch manche hunderttausend Jahre lang ein im höchsten Grade der Furcht zugängliches Tier war und dass alles Plötzliche, Unerwartete ihn kampfbereit, vielleicht todesbereit sein hieß, ja dass selbst später, in sozialen Verhältnissen, alle Sicherheit auf dem Erwarteten, auf dem Herkommen in Meinung und Tätigkeit beruhte, so darf man sich nicht wundern, dass bei allem Plötzlichen, Unerwarteten in Wort und Tat, wenn es ohne Gefahr und Schaden hereinbricht, der Mensch ausgelassen wird, in's Gegenteil der Furcht übergeht: Das vor Angst zitternde, zusammengekrümmte Wesen schnellt empor, entfaltet sich weit, – der Mensch lacht. Diesen Übergang aus momentaner Angst in kurz dauernden Übermut nennt man das Komische. Dagegen geht im Phänomen des Tragischen der Mensch schnell aus großem, dauerndem Übermut in große Angst über; da aber unter Sterblichen der große dauernde Übermut viel seltener, als der Anlass zur Angst ist, so gibt es viel mehr des Komischen, als des Tragischen in der Welt; man lacht viel öfter, als dass man erschüttert ist.

Worin wir Künstler werden. – Wer jemanden zu seinem Abgott macht, versucht, sich vor sich selber zu rechtfertigen, indem er ihn in's Ideal erhebt; er wird zum Künstler daran, um ein gutes Gewissen zu haben. Wenn er leidet, so leidet er nicht am Nicht- Wissen, sondern am Sich-Belügen, als ob er nicht wüsste. – Die innere Not und Lust eines solchen Menschen – und alle leidenschaftlich Liebenden gehören dazu – ist mit gewöhnlichen Eimern nicht auszuschöpfen.

Sünde wider den Geist des Lesers. – Wenn der Autor sein Talent verleugnet, bloß um sich dem Leser gleich zu stellen, so begeht er die einzige Todsünde, welche ihm jener nie verzeiht: Im Fall er nämlich etwas davon merkt. Man darf dem Menschen sonst alles Böse nachsagen: Aber in der Art, wie man es sagt, muss man seine Eitelkeit wieder aufzurichten wissen.

Der beste Autor. – Der beste Autor wird der sein, welcher sich schämt, Schriftsteller zu werden.

Drakonisches Gesetz gegen Schriftsteller. – Man sollte einen Schriftsteller als einen Missetäter ansehen, der nur in den seltensten Fällen Freisprechung oder Begnadigung verdient: Das wäre ein Mittel gegen das Überhandnehmen der Bücher.

Die Narren der modernen Kultur. – Die Narren der mittelalterlichen Höfe entsprechen unseren Feuilletonisten; es ist die selbe Gattung Menschen, halbvernünftig, witzig, übertrieben, albern, mitunter nur dazu da, das Pathos der Stimmung durch Einfälle, durch Geschwätz zu mildern und den allzu schweren, feierlichen Glockenklang großer Ereignisse durch Geschrei zu übertäuben; ehemals im Dienste der Fürsten und Adeligen, jetzt im Dienste von Parteien (wie in Partei-Sinn und Partei-Zucht ein guter Teil der alten Untertänigkeit im Verkehr des Volkes mit dem Fürsten jetzt noch fortlebt). Der ganze moderne Literatenstand steht aber den Feuilletonisten sehr nahe, es sind die »Narren der modernen Kultur«, welche man milder beurteilt, wenn man sie als nicht ganz zurechnungsfähig nimmt. Schriftstellerei als Lebensberuf zu betrachten, sollte billigerweise als eine Art Tollheit gelten.

Schlechte Schriftsteller notwendig. – Es wird immer schlechte Schriftsteller geben müssen, denn sie entsprechen dem Geschmack der unentwickelten, unreifen Altersklassen; diese haben so gut ihr Bedürfnis wie die reiferen. Wäre das menschliche Leben länger, so würde die Zahl der reif gewordenen Individuen überwiegend oder mindestens gleich groß mit der der unreifen ausfallen; so aber sterben bei Weitem die meisten zu jung, das heißt es gibt immer viel mehr unentwickelte Intellekt mit schlechtem Geschmack. Diese begehren überdies, mit der größeren Heftigkeit der Jugend, nach Befriedigung ihres Bedürfnisses, und sie erzwingen sich schlechte Autoren.

Dunkles und Überhelles nebeneinander. – Schriftsteller, welche im Allgemeinen ihren Gedanken keine Deutlichkeit zu geben verstehen, werden im Einzelnen mit Vorliebe die stärksten, übertriebensten Bezeichnungen und Superlative wählen: Dadurch entsteht eine Lichtwirkung, wie bei Fackelbeleuchtung auf verworrenen Waldwegen.

Ruhige Fruchtbarkeit. – Die geborenen Aristokraten des Geistes sind nicht zu eifrig; ihre Schöpfungen erscheinen und fallen an einem ruhigen Herbstabend vom Baume, ohne hastig begehrt, gefördert, durch Neues verdrängt zu werden. Das unablässige Schaffenwollen ist gemein und zeigt Eifersucht, Neid, Ehrgeiz an. Wenn man etwas ist, so braucht man eigentlich nichts zu machen, – und tut doch sehr viel. Es gibt über dem »produktiven« Menschen noch eine höhere Gattung.

Zur Psychologie des Künstlers. – Damit es Kunst gibt, damit es irgendein ästhetisches Tun und Schauen gibt, dazu ist eine physiologische Vorbedingung unumgänglich: der Rausch. Der Rausch muss erst die Erregbarkeit der ganzen Maschine gesteigert haben: Eher kommt es zu keiner Kunst. Alle noch so verschieden bedingten Arten des Rausches haben dazu die Kraft: vor Allem der Rausch der Geschlechtserregung, diese älteste und ursprünglichste Form des Rausches. Insgleichen der Rausch, der im Gefolge aller großen Begierden, aller starken Affekte kommt; der Rausch des Festes, des Wettkampfs, des Bravourstücks, des Siegs, aller extremen Bewegung; der Rausch der Grausamkeit; der Rausch in der Zerstörung; der Rausch unter gewissen meteorologischen Einflüssen, zum Beispiel der Frühlingsrausch; oder unter dem Einfluss der Narkotika; endlich der Rausch des Willens, der Rausch eines überhäuften und geschwellten Willens. – Das Wesentliche am Rausch ist das Gefühl der Kraftsteigerung und Fülle. Aus diesem Gefühl gibt man an die Dinge ab, man zwingt sie von uns zu nehmen, man vergewaltigt sie, – man heißt diesen Vorgang Idealisieren. Machen wir uns hier von einem Vorurteil los: Das Idealisieren besteht nicht, wie gemeinhin geglaubt wird, in einem Abziehen oder Abrechnen des Kleinen, des Nebensächlichen. Ein ungeheures Heraustreiben der Hauptzüge ist vielmehr das Entscheidende, sodass die andern darüber verschwinden.

Bücher, welche tanzen lehren. – Es gibt Schriftsteller, welche dadurch, dass sie Unmögliches als möglich darstellen und vom Sittlichen und Genialen so reden, als ob beides nur eine Laune, ein Belieben sei, ein Gefühl von übermütiger Freiheit hervorbringen, wie wenn der Mensch sich auf die Fußspitzen stellte und vor innerer Lust durchaus tanzen müsste.

Was bedeutet der von mir in die Ästhetik eingeführte Gegensatz-Begriff apollinisch und dionysisch, beide als Arten des Rausches begriffen? – Der apollinische Rausch hält vor allem das Auge erregt, sodass es die Kraft der Vision bekommt. Der Maler, der Plastiker, der Epiker sind Visionäre par excellence. Im dionysischen Zustande ist dagegen das gesamte Affektsystem erregt und gesteigert: Sodass es alle seine Mittel des Ausdrucks mit einem Male entladet und die Kraft des Darstellens, Nachbildens, Transfigurierens, Verwandelns, alle Art Mimik und Schauspielerei zugleich heraustreibt. Das Wesentliche bleibt die Leichtigkeit der Metamorphose, die Unfähigkeit, nicht zu reagieren (– ähnlich wie bei gewissen Hysterischen, die auch auf jeden Wink hin in jede Rolle eintreten). Es ist dem dionysischen Menschen unmöglich, irgendeine Suggestion nicht zu verstehen, er übersieht kein Zeichen des Affekts, er hat den höchsten Grad des verstehenden und erratenden Instinkts, wie er den höchsten Grad von Mitteilungskunst besitzt. Er geht in jede Haut, in jeden Affekt ein: Er verwandelt sich beständig. – Musik, wie wir sie heute verstehen, ist gleichfalls eine Gesamterregung und -entladung der Affekte, aber dennoch nur das Überbleibsel von einer viel volleren Ausdruckswelt des Affekts, ein bloßes Residuum des dionysischen Histrionismus. Man hat, zur Ermöglichung der Musik als Sonderkunst, eine Anzahl Sinne, vor allem den Muskelsinn still gestellt (relativ wenigstens: Denn in einem gewissen Grade redet noch aller Rhythmus zu unsern Muskeln): Sodass der Mensch nicht mehr alles, was er fühlt, sofort leibhaft nachahmt und darstellt. Trotzdem ist das der eigentlich dionysische Normalzustand, jedenfalls der Urzustand; die Musik ist die langsam erreichte Spezifikation desselben auf Unkosten der nächstverwandten Vermögen.

Der Schauspieler, der Mime, der Tänzer, der Musiker, der Lyriker sind in ihren Instinkten grundverwandt und an sich eins, aber allmählich spezialisiert und voneinander abgetrennt – bis selbst zum Widerspruch. Der Lyriker blieb am längsten mit dem Musiker geeint; der Schauspieler mit dem Tänzer. – Der Architekt stellt weder einen dionysischen, noch einen apollinischen Zustand dar: Hier ist es der große Willensakt, der Wille, der Berge versetzt, der Rausch des großen Willens, der zur Kunst verlangt. Die mächtigsten Menschen haben immer die Architekten inspiriert; der Architekt war stets unter der Suggestion der Macht. Im Bauwerk soll sich der Stolz, der Sieg über die Schwere, der Wille zur Macht versichtbaren; Architektur ist eine Art Macht-Beredsamkeit in Formen, bald überredend, selbst schmeichelnd, bald bloß befehlend. Das höchste Gefühl von Macht und Sicherheit kommt in dem zum Ausdruck, was großen Stil hat. Die Macht, die keinen Beweis mehr nötig hat; die es verschmäht, zu gefallen; die schwer antwortet; die keinen Zeugen um sich fühlt; die ohne Bewusstsein davon lebt, dass es Widerspruch gegen sie gibt; die in sich ruht, fatalistisch, ein Gesetz unter Gesetzen: Das redet als großer Stil von sich.

Abendröte der Kunst. – Wie man sich im Alter der Jugend erinnert und Gedächtnisfeste feiert, so steht bald die Menschheit zur Kunst im Verhältnis einer rührenden Erinnerung an die Freuden der Jugend. Vielleicht dass niemals früher die Kunst so tief und seelenvoll erfasst wurde, wie jetzt, wo die Magie des Todes dieselbe zu umspielen scheint. Man denke an jene griechische Stadt in Unteritalien, welche an einem Tage des Jahres noch ihre griechischen Feste feierte, unter Wehmut und Tränen darüber, dass immer mehr die ausländische Barbarei über ihre mitgebrachten Sitten triumphiere; niemals hat man wohl das Hellenische so genossen, nirgendswo diesen goldenen Nektar mit solcher Wollust geschlürft, als unter diesen absterbenden Hellenen. Den Künstler wird man bald als ein herrliches Überbleibsel ansehen und ihm, wie einem wunderbaren Fremden, an dessen Kraft und Schönheit das Glück früherer Zeiten hing, Ehren erweisen, wie wir sie nicht leicht unseresgleichen gönnen. Das Beste an uns ist vielleicht aus

Empfindungen früherer Zeiten vererbt, zu denen wir jetzt auf unmittelbarem Wege kaum mehr kommen können; die Sonne ist schon hinuntergegangen, aber der Himmel unseres Lebens glüht und leuchtet noch von ihr her, ob wir sie schon nicht mehr sehen.

Der Traum

Nietzsches Betrachtungen zum Traumzustand sind nicht nur unter mechanischem Aspekt interessant, sondern gleichzeitig als Versuch zu begreifen, die kulturhistorische Schnittstelle zwischen dem archaischen und dem modernen Menschen zu finden.

Träumen. – Man träumt gar nicht, oder interessant. – Man muss lernen, ebenso zu wachen: – Gar nicht oder interessant.

Missverständnis des Traumes. – Im Traume glaubte der Mensch in den Zeitaltern roher uranfänglicher Kultur eine zweite reale Welt kennen zu lernen; hier ist der Ursprung aller Metaphysik. Ohne den Traum hätte man keinen Anlass zu einer Scheidung der Welt gefunden. Auch die Zerlegung in Seele und Leib hängt mit der ältesten Auffassung des Traumes zusammen, ebenso die Annahme eines Seelenscheinleibes, also die Herkunft alles Geisterglaubens, und wahrscheinlich auch des Götterglaubens. »Der Tote lebt fort; denn er erscheint dem Lebenden im Traume«: So schloss man ehedem, durch viele Jahrtausende hindurch.

Wir machen es auch im Wachen wie im Traume: Wir erfinden und erdichten erst den Menschen, mit dem wir verkehren – und vergessen es sofort.

Traum und Kultur. – Die Gehirnfunktion, welche durch den Schlaf am meisten beeinträchtigt wird, ist das Gedächtnis: Nicht dass es ganz pausierte, – aber es ist auf einen Zustand der Unvollkommenheit zurückgebracht, wie es in Urzeiten der Menschheit bei jedermann am Tage und im Wachen gewesen sein mag. Willkürlich und verworren, wie es ist, verwechselt es fortwährend die Dinge aufgrund der flüchtigsten Ähnlichkeiten: Aber mit derselben Willkür und Verworrenheit dichteten die Völker ihre Mythologien, und noch jetzt pflegen Reisende zu beobachten, wie sehr der Wilde zur Vergesslichkeit neigt, wie sein Geist nach kurzer Anspannung des Gedächtnisses hin und her zu taumeln beginnt und er, aus bloßer Erschlaffung, Lügen und Unsinn hervorbringt. Aber wir alle gleichen im Traume diesem Wilden; das schlechte Wiedererkennen und irrtümliche Gleichsetzen ist der Grund des schlechten Schließens, dessen wir uns im Traume schuldig machen: So dass wir, bei deutlicher Vergegenwärtigung eines Traumes, vor uns erschrecken, weil wir so viel Narrheit in uns bergen. – Die vollkommene Deutlichkeit aller Traumvorstellungen, welche den unbedingten Glauben an ihre Realität zur Voraussetzung hat, erinnert uns wieder an Zustände früherer Menschheit, in der die Halluzination außerordentlich häufig war und mitunter ganze Gemeinden, ganze Völker gleichzeitig ergriff. Also: Im Schlaf und Traum machen wir das Pensum früheren Menschentums noch einmal durch.

Erinnern und Vergessen

In den Aphorismen über »Erinnern« und »Vergessen« reflektiert Nietzsche vor allem die moralischen Implikationen der Gedächtnisleistungen.

Nur durch Vergesslichkeit kann der Mensch je dazu kommen, zu wähnen, er besitze eine »Wahrheit« in dem eben bezeichneten Grade. Wenn er sich nicht mit der Wahrheit in der Form der Tautologie, das heißt mit leeren Hülsen begnügen will, so wird er ewig Illusionen für Wahrheiten einhandeln. Was ist ein Wort? Die Abbildung eines Nervenreizes in Lauten. Von dem Nervenreiz aber weiterzuschließen auf eine Ursache außer uns, ist bereits das Resultat einer falschen und unberechtigten Anwendung des Satzes vom Grunde. Wie dürften wir, wenn die Wahrheit bei der Genesis der Sprache, der Gesichtspunkt der Gewissheit bei den Bezeichnungen allein entscheidend gewesen wäre, wie dürften wir doch sagen: Der Stein ist hart: Als ob uns »hart« noch sonst bekannt wäre, und nicht nur als eine ganz subjektive Reizung! Wir teilen die Dinge nach Geschlechtern ein, wir bezeichnen den Baum als männlich, die Pflanze als weiblich: Welche willkürlichen Übertragungen!

Die Vergesslichen. – In den Ausbrüchen der Leidenschaft und im Phantasieren des Traumes und des Irrsinns entdeckt der Mensch seine und der Menschheit Vorgeschichte wieder: Die Tierheit mit ihren wilden Grimassen; sein Gedächtnis greift einmal weit genug rückwärts, während sein zivilisierter Zustand sich aus dem Vergessen dieser Urerfahrungen, also aus dem Nachlassen jenes Gedächtnisses entwickelt. Wer als ein Vergesslicher höchster Gattung allem diesen immerdar sehr fern geblieben ist, versteht die Menschen nicht, – aber es ist ein Vorteil für alle, wenn es hier und da solche Einzelne gibt, welche »sie nicht verstehen« und die gleichsam aus göttlichem Samen gezeugt und von der Vernunft geboren sind.

»Das habe ich getan« sagt mein Gedächtnis. Das kann ich nicht getan haben – sagt mein Stolz und bleibt unerbittlich. Endlich gibt das Gedächtnis nach.

Beichte. – Man vergisst seine Schuld, wenn man sie einem andern gebeichtet hat, aber gewöhnlich vergisst der andere sie nicht.

Das verbindliche Gedächtnis. – Wer einen hohen Rang hat, tut gut, sich ein verbindliches Gedächtnis anzuschaffen, das heißt, sich von den Personen alles mögliche Gute zu merken und dahinter einen Strich zu machen: Damit hält man sie in einer angenehmen Abhängigkeit. So kann der Mensch auch mit sich selber verfahren: Ob er ein verbindliches Gedächtnis hat oder nicht, das entscheidet zuletzt über seine eigene Haltung zu sich selber, über die Vornehmheit, Güte oder das Misstrauen bei der Beobachtung seiner Neigungen und Absichten und zuletzt wieder über die Art der Neigungen und Absichten selber.

Vergessen. – Dass es ein Vergessen gibt, ist noch nicht bewiesen; was wir wissen, ist allein, dass die Wiedererinnerung nicht in unserer Macht steht. Vorläufig haben wir in diese Lücke unserer Macht jenes Wort »vergessen« gesetzt: Gleich als ob es ein Vermögen mehr im Register sei. Aber was steht zuletzt in unserer Macht! – Wenn jenes Wort in einer Lücke unserer Macht steht, sollten nicht die anderen Worte in einer Lücke unseres Wissens um unsere Macht stehen?

Schlechtes Gedächtnis. – Der Vorteil des schlechten Gedächtnisses ist, dass man dieselben guten Dinge mehrere Male zum ersten Male genießt.

Nur durch das Vergessen jener primitiven Metapherwelt, nur durch das Hart- und Starrwerden einer ursprünglichen in hitziger Flüssigkeit aus dem Urvermögen menschlicher Phantasie hervorströmenden Bildermasse, nur durch den unbesiegbaren Glauben, *diese* Sonne, *dieses* Fenster, *dieser* Tisch sei eine Wahrheit an sich, kurz, nur dadurch, dass der Mensch sich als

Subjekt, und zwar als *künstlerisch schaffendes* Subjekt, vergisst, lebt er mit einiger Ruhe, Sicherheit und Konsequenz: Wenn er einen Augenblick nur aus den Gefängniswänden dieses Glaubens heraus könnte, so wäre es sofort mit seinem »Selbstbewusstsein« vorbei.

Erlebnisse vergessen. – Wer viel denkt, und zwar sachlich denkt, vergisst leicht seine eigenen Erlebnisse, aber nicht so die Gedanken, welche durch jene hervorgerufen wurden.

Die Deutschen

Ob Nietzsches politische Ansichten »gefährlich« waren oder es noch sind, bleibt dahingestellt. Eines aber steht wohl fest: Mit Nietzsche lässt sich nur Staat machen, wenn man ihn grob missverstehen will. Trotzdem gilt Nietzsche vielen aufgrund der unsäglichen Vereinnahmung der Nazipropaganda und der verfälschenden Bearbeitung seines Werkes durch seine Schwester immer noch als der Prototyp des faschistischen Philosophen. Aus dem Kontext von Nietzsches komplexem Begriffssystem gerissen evozieren Redeweisen wie »blonde Bestie« und »Übermensch« tatsächlich leicht eine Nähe zur dümmlichen Rhetorik des deutschen Nationalsozialismus. Doch sind im Gegensatz zur Naziideologie Begriffe wie »Rasse« und »Judentum« bei Nietzsche gerade nicht absolut und biologistisch gesetzt und begründet, sondern meinen einen bestimmten intellektuellen Typus. Die Nazis haben schlicht Nietzsches Begriffe in die Rassentheorien des 19. Jahrhunderts rückübersetzt. Im Gegenzug fällt es nicht schwer, gerade in der nazistischen Ideologie und Massenkultur die schlimmste Ausgeburt der durch Ressentiments gesteuerten Sklavenmoral zu erblicken, die sich selbst in einem letzten zynischen Akt der Verklärung als Herrenmoral inszeniert. Es ist wohl so, dass Nietzsche gerade durch seinen Hass auf die Deutschtümelei am deutschesten war. Es gibt nur wenige, die so amüsant und giftig über ihre Landsmänner gewettert haben, wie Nietzsche.

Unter Deutschen ist es heute nicht genug, Geist zu haben: Man muss ihn noch sich nehmen, sich Geist herausnehmen …

Denken lernen: Man hat auf unsern Schulen keinen Begriff mehr davon. Selbst auf den Universitäten, sogar unter den eigentlichen Gelehrten der Philosophie beginnt Logik als Theorie, als Praktik, als Handwerk, auszusterben. Man lese deutsche Bücher: Nicht mehr die entfernteste Erinnerung daran, dass es zum Denken einer Technik, eines Lehrplans, eines Willens zur Meisterschaft bedarf, – dass Denken gelernt sein will, wie Tanzen gelernt sein will, als eine Art Tanzen … Wer kennt unter Deutschen jenen feinen Schauder aus Erfahrung noch, den die leichten Füße im Geistigen in alle Muskeln überströmen! – Die steife Tölpelei der geistigen Gebärde, die plumpe Hand beim Fassen – das ist in dem Grade deutsch, dass man es im Auslande mit dem deutschen Wesen überhaupt verwechselt. Der Deutsche hat keine Finger für nuances … Dass die Deutschen ihre Philosophen auch nur ausgehalten haben, vor allen jenen verwachsensten Begriffs-Krüppel, den es je gegeben hat, den großen Kant, gibt keinen kleinen Begriff von der deutschen Anmut. – Man kann nämlich das Tanzen in jeder Form nicht von der vornehmen Erziehung abrechnen, Tanzen-Können mit den Füßen, mit den Begriffen, mit den Worten: Habe ich noch zu sagen, dass man es auch mit der Feder können muss, – dass man schreiben lernen muss? – Aber an dieser Stelle würde ich deutschen Lesern vollkommen zum Rätsel werden …

Vielleicht kenne ich die Deutschen, vielleicht darf ich selbst ihnen ein paar Wahrheiten sagen. Das neue Deutschland stellt ein großes Quantum vererbter und angeschulter Tüchtigkeit dar, sodass es den aufgehäuften Schatz von Kraft eine Zeit lang selbst verschwenderisch ausgeben darf. Es ist nicht eine hohe Kultur, die mit ihm Herr geworden, noch weniger ein delikater Geschmack, eine vornehme »Schönheit« der Instinkte; aber männlichere Tugenden, als sonst ein Land Europas aufweisen kann. Viel guter Mut und Achtung vor sich selber, viel Sicherheit im Verkehr, in der Gegenseitigkeit der Pflichten, viel Arbeitsamkeit, viel Ausdauer – und eine angeerbte Mäßigung, welche eher des Stachels als des Hemmschuhs bedarf. Ich füge hinzu, dass hier noch gehorcht wird, ohne dass das Gehorchen demütigt … Und niemand verachtet seinen Gegner …

Man sieht, es ist mein Wunsch, den Deutschen gerecht zu sein: Ich möchte mir darin nicht untreu werden, – ich muss ihnen also auch meinen Einwand machen. Es zahlt sich teuer, zur Macht zu kommen: Die Macht verdummt … Die Deutschen – man hieß sie einst das Volk der Denker: Denken sie heute überhaupt noch? Die Deutschen langweilen sich jetzt am

Geiste, die Deutschen misstrauen jetzt dem Geiste, die Politik verschlingt allen Ernst für wirklich geistige Dinge – »Deutschland, Deutschland über alles«, ich fürchte, das war das Ende der deutschen Philosophie … »Gibt es deutsche Philosophen? Gibt es deutsche Dichter? Gibt es gute deutsche Bücher?« – fragt man mich im Ausland. Ich erröte; aber mit der Tapferkeit, die mir auch in verzweifelten Fällen zu eigen ist, antworte ich: »Ja, Bismarck!« – Dürfte ich auch nur eingestehen, welche Bücher man heute liest? … Vermaledeiter Instinkt der Mittelmäßigkeit! –

– Was der deutsche Geist sein könnte, wer hätte nicht schon darüber seine schwermütigen Gedanken gehabt! Aber dies Volk hat sich willkürlich verdummt, seit einem Jahrtausend beinahe: Nirgendswo sind die zwei großen europäischen Narkotika, Alkohol und Christentum, lasterhafter gemissbraucht worden. Neuerdings kam sogar noch ein drittes hinzu, mit dem allein schon aller feinen und kühnen Beweglichkeit des Geistes der Garaus gemacht werden kann, die Musik, unsre verstopfte, verstopfende deutsche Musik. – Wie viel verdrießliche Schwere, Lahmheit, Feuchtigkeit, Schlafrock, wie viel Bier ist in der deutschen Intelligenz! Wie ist es eigentlich möglich, dass junge Männer, die den geistigsten Zielen ihr Dasein weihen, nicht den ersten Instinkt der Geistigkeit, den Selbsterhaltungsinstinkt des Geistes in sich fühlen – und Bier trinken? … Der Alkoholismus der gelehrten Jugend ist vielleicht noch kein Fragezeichen in Absicht ihrer Gelehrsamkeit – man kann ohne Geist sogar ein großer Gelehrter sein –, aber in jedem andern Betracht bleibt er ein Problem. – Wo fände man sie nicht, die sanfte Entartung, die das Bier im Geiste hervorbringt! Ich habe einmal in einem beinahe berühmt gewordenen Fall den Finger auf eine solche Entartung gelegt – die Entartung unsres ersten deutschen Freigeistes, des klugen David Strauß, zum Verfasser eines Bierbank-Evangeliums und »neuen Glaubens« … Nicht umsonst hatte er der »holden Braunen« sein Gelöbnis in Versen gemacht – Treue bis zum Tod …

– Ich sprach vom deutschen Geiste: Dass er gröber wird, dass er sich verflacht. Ist das genug? – Im Grunde ist es etwas ganz anderes, das mich erschreckt: Wie es immer mehr mit dem deutschen Ernste, der deutschen Tiefe, der deutschen Leidenschaft in geistigen Dingen abwärts geht. Das Pathos hat sich verändert, nicht bloß die Intellektualität. – Ich berühre hier und da deutsche Universitäten: Was für eine Luft herrscht unter deren Gelehrten, welche öde, welche genügsam und lau gewordene Geistigkeit! Es wäre ein tiefes Missverständnis, wenn man mir hier die deutsche Wissenschaft einwenden wollte – und außerdem ein Beweis dafür, dass man nicht ein Wort von mir gelesen hat. Ich bin seit siebzehn Jahren nicht müde geworden, den entgeistigenden Einfluss unsres jetzigen Wissenschaftsbetriebs an's Licht zu stellen. Das harte Helotentum, zu dem der ungeheure Umfang der Wissenschaften heute jeden Einzelnen verurteilt, ist ein Hauptgrund dafür, dass voller, reicher, tiefer angelegte Naturen keine ihnen gemäße Erziehung und Erzieher mehr vorfinden. Unsre Kultur leidet an nichts mehr, als an dem Überfluss anmaßlicher Eckensteher und Bruchstück-Humanitäten; unsre Universitäten sind, wider Willen, die eigentlichen Treibhäuser für diese Art Instinktverkümmerung des Geistes. Und ganz Europa hat bereits einen Begriff davon – die große Politik täuscht niemanden … Deutschland gilt immer mehr als Europas Flachland. – Ich suche noch nach einem Deutschen, mit dem ich auf meine Weise ernst sein könnte, – um wie viel mehr nach einem, mit dem ich heiter sein dürfte! – Götzen-Dämmerung: Ah wer begriffe es heute, von was für einem Ernste sich hier ein Philosoph erholt! – Die Heiterkeit ist an uns das Unverständlichste …

Man mache einen Überschlag: Es liegt nicht nur auf der Hand, dass die deutsche Kultur niedergeht, es fehlt auch nicht am zureichenden Grund dafür. Niemand kann zuletzt mehr ausgeben, als er hat: – das gilt von Einzelnen, das gilt von Völkern. Gibt man sich für Macht, für große Politik, für Wirtschaft, Weltverkehr, Parlamentarismus, Militärinteressen aus, – gibt man das Quantum Verstand, Ernst, Wille, Selbstüberwindung, das man ist, nach dieser Seite weg, so fehlt es auf der andern Seite. Die Kultur und der Staat – man betrüge sich hierüber nicht – sind Antagonisten: »Kultur-Staat« ist bloß eine moderne Idee. Das eine lebt vom andern, das eine gedeiht auf Unkosten des andern. Alle großen Zeiten der Kultur sind politische Niedergangszeiten: Was groß ist im Sinn der Kultur, war unpolitisch, selbst antipolitisch ... Goethe ging das Herz auf bei dem Phänomen Napoleon, – es ging ihm zu bei den »Freiheits-Kriegen« ... In demselben Augenblick, wo Deutschland als Großmacht heraufkommt, gewinnt Frankreich als Kulturmacht eine veränderte Wichtigkeit. Schon heute ist viel neuer Ernst, viel neue Leidenschaft des Geistes nach Paris übergesiedelt; die Frage des Pessimismus zum Beispiel, die Frage Wagner, fast alle psychologischen und artistischen Fragen werden dort unvergleichlich feiner und gründlicher erwogen als in Deutschland, – die Deutschen sind selbst unfähig zu dieser Art Ernst. – In der Geschichte der europäischen Kultur bedeutet die Heraufkunft des »Reichs« vor allem eins: eine Verlegung des Schwergewichts. Man weiß es überall bereits: In der Hauptsache – und das bleibt die Kultur – kommen die Deutschen nicht mehr in Betracht. Man fragt: Habt ihr auch nur einen für Europa mitzählenden Geist aufzuweisen? Wie euer Goethe, euer Hegel, euer Heinrich Heine, euer Schopenhauer mitzählte? – Dass es nicht einen einzigen deutschen Philosophen mehr gibt, darüber ist des Erstaunens kein Ende. –

»Deutscher Geist«: seit achtzehn Jahren eine contradictio in adjecto.

Dem ganzen höheren Erziehungswesen in Deutschland ist die Hauptsache abhanden gekommen: Zweck sowohl, als Mittel zum Zweck. Dass Erziehung, Bildung selbst Zweck ist – und nicht »das Reich« –, dass es zu diesem Zweck der Erzieher bedarf – und nicht der Gymnasiallehrer und Universitätsgelehrten – man vergaß das ... Erzieher tun not, die selbst erzogen sind, überlegene, vornehme Geister, in jedem Augenblick bewiesen, durch Wort und Schweigen bewiesen, reife, süß gewordene Kulturen, – nicht die gelehrten Rüpel, welche Gymnasium und Universität der Jugend heute als »höhere Ammen« entgegenbringt. Die Erzieher fehlen, die Ausnahmen der Ausnahmen abgerechnet, die erste Vorbedingung der Erziehung: daher der Niedergang der deutschen Kultur.

– Eine jener allerseltensten Ausnahmen ist mein verehrungswürdiger Freund Jacob Burckhardt in Basel: Ihm zuerst verdankt Basel seinen Vorrang von Humanität. – Was die »höheren Schulen« Deutschlands tatsächlich erreichen, das ist eine brutale Abrichtung, um, mit möglichst geringem Zeitverlust, eine Unzahl junger Männer für den Staatsdienst nutzbar, ausnutzbar zu machen. »Höhere Erziehung« und Unzahl – das widerspricht sich von vornherein. Jede höhere Erziehung gehört nur der Ausnahme: Man muss privilegiert sein, um ein Recht auf ein so hohes Privilegium zu haben. Alle großen, alle schönen Dinge können nie Gemeingut sein: pulchrum est paucorum hominum. – Was bedingt den Niedergang der deutschen Kultur? Dass »höhere Erziehung« kein Vorrecht mehr ist – der Demokratismus der »allgemeinen«, der gemein gewordenen »Bildung« …

Der psychologische Takt der Deutschen scheint mir durch eine ganze Reihe von Fällen in Frage gestellt, deren Verzeichnis vorzulegen mich meine Bescheidenheit hindert. In einem Falle wird es mir nicht an einem großen Anlasse fehlen, meine These zu begründen: Ich trage es den Deutschen nach, sich über Kant und seine »Philosophie der Hintertüren«, wie ich sie nenne, vergriffen zu haben, – das war nicht der Typus der intellektuellen Rechtschaffenheit. – Das andre, was ich nicht hören mag, ist ein berüchtigtes »und«: die Deutschen sagen »Goethe und Schiller«, – ich fürchte, sie sagen »Schiller und Goethe« … Kennt man noch nicht diesen Schiller? – Es gibt noch schlimmere »und«; ich habe mit meinen eigenen Ohren, allerdings nur unter Universitätsprofessoren, gehört »Schopenhauer und Hartmann« …

Zur moralischen Aufklärung. – Man muss den Deutschen ihren Mephistopheles ausreden: und ihren Faust dazu. Es sind zwei moralische Vorurteile gegen den Wert der Erkenntnis.

Die Deutschen als Künstler. – Wenn der Deutsche einmal wirklich in Leidenschaft gerät (und nicht nur, wie gewöhnlich, in den guten Willen zur Leidenschaft!), so benimmt er sich dann in derselben, wie er eben muss, und denkt nicht weiter an sein Benehmen. Die Wahrheit aber ist, dass er sich dann sehr ungeschickt und hässlich und wie ohne Takt und Melodie benimmt, sodass die Zuschauer ihre Pein oder ihre Rührung dabei haben und nicht mehr: – Es sei denn, dass er sich in das Erhabene und Entzückte hinaufhebt, dessen manche Passionen fähig sind. Dann wird sogar der Deutsche schön! Die Ahnung davon, auf welcher Höhe erst die Schönheit ihren Zauber selbst über Deutsche ausgießt, treibt die deutschen Künstler in die Höhe und Überhöhe und in die Ausschweifungen der Leidenschaft: Ein wirkliches tiefes Verlangen also, über die Hässlichkeit und Ungeschicktheit hinauszukommen, mindestens hinauszublicken – hin nach einer besseren, leichteren, südlicheren, sonnenhafteren Welt. Und so sind ihre Krämpfe oftmals nur Anzeichen dafür, dass sie tanzen möchten: diese armen Bären, in denen versteckte Nymphen und Waldgötter ihr Wesen treiben – und mitunter noch höhere Gottheiten!

Goethe ist der letzte Deutsche, vor dem ich Ehrfurcht habe: Er hätte drei Dinge empfunden, die ich empfinde, – auch verstehen wir uns über das »Kreuz« … Man fragt mich öfter, wozu ich eigentlich deutsch schriebe: Nirgendswo würde ich schlechter gelesen, als im Vaterlande. Aber wer weiß zuletzt, ob ich auch nur wünsche, heute gelesen zu werden? – Dinge schaffen, an denen umsonst die Zeit ihre Zähne versucht; der Form nach, der Substanz nach um eine kleine Unsterblichkeit bemüht sein – ich war noch nie bescheiden genug, weniger von mir zu verlangen. Der Aphorismus, die Sentenz, in denen ich als der Erste unter Deutschen Meister bin, sind die Formen der »Ewigkeit«; mein Ehrgeiz ist, in zehn Sätzen zu sagen, was jeder andre in einem Buche sagt, – was jeder andre in einem Buche nicht sagt …

Ich habe der Menschheit das tiefste Buch gegeben, das sie besitzt, meinen Zarathustra: Ich gebe ihr über Kurzem das unabhängigste. –

Also sprach Zarathustra

Also sprach Zarathustra ist das in außerakademischen Kreisen wohl einflussreichste Werk Nietzsches. In prophetisch-expressivem Ton verdichtet Nietzsche hier seine Philosophie des Übermenschen und die Überwindung der im Sterben liegenden christlichen Moral. Wer bereits mit Nietzsches Gesamtwerk vertraut ist wird hier zwar wenig Neues finden, doch findet man es nirgends so poetisch und pathosgesättigt.

Erster Teil
Zarathustras Vorrede

1

Als Zarathustra dreißig Jahr alt war, verließ er seine Heimat und den See seiner Heimat und ging in das Gebirge. Hier genoss er seines Geistes und seiner Einsamkeit und wurde dessen zehn Jahr nicht müde. Endlich aber verwandelte sich sein Herz, – und eines Morgens stand er mit der Morgenröte auf, trat vor die Sonne hin und sprach zu ihr also:

»Du großes Gestirn! Was wäre dein Glück, wenn du nicht die hättest, welchen du leuchtest!

Zehn Jahre kamst du hier herauf zu meiner Höhle: Du würdest deines Lichtes und dieses Weges satt geworden sein, ohne mich, meinen Adler und meine Schlange.

Aber wir warteten deiner an jedem Morgen, nahmen dir deinen Überfluss ab und segneten dich dafür.

Siehe! Ich bin meiner Weisheit überdrüssig, wie die Biene, die des Honigs zu viel gesammelt hat, ich bedarf der Hände, die sich ausstrecken.

Ich möchte verschenken und austeilen, bis die Weisen unter den Menschen wieder einmal ihrer Torheit und die Armen einmal ihres Reichtums froh geworden sind.

Dazu muss ich in die Tiefe steigen: wie du des Abends tust, wenn du hinter das Meer gehst und noch der Unterwelt Licht bringst, du überreiches Gestirn!

Ich muss, gleich dir, *untergehen*, wie die Menschen es nennen, zu denen ich hinab will.

So segne mich denn, du ruhiges Auge, das ohne Neid auch ein allzu großes Glück sehen kann!

Segne den Becher, welcher überfließen will, dass das Wasser golden aus ihm fließe und überallhin den Abglanz deiner Wonne trage!

Siehe! Dieser Becher will wieder leer werden, und Zarathustra will wieder Mensch werden.«

– Also begann Zarathustras Untergang.

2

Zarathustra stieg allein das Gebirge abwärts und niemand begegnete ihm. Als er aber in die Wälder kam, stand auf einmal ein Greis vor ihm, der seine heilige Hütte verlassen hatte, um Wurzeln im Walde zu suchen. Und also sprach der Greis zu Zarathustra:

Nicht fremd ist mir dieser Wanderer: Vor manchen Jahre ging er hier vorbei. Zarathustra hieß er; aber er hat sich verwandelt.

Damals trugst du deine Asche zu Berge: Willst du heute dein Feuer in die Täler tragen? Fürchtest du nicht des Brandstifters Strafen?

Ja, ich erkenne Zarathustra. Rein ist sein Auge, und an seinem Munde birgt sich kein Ekel. Geht er nicht daher wie ein Tänzer?

Verwandelt ist Zarathustra, zum Kind ward Zarathustra, ein Erwachter ist Zarathustra: Was willst du nun bei den Schlafenden?

Wie im Meere lebtest du in der Einsamkeit, und das Meer trug dich. Wehe, du willst an's Land steigen? Wehe, du willst deinen Leib wieder selber schleppen?

Zarathustra antwortete: »Ich liebe die Menschen.«

Warum, sagte der Heilige, ging ich doch in den Wald und die Einöde? War es nicht, weil ich die Menschen allzu sehr liebte?

Jetzt liebe ich Gott: Die Menschen liebe ich nicht. Der Mensch ist mir eine zu unvollkommene Sache. Liebe zum Menschen würde mich umbringen.

Zarathustra antwortete: »Was sprach ich von Liebe! Ich bringe den Menschen ein Geschenk.«

Gib ihnen nichts, sagte der Heilige. Nimm ihnen lieber etwas ab und trage es mit ihnen – das wird ihnen am wohlsten tun: Wenn es dir nur wohltut!

Und willst du ihnen geben, so gib nicht mehr, als ein Almosen, und lass sie noch darum betteln!

»Nein, antwortete Zarathustra, ich gebe kein Almosen. Dazu bin ich nicht arm genug.«

Der Heilige lachte über Zarathustra und sprach also: So sieh zu, dass sie deine Schätze annehmen! Sie sind misstrauisch gegen die Einsiedler und glauben nicht, dass wir kommen, um zu schenken.

Unsre Schritte klingen ihnen zu einsam durch die Gassen. Und wie wenn sie nachts in ihren Betten einen Mann gehen hören, lange bevor die Sonne aufsteht, so fragen sie sich wohl: Wohin will der Dieb?

Gehe nicht zu den Menschen und bleibe im Walde! Gehe lieber noch zu den Tieren! Warum willst du nicht sein, wie ich, – ein Bär unter Bären, ein Vogel unter Vögeln?

»Und was macht der Heilige im Walde?« fragte Zarathustra.

Der Heilige antwortete: Ich mache Lieder und singe sie, und wenn ich Lieder mache, lache, weine und brumme ich: Also lobe ich Gott.

Mit Singen, Weinen, Lachen und Brummen lobe ich den Gott, der mein Gott ist. Doch was bringst du uns zum Geschenke?

Als Zarathustra diese Worte gehört hatte, grüßte er den Heiligen und sprach: »Was hätte ich euch zu geben! Aber lasst mich schnell davon, dass ich euch nichts nehme!« – Und so trennten sie sich voneinander, der Greis und der Mann, lachend, gleichwie zwei Knaben lachen.

Als Zarathustra aber allein war, sprach er also zu seinem Herzen: »Sollte es denn möglich sein! Dieser alte Heilige hat in seinem Walde noch nichts davon gehört, dass *Gott tot* ist!« –

3

Als Zarathustra in die nächste Stadt kam, die an den Wäldern liegt, fand er daselbst viel Volk versammelt auf dem Markte: Denn es war verheißen worden, das man einen Seiltänzer sehen solle. Und Zarathustra sprach also zum Volke:

Ich lehre euch den Übermenschen. Der Mensch ist etwas, das überwunden werden soll. Was habt ihr getan, ihn zu überwinden?

Was ist der Affe für den Menschen? Ein Gelächter oder eine schmerzliche Scham. Und ebendas soll der Mensch für den Übermenschen sein: ein Gelächter oder eine schmerzliche Scham.

Ihr habt den Weg vom Wurme zum Menschen gemacht, und vieles ist in euch noch Wurm. Einst wart ihr Affen, und auch jetzt ist der Mensch mehr Affe, als irgendein Affe.

Wer aber der Weiseste von euch ist, der ist auch nur ein Zwiespalt und Zwitter von Pflanze und von Gespenst. Aber heiße ich euch zu Gespenstern oder Pflanzen werden?

Seht, ich lehre euch den Übermenschen!

Der Übermensch ist der Sinn der Erde. Euer Wille sage: Der Übermensch *sei* der Sinn der Erde!

Ich beschwöre euch, meine Brüder, *bleibt der Erde treu* und glaubt denen nicht, welche euch von überirdischen Hoffnungen reden! Giftmischer sind es, ob sie es wissen oder nicht.

Verächter des Lebens sind es, Absterbende und selber Vergiftete, deren die Erde müde ist: So mögen sie dahinfahren!

Einst war der Frevel an Gott der größte Frevel, aber Gott starb, und damit auch diese Frevelhaften. An der Erde zu freveln ist jetzt das Furchtbarste und die Eingeweide des Unerforschlichen höher zu achten, als der Sinn der Erde!

Einst blickte die Seele verächtlich auf den Leib: Und damals war diese Verachtung das Höchste: – Sie wollte ihn mager, grässlich, verhungert. So dachte sie ihm und der Erde zu entschlüpfen.

Oh diese Seele war selbst noch mager, grässlich und verhungert: Und Grausamkeit war die Wollust dieser Seele!

Aber auch ihr noch, meine Brüder, sprecht mir: Was kündet euer Leib von eurer Seele? Ist eure Seele nicht Armut und Schmutz und ein erbärmliches Behagen?

Wahrlich, ein schmutziger Strom ist der Mensch. Man muss schon ein Meer sein, um einen schmutzigen Strom aufnehmen zu können, ohne unrein zu werden.

Seht, ich lehre euch den Übermenschen: Der ist dies Meer, in ihm kann eure große Verachtung untergehn.

Was ist das Größte, das ihr erleben könnt? Das ist die Stunde der großen Verachtung. Die Stunde, in der euch auch euer Glück zum Ekel wird und ebenso eure Vernunft und eure Tugend.

Die Stunde, wo ihr sagt: »Was liegt an meinem Glücke! Es ist Armut und Schmutz, und ein erbärmliches Behagen. Aber mein Glück sollte das Dasein selber rechtfertigen!«

Die Stunde, wo ihr sagt: »Was liegt an meiner Vernunft! Begehrt sie nach Wissen wie der Löwe nach seiner Nahrung? Sie ist Armut und Schmutz und ein erbärmliches Behagen!«

Die Stunde, wo ihr sagt: »Was liegt an meiner Tugend! Noch hat sie mich nicht rasen gemacht. Wie müde bin ich meines Guten und meines Bösen! Alles das ist Armut und Schmutz und ein erbärmliches Behagen!«

Die Stunde, wo ihr sagt: »Was liegt an meiner Gerechtigkeit! Ich sehe nicht, dass ich Glut und Kohle wäre. Aber der Gerecht ist Glut und Kohle!«

Die Stunde, wo ihr sagt: »Was liegt an meinem Mitleiden! Ist nicht Mitleid das Kreuz, an das der genagelt wird, der die Menschen liebt? Aber mein Mitleiden ist keine Kreuzigung.«

Spracht ihr schon so? Schriet ihr schon so? Ach, dass ich euch schon so schreien gehört hatte!

Nicht eure Sünde – eure Genügsamkeit schreit gen Himmel, euer Geiz selbst in eurer Sünde schreit gen Himmel!

Wo ist doch der Blitz, der euch mit seiner Zunge lecke? Wo ist der Wahnsinn, mit dem ihr geimpft werden müsstet?

Seht, ich lehre euch den Übermenschen: Der ist dieser Blitz, der ist dieser Wahnsinn! –

Als Zarathustra so gesprochen hatte, schrie einer aus dem Volke: »Wir hörten nun genug von dem Seiltänzer; nun lasst uns ihn auch sehen!« Und alles Volk lachte über Zarathustra. Der Seiltänzer aber, welcher glaubte, dass das Wort ihm gälte, machte sich an sein Werk.

4

Zarathustra aber sah das Volk an und wunderte sich. Dann sprach er also:

Der Mensch ist ein Seil, geknüpft zwischen Tier und Übermensch, – ein Seil über einem Abgrunde.

Ein gefährliches Hinüber, ein gefährliches Auf-dem-Wege, ein gefährliches Zurückblicken, ein gefährliches Schaudern und Stehenbleiben.

Was groß ist am Menschen, das ist, dass er eine Brücke und kein Zweck ist: Was geliebt werden kann am Menschen, das ist, dass er ein *Übergang* und ein *Untergang* ist.

Ich liebe die, welche nicht zu leben wissen, es sei denn als Untergehende, denn es sind die Hinübergehenden.

Ich liebe die großen Verachtenden, weil sie die großen Verehrenden sind und Pfeile der Sehnsucht nach dem andern Ufer.

Ich liebe die, welche nicht erst hinter den Sternen einen Grund suchen, unterzugehen und Opfer zu sein: Sondern die sich der Erde opfern, dass die Erde einst der Übermenschen werde.

Ich liebe den, welcher lebt, damit er erkenne, und welcher erkennen will, damit einst der Übermensch lebe. Und so will er seinen Untergang.

Ich liebe den, welcher arbeitet und erfindet, dass er dem Übermenschen das Haus baue und zu ihm Erde, Tier und Pflanze vorbereite: denn so will er seinen Untergang.

Ich liebe den, welcher seine Tugend liebt: Denn Tugend ist Wille zum Untergang und ein Pfeil der Sehnsucht.

Ich liebe den, welcher nicht einen Tropfen Geist für sich zurückbehält, sondern ganz der Geist seiner Tugend sein will: So schreitet er als Geist über die Brücke.

Ich liebe den, welcher aus seiner Tugend seinen Hang und sein Verhängnis macht: So will er um seiner Tugend willen noch leben und nicht mehr leben.

Ich liebe den, welcher nicht zu viele Tugenden haben will. Eine Tugend ist mehr Tugend, als zwei, weil sie mehr Knoten ist, an den sich das Verhängnis hängt.

Ich liebe den, dessen Seele sich verschwendet, der nicht Dank haben will und nicht zurückgibt: Denn er schenkt immer und will sich nicht bewahren.

Ich liebe den, welcher sich schämt, wenn der Würfel zu seinem Glücke fällt und der dann fragt: Bin ich denn ein falscher Spieler? – denn er will zu Grunde gehen.

Ich liebe den, welcher goldne Worte seinen Taten voraus wirft und immer noch mehr hält, als er verspricht: Denn er will seinen Untergang.

Ich liebe den, welcher die Zukünftigen rechtfertigt und die Vergangenen erlöst: Denn er will an den Gegenwärtigen zu Grunde gehen.

Ich liebe den, welcher seinen Gott züchtigt, weil er seinen Gott liebt: Denn er muss am Zorne seines Gottes zu Grunde gehen.

Ich liebe den, dessen Seele tief ist auch in der Verwundung, und der an einem kleinen Erlebnisse zu Grunde gehen kann: So geht er gerne über die Brücke.

Ich liebe Den, dessen Seele übervoll ist, so dass er sich selber vergisst, und alle Dinge in ihm sind: So werden alle Dinge sein Untergang.

Ich liebe den, der freien Geistes und freien Herzes ist: So ist sein Kopf nur das Eingeweide seines Herzens, sein Herz aber treibt ihn zum Untergang.

Ich liebe alle die, welche schwere Tropfen sind, einzeln fallend aus der dunklen Wolke, die über den Menschen hängt: Sie verkündigen, dass der Blitz kommt, und gehn als Verkündiger zu Grunde.

Seht, ich bin ein Verkündiger des Blitzes und ein schwerer Tropfen aus der Wolke: Dieser Blitz aber heißt Übermensch. –

5

Als Zarathustra diese Worte gesprochen hatte, sah er wieder das Volk an und schwieg. »Da stehen sie«, sprach er zu seinem Herzen, »da lachen sie: Sie verstehen mich nicht, ich bin nicht der Mund für diese Ohren.

Muss man ihnen erst die Ohren zerschlagen, dass sie lernen, mit den Augen hören. Muss man rasseln gleich Pauken und Bußpredigern? Oder glauben sie nur dem Stammelnden?

Sie haben etwas, worauf sie stolz sind. Wie nennen sie es doch, was sie stolz macht? Bildung nennen sie's, es zeichnet sie aus vor den Ziegenhirten.

Drum hören sie ungern von sich das Wort »Verachtung«. So will ich denn zu ihrem Stolze reden.

So will ich ihnen vom Verächtlichsten sprechen: Das aber ist *der letzte Mensch.*«

Und also sprach Zarathustra zum Volke:

Es ist an der Zeit, dass der Mensch sich sein Ziel stecke. Es ist an der Zeit, dass der Mensch den Keim seiner höchsten Hoffnung pflanze.

Noch ist sein Boden dazu reich genug. Aber dieser Boden wird einst arm und zahm sein, und kein hoher Baum wird mehr aus ihm wachsen können.

Wehe! Es kommt die Zeit, wo der Mensch nicht mehr den Pfeil seiner Sehnsucht über den Menschen hinaus wirft, und die Sehne seines Bogens verlernt hat, zu schwirren!

Ich sage euch: Man muss noch Chaos in sich haben, um einen tanzenden Stern gebären zu können. Ich sage euch: ihr habt noch Chaos in euch.

Wehe! Es kommt die Zeit, wo der Mensch keinen Stern mehr gebären wird. Wehe! Es kommt die Welt des verächtlichsten Menschen, der sich selber nicht mehr verachten kann.

Seht! Ich zeige euch *den letzten Menschen*.

»Was ist Liebe? Was ist Schöpfung? Was ist Sehnsucht? Was ist Stern« – so fragt der letzte Mensch und blinzelt.

Die Erde ist dann klein geworden, und auf ihr hüpft der letzte Mensch, der alles klein macht. Sein Geschlecht ist unaustilgbar, wie der Erdfloh; der letzte Mensch lebt am längsten.

»Wir haben das Glück erfunden« – sagen die letzten Menschen und blinzeln.

Sie haben den Gegenden verlassen, wo es hart war zu leben: Denn man braucht Wärme. Man liebt noch den Nachbar und reibt sich an ihm: Denn man braucht Wärme.

Krankwerden und Misstrauen-Haben gilt ihnen sündhaft: Man geht achtsam einher. Ein Tor, der noch über Steine oder Menschen stolpert!

Ein wenig Gift ab und zu: das macht angenehme Träume. Und viel Gift zuletzt, zu einem angenehmen Sterben.

Man arbeitet noch, denn Arbeit ist eine Unterhaltung. Aber man sorgt dass die Unterhaltung nicht angreife.

Man wird nicht mehr arm und reich: beides ist zu beschwerlich. Wer will noch regieren? Wer noch gehorchen? Beides ist zu beschwerlich.

Kein Hirt und Eine Herde! Jeder will das Gleiche, jeder ist gleich: Wer anders fühlt, geht freiwillig in's Irrenhaus.

»Ehemals war alle Welt irre« – sagen die Feinsten und blinzeln.

Man ist klug und weiß alles, was geschehn ist: So hat man kein Ende zu spotten. Man zankt sich noch, aber man versöhnt sich bald – sonst verdirbt es den Magen.

Man hat sein Lüstchen für den Tag und sein Lüstchen für die Nacht: Aber man ehrt die Gesundheit.

»Wir haben das Glück erfunden« – sagen die letzten Menschen und blinzeln –

Und hier endete die erste Rede Zarathustras, welche man auch »die Vorrede« heißt: Denn an dieser Stelle unterbrach ihn das Geschrei und die Lust der Menge. »Gib uns diesen letzten Menschen, oh Zarathustra, – so riefen sie – mache uns zu diesen letzten Menschen! So schenken wir dir den Übermenschen!« Und alles Volk jubelte und schnalzte mit der Zunge. Zarathustra aber wurde traurig und sagte zu seinem Herzen:

Sie verstehen mich nicht: Ich bin nicht den Mund für diese Ohren.

Zu lange wohl lebte ich im Gebirge, zu viel horchte ich auf Bäche und Bäume: Nun rede ich ihnen gleich den Ziegenhirten.

Unbewegt ist meine Seele und hell wie das Gebirge am Vormittag. Aber sie meinen, ich sei kalt und ein Spötter in furchtbaren Späßen.

Und nun blicken sie mich an und lachen: Und indem sie lachen, hassen sie mich noch. Es ist Eis in ihrem Lachen.

6

Da aber geschah etwas, das jeden Mund stumm und jedes Auge starr machte. Inzwischen nämlich hatte der Seiltänzer sein Werk begonnen: Er war aus einer kleiner Thür hinausgetreten und ging über das Seil, welches zwischen zwei Türmen gespannt war, also, dass es über dem Markte und dem Volke hing. Als er eben in der Mitte seines Weges war, öffnete sich die kleine Tür noch einmal, und ein bunter Gesell, einem Possenreißer gleich, sprang heraus und ging mit schnellen Schritten dem Ersten nach. »Vorwärts, Lahmfuß, rief seine fürchterliche Stimme, vorwärts Faultier, Schleichhändler, Bleichgesicht! Dass ich dich nicht mit meiner Ferse kitzle! Was treibst du hier zwischen Türmen? In den Turm gehörst du, einsperren sollte man dich, einem Bessern, als du bist, sperrst du die freie Bahn!« – Und mit jedem Worte kam er ihm näher und näher: Als er aber nur noch einen Schritt hinter ihm war, da geschah das Erschreckliche, das jeden Mund stumm und jedes Auge starr machte: – Er stieß ein Geschrei aus wie ein Teufel und sprang über den hinweg, der ihm im Wege war. Dieser aber, als er so seinen Nebenbuhler siegen sah, verlor dabei den Kopf und das Seil; er warf seine Stange weg und schoss schneller als diese, wie ein Wirbel von Armen und Beinen, in die Tiefe. Der Markt und das Volk glich dem Meere, wenn der Sturm hineinfährt: Alles floh aus einander und übereinander, und am meisten dort, wo der Körper niederschlagen musste.

Zarathustra aber blieb stehen, und gerade neben ihn fiel der Körper hin, übel zugerichtet und zerbrochen, aber noch nicht tot. Nach einer Weile kam dem Zerschmetterten das Bewusstsein zurück, und er sah Zarathustra neben sich knien. »Was machst du da? sagte er endlich, ich wusste es lange, dass mir der Teufel ein Bein stellen werde. Nun schleppt er mich zur Hölle: Willst du's ihm wehren?«

»Bei meiner Ehre, Freund, antwortete Zarathustra, das gibt es alles nicht, wovon du sprichst: Es gibt keinen Teufel und keine Hölle. Deine Seele wird noch schneller tot sein als dein Leib: Fürchte nun nichts mehr!«

Der Mann blickte misstrauisch auf. »Wenn du die Wahrheit sprichst, sagte er dann, so verliere ich nichts, wenn ich das Leben verliere. Ich bin nicht viel mehr als ein Tier, das man tanzen gelehrt hat, durch Schläge und schmale Bissen.«

»Nicht doch, sprach Zarathustra; du hast aus der Gefahr deinen Beruf gemacht, daran ist nichts zu verachten. Nun gehst du an deinem Beruf zu Grunde: Dafür will ich dich mit meinen Händen begraben.«

Als Zarathustra dies gesagt hatte, antwortete der Sterbende nicht mehr; aber er bewegte die Hand, wie als ob er die Hand Zarathustras zum Danke suche. –

7

Inzwischen kam der Abend, und der Markt barg sich in Dunkelheit: Da verlief sich das Volk, denn selbst Neugierde und Schrecken werde müde. Zarathustra aber saß neben dem Toten auf der Erde und war in Gedanken versunken: So vergaß er die Zeit. Endlich aber wurde es Nacht, und ein kalter Wind blies über den Einsamen. Da erhob sich Zarathustra und sagte zu seinem Herzen:

Wahrlich, einen schönen Fischfang tat heute Zarathustra! Keinen Menschen fing er, wohl aber einen Leichnam.

Unheimlich ist das menschliche Dasein und immer noch ohne Sinn: Ein Possenreißer kann ihm zum Verhängnis werden.

Ich will die Menschen den Sinn ihres Seins lehren: Welcher ist der Übermensch, der Blitz aus der dunklen Wolke Mensch.

Aber noch bin ich ihnen ferne, und mein Sinn redet nicht zu ihren Sinnen. Eine Mitte bin ich noch den Menschen zwischen einem Narren und einem Leichnam.

Dunkel ist die Nacht, dunkel sind die Wege Zarathustras. Komm, du kalter und steifer Gefährte! Ich trage dich dorthin, wo ich dich mit meinen Händen begrabe.

8

Als Zarathustra dies zu seinem Herzen gesagt hatte, lud er den Leichnam auf seinem Rücken und machte sich auf den Weg. Und noch nicht war er hundert Schritte gegangen, da schlich ein Mensch an ihn heran und flüsterte ihm in's Ohr – und siehe! Der, welcher redete, war der Possenreißer vom Turme. »Geh weg von dieser Stadt, oh Zarathustra, sprach er; es hassen dich hier zu viele. Es hassen dich die Guten und Gerechten und sie nennen dich ihren Feind und Verächter; es hassen dich die Gläubigen des rechten Glaubens, und sie nennen dich die Gefahr der Menge. Dein Glück war es, dass man über dich lachte: Und wahrlich, du redetest gleich einem Possenreißer. Dein Glück war es, dass du dich dem toten Hunde geselltest; als du dich so erniedrigtest, hast du dich selber für heute errettet. Geh aber fort aus dieser Stadt – oder morgen springe ich über dich hinweg, ein Lebendiger über einen Toten.« Und als er dies gesagt hatte, verschwand der Mensch; Zarathustra aber ging weiter durch die dunklen Gassen.

Am Tore der Stadt begegneten ihm die Todtengräber: Sie leuchteten ihm mit der Fackel in's Gesicht, erkannten Zarathustra und spotteten sehr über ihn. »Zarathustra trägt den toten Hund davon: brav, dass Zarathustra zum Todtengräber wurde! Denn unsere Hände sind zu reinlich für diesen Braten. Will Zarathustra wohl dem Teufel seinen Bissen stehlen? Nun wohlan! Und gut Glück zur Mahlzeit! Wenn nur nicht der Teufel ein besserer Dieb ist, als Zarathustra! – er stiehlt sie beide, er frisst sie beide!« Und sie lachten miteinander und steckten die Köpfe zusammen.

Zarathustra sagte dazu kein Wort und ging seines Weges. Als er zwei Stunden gegangen war, an Wäldern und Sümpfen vorbei, da hatte er zu viel das hungrige Geheul der Wölfe gehört, und ihm selber kam der Hunger. So blieb er an einem einsamen Hause stehn, in dem ein Licht brannte.

Der Hunger überfällt mich, sagte Zarathustra, wie ein Räuber. In Wäldern und Sümpfen überfällt mich mein Hunger und in tiefer Nacht.

Wunderliche Launen hat mein Hunger. Oft kommt er mir erst nach der Mahlzeit, und heute kam er den ganzen Tag nicht: Wo weilte er doch?

Und damit schlug Zarathustra an das Tor des Hauses. Ein alter Mann erschien; er trug das Licht und fragte: »Wer kommt zu mir und zu meinem schlimmen Schlafe?«

»Ein Lebendiger und ein Toter, sagte Zarathustra. Gebt mir zu essen und zu trinken, ich vergaß es am Tage. Der, welcher den Hungrigen speiset, erquickt seine eigene Seele: So spricht die Weisheit.«

Der Alte ging fort, kam aber gleich zurück und bot Zarathustra Brot und Wein. »Eine böse Gegend ist's für Hungernde, sagte er; darum wohne ich hier. Tier und Mensch kommen zu mir, dem Einsiedler. Aber heiße auch deinen Gefährten essen und trinken, er ist müder als du.« Zarathustra antwortete: »Tot ist mein Gefährte, ich werde ihn schwerlich dazu überreden.« »Das geht mich nichts an, sagte der Alte mürrisch; wer an meinem Hause anklopft, muss auch nehmen, was ich ihm biete. Esst und gehabt euch wohl!« –

Darauf ging Zarathustra wieder zwei Stunden und vertraute dem Wege und dem Lichte der Sterne: Denn er war ein gewohnter Nachtgänger und liebte es, allem Schlafenden in's Gesicht zu sehn. Als aber der Morgen graute, fand sich Zarathustra in einem tiefen Walde, und kein Weg zeigte sich ihm mehr. Da legte er den Toten in einen hohlen Baum sich zu Häupten – denn er wollte ihn vor den Wölfen schützen – und sich selber auf den Boden und das Moos. Und alsbald schlief er ein, müden Leibes, aber mit einer unbewegten Seele.

9

Lange schlief Zarathustra, und nicht nur die Morgenröte ging über sein Antlitz, sondern auch der Vormittag. Endlich aber tat sein Auge sich auf: Verwundert sah Zarathustra in den Wald und die Stille, verwundert sah er in sich hinein. Dann erhob er sich schnell, wie ein Seefahrer, der mit einem Male Land sieht, und jauchzte: Denn er sah eine neue Wahrheit. Und also redete er dann zu seinem Herzen:

Ein Licht ging mir auf: Gefährten brauche ich und lebendige, – nicht tote Gefährten und Leichname, die ich mit mir trage, wohin ich will.

Sondern lebendige Gefährten brauche ich, die mir folgen, weil sie sich selber folgen wollen – und dorthin, wo ich will.

Ein Licht ging mir auf: Nicht zum Volke rede Zarathustra, sondern zu Gefährten! Nicht soll Zarathustra einer Herde Hirt und Hund werden!

Viele wegzulocken von der Herde – dazu kam ich. Zürnen soll mir Volk und Herde: Räuber will Zarathustra den Hirten heißen.

Hirten sage ich, aber sie nennen sich die Guten und Gerechten. Hirten sage ich: Aber sie nennen sich die Gläubigen des rechten Glaubens.

Siehe die Guten und Gerechten! Wen hassen sie am meisten? Den, der zerbricht ihre Tafeln der Werte, den Brecher, den Verbrecher: – Das aber ist der Schaffende.

Siehe die Gläubigen aller Glauben! Wen hassen sie am meisten? Den, der zerbricht ihre Tafeln der Werte, den Brecher, den Verbrecher: – Das aber ist der Schaffende.

Gefährten sucht der Schaffende und nicht Leichname, und auch nicht Herden und Gläubige. Die Mitschaffenden sucht der Schaffende, die, welche neue Werte auf neue Tafeln schreiben.

Gefährten sucht der Schaffende, und Miterntende: Denn alles steht bei ihm reif zur Ernte. Aber ihm fehlen die hundert Sicheln: So rauft er Ähren aus und ist ärgerlich.

Gefährten sucht der Schaffende, und solche, die ihre Sicheln zu wetzen wissen. Vernichter wird man sie heißen und Verächter des Guten und Bösen. Aber die Erntenden sind es und die Feiernden.

Mitschaffende sucht Zarathustra, Miterntende und Mitfeiernde sucht Zarathustra: Was hat er mit Herden und Hirten und Leichnamen zu schaffen!

Und du, mein erster Gefährte, gehab dich wohl! Gut begrub ich dich in deinem hohlen Baume, gut barg ich dich vor den Wölfen.

Aber ich scheide von dir, die Zeit ist um. Zwischen Morgenröte und Morgenröte kam mir eine neue Wahrheit.

Nicht Hirt soll ich sein, nicht Totengräber. Nicht reden einmal will ich wieder mit dem Volke; zum letzten Male sprach ich zu einem Toten.

Den Schaffenden, den Erntenden, den Feiernden will ich mich zugesellen: Den Regenbogen will ich ihnen zeigen und alle die Treppen des Übermenschen.

Den Einsiedlern werde ich mein Lied singen und den Zweisiedlern; und wer noch Ohren hat für Unerhörtes, dem will ich sein Herz schwer machen mit meinem Glücke.

Zu meinem Ziele will ich, ich gehe meinen Gang; über die Zögernden und Saumseligen werde ich hinwegspringen. Also sei mein Gang ihr Untergang!

Dies hatte Zarathustra zu seinem Herzen gesprochen, als die Sonne im Mittag stand: Da blickte er fragend in die Höhe – denn er hörte über sich den scharfen Ruf eines Vogels. Und siehe! Ein Adler zog in weiten Kreisen durch die Luft, und an ihm hing eine Schlange, nicht einer Beute gleich, sondern einer Freundin: Denn sie hielt sich um seinen Hals geringelt.

»Es sind meine Tiere!« sagte Zarathustra und freute sich von Herzen.

Das stolzeste Tier unter der Sonne und das klügste Tier unter der Sonne – sie sind ausgezogen auf Kundschaft.

Erkunden wollen sie, ob Zarathustra noch lebe. Wahrlich, lebe ich noch?

Gefährlicher fand ich's unter Menschen als unter Tieren, gefährlicher Wege geht Zarathustra. Mögen mich meine Tiere führen!«

Als Zarathustra dies gesagt hatte, gedachte er der Worte des Heiligen im Walde, seufzte und sprach also zu seinem Herzen:

Möchte ich klüger sein! Möchte ich klug von Grund aus sein, gleich meiner Schlange!

Aber Unmögliches bitte ich da: So bitte ich denn meinen Stolz, dass er immer mit meiner Klugheit gehe!

Und wenn mich einst meine Klugheit verlässt: – Ach, sie liebt es, davonzufliegen! – möge mein Stolz dann noch mit meiner Torheit fliegen!

– Also begann Zarathustras Untergang.

Die Reden Zarathustras

Von den drei Verwandlungen

Drei Verwandlungen nenne ich euch des Geistes: Wie der Geist zum Kamele wird, und zum Löwen das Kamel, und zum Kinde zuletzt der Löwe.

Vieles Schwere gibt es dem Geiste, dem starken, tragsamen Geiste, dem Ehrfurcht innewohnt: Nach dem Schweren und Schwersten verlangt seine Stärke.

Was ist schwer? So fragt der tragsame Geist, so kniet er nieder, dem Kamele gleich, und will gut beladen sein.

Was ist das Schwerste, ihr Helden? So fragt der tragsame Geist, dass ich es auf mich nehme und meiner Stärke froh werde.

Ist es nicht das: Sich erniedrigen, um seinem Hochmut wehe zu tun? Seine Torheit leuchten lassen, um seiner Weisheit zu spotten?

Oder ist es das: Von unserer Sache scheiden, wenn sie ihren Sieg feiert? Auf hohe Berge steigen, um den Versucher zu versuchen?

Oder ist es das: Sich von Eicheln und Gras der Erkenntnis nähren und um der Wahrheit willen an der Seele Hunger leiden?

Oder ist es das: Krank sein und die Tröster heimschicken und mit Tauben Freundschaft schließen, die niemals hören, was du willst?

Oder ist es das: In schmutziges Wasser steigen, wenn es das Wasser der Wahrheit ist, und kalte Frösche und heiße Kröten nicht von sich weisen?

Oder ist es das: Die lieben, die uns verachten, und dem Gespenste die Hand reichen, wenn es uns fürchten machen will?

Alles dies Schwerste nimmt der tragsame Geist auf sich: Dem Kamele gleich, das beladen in die Wüste eilt, also eilt er in seine Wüste.

Aber in der einsamsten Wüste geschieht die zweite Verwandlung: Zum Löwen wird hier der Geist, Freiheit will er sich erbeuten und Herr sein in seiner eignen Wüste.

Seinen letzten Herrn sucht er sich hier: Feind will er ihm werden und seinem letzten Gotte, um Sieg will er mit dem großen Drachen ringen.

Welches ist der große Drache, den der Geist nicht mehr Herr und Gott heißen mag? »Du-sollst« heißt der große Drache. Aber der Geist des Löwen sagt »Ich will«.

»Du-sollst« liegt ihm am Wege, goldfunkelnd, ein Schuppentier, und auf jeder Schuppe glänzt golden »Du-sollst!«

Tausendjährige Werte glänzen an diesen Schuppen, und also spricht der mächtigste aller Drachen »aller Wert der Dinge – der glänzt an mir.«

»Aller Wert ward schon geschaffen, und aller geschaffene Wert – das bin ich. Wahrlich, es soll kein »Ich will« mehr geben!« Also spricht der Drache:

Meine Brüder, wozu bedarf es des Löwen im Geiste? Was genügt nicht das lastbare Tier, das entsagt und ehrfürchtig ist?

Neue Werte schaffen – das vermag auch der Löwe noch nicht: Aber Freiheit sich schaffen zu neuem Schaffen – das vermag die Macht des Löwen.

Freiheit sich schaffen und ein heiliges Nein auch vor der Pflicht: Dazu, meine Brüder bedarf es des Löwen.

Recht sich nehmen zu neuen Werten – das ist das furchtbarste Nehmen für einen tragsamen und ehrfürchtigen Geist. Wahrlich, ein Rauben ist es ihm und eines raubenden Tieres Sache.

Als sein Heiligstes liebte er einst das »Du-sollst«: Nun muss er Wahn und Willkür auch noch im Heiligsten finden, dass er sich Freiheit raube von seiner Liebe: Des Löwen bedarf es zu diesem Raube.

Aber sagt, meine Brüder, was vermag noch das Kind, das auch der Löwe nicht vermochte? Was muss der raubende Löwe auch noch zum Kinde werden?

Unschuld ist das Kind und Vergessen, ein Neubeginnen, ein Spiel, ein aus sich rollendes Rad, eine erste Bewegung, ein heiliges Ja-Sagen.

Ja, zum Spiele des Schaffens, meine Brüder, bedarf es eines heiligen Ja-Sagens: *seinen* Willen will nun der Geist, *seine* Welt gewinnt sich der Weltverlorene.

Drei Verwandlungen nannte ich euch des Geistes: wie der Geist zum Kamele ward, und zum Löwen das Kamel, und der Löwe zuletzt zum Kinde. --

Also sprach Zarathustra. Und damals weilte er in der Stadt, welche genannt wird: Die bunte Kuh.

Von den Verächtern des Leibes

Den Verächtern des Leibes will ich mein Wort sagen. Nicht umlernen und umlehren sollen sie mir, sondern nur ihrem eignen Leibe Lebewohl sagen – und also stumm werden.

»Leib bin ich und Seele« – so redet das Kind. Und warum sollte man nicht wie die Kinder reden?

Aber der Erwachte, der Wissende sagt: Leib bin ich ganz und gar, und nichts außerdem; und Seele ist nur ein Wort für ein etwas am Leibe.

Der Leib ist eine große Vernunft, eine Vielheit mit einem Sinne, ein Krieg und ein Frieden, eine Herde und ein Hirt.

Werkzeug deines Leibes ist auch deine kleine Vernunft, mein Bruder, die du »Geist« nennst, ein kleines Werk- und Spielzeug deiner großen Vernunft.

»Ich« sagst du und bist stolz auf dies Wort. Aber das Größere ist, woran du nicht glauben willst, – dein Leib und seine große Vernunft: Die sagt nicht Ich, aber tut Ich.

Was der Sinn fühlt, was der Geist erkennt, das hat niemals in sich sein Ende. Aber Sinn und Geist möchten dich überreden, sie seien aller Dinge Ende: So eitel sind sie.

Werk- und Spielzeuge sind Sinn und Geist: Hinter ihnen liegt noch das Selbst. Das Selbst sucht auch mit den Augen der Sinne, es horcht auch mit den Ohren des Geistes.

Immer horcht das Selbst und sucht: es vergleicht, bezwingt, erobert, zerstört. Es herrscht und ist auch des Ich's Beherrscher.

Hinter deinen Gedanken und Gefühlen, mein Bruder, steht ein mächtiger Gebieter, ein unbekannter Weiser – der heißt Selbst. In deinem Leibe wohnt er, dein Leib ist er.

Es ist mehr Vernunft in deinem Leibe, als in deiner besten Weisheit. Und wer weiß denn, wozu dein Leib gerade deine beste Weisheit nötig hat?

Dein Selbst lacht über dein Ich und seine stolzen Sprünge. »Was sind mir diese Sprünge und Flüge des Gedankens ?«, sagt es sich. »Ein Umweg zu meinem Zwecke. Ich bin das Gängelband des Ich's und der Einbläser seiner Begriffe.«

Das Selbst sagt zum Ich: »Hier fühle Schmerz!« Und da leidet es und denkt nach, wie es nicht mehr leide – und dazu eben *soll* es denken.

Das Selbst sagt zum Ich: »Hier fühle Lust!« Da freut es sich und denkt nach, wie es noch oft sich freue – und dazu eben *soll* es denken.

Den Verächtern des Leibes will ich ein Wort sagen. Dass sie verachten, das macht ihr Achten. Was ist es, das Achten und Verachten und Wert und Willen schuf?

Das schaffende Selbst schuf sich Achten und Verachten, es schuf sich Lust und Weh. Der schaffende Leib schuf sich den Geist als eine Hand seines Willens.

Noch in eurer Torheit und Verachtung, ihr Verächter des Leibes, dient ihr eurem Selbst. Ich sage euch: Euer Selbst selber will sterben und kehrt sich vom Leben ab.

Nicht mehr vermag es das, was es am liebsten will: – Über sich hinaus zu schaffen. Das will es am liebsten, das ist seine ganze Inbrunst.

Aber zu spät ward es ihm jetzt dafür: – So will euer Selbst untergehn, ihr Verächter des Leibes.

Untergehn will euer Selbst, und darum wurdet ihr zu Verächtern des Leibes! Denn nicht mehr vermögt ihr über euch hinaus zu schaffen.

Und darum zürnt ihr nun dem Leben und der Erde. Ein ungewusster Neid ist im scheelen Blick eurer Verachtung.

Ich gehe nicht euren Weg, ihr Verächter des Leibes! Ihr seid mir keine Brücken zum Übermenschen! –

Also sprach Zarathustra …

Ecce Homo

Wie man wird, was man ist

Der *Ecce Homo* ist Nietzsches literarische Autobiographie. Wir haben hier vor allem Stellen ausgewählt, die weniger das Zustandekommen seines Werkes, als die Person Nietzsche beleuchten sollen, selbst wenn diese Trennung bei einem vornehmlich schreibenden Intellektuellen natürlich arg künstlich ist.

Vorwort

1. In Voraussicht, dass ich über Kurzem mit der schwersten Forderung an die Menschheit herantreten muss, die je an sie gestellt wurde, scheint es mir unerlässlich, zu sagen, wer ich bin. Im Grunde dürfte man's wissen: Denn ich habe mich nicht »unbezeugt gelassen«. Das Missverhältnis aber zwischen der Größe meiner Aufgabe und der Kleinheit meiner Zeitgenossen ist darin zum Ausdruck gekommen, dass man mich weder gehört, noch auch nur gesehen hat. Ich lebe auf meinen eignen Kredit hin, es ist vielleicht bloß ein Vorurteil, dass ich lebe? … Ich brauche nur irgendeinen »Gebildeten« zu sprechen, der im Sommer ins Oberengadin kommt, um mich zu überzeugen, dass ich nicht lebe … Unter diesen Umständen gibt es eine Pflicht, gegen die im Grunde meine Gewohnheit, noch mehr der Stolz meiner Instinkte revoltiert, nämlich zu sagen: Hört mich! Denn ich bin der und der. Verwechselt mich vor allem nicht!

3. Wer die Luft meiner Schriften zu atmen weiß, weiß, dass es eine Luft der Höhe ist, eine starke Luft. Man muss für sie geschaffen sein, sonst ist die Gefahr keine kleine, sich in ihr zu erkälten. Das Eis ist nahe, die Einsamkeit ist ungeheuer –

aber wie ruhig alle Dinge im Lichte liegen! Wie frei man atmet! Wie viel man unter sich fühlt! – Philosophie, wie ich sie bisher verstanden und gelebt habe, ist das freiwillige Leben in Eis und Hochgebirge – das Aufsuchen alles Fremden und Fragwürdigen im Dasein, alles dessen, was durch die Moral bisher in Bann getan war. Aus einer langen Erfahrung, welche eine solche Wanderung im Verbotenen gab, lernte ich die Ursachen, aus denen bisher moralisiert und idealisiert wurde, sehr anders ansehen als es erwünscht sein mag: Die verborgene Geschichte der Philosophen, die Psychologie ihrer großen Namen kam für mich an's Licht. – Wie viel Wahrheit erträgt, wie viel Wahrheit wagt ein Geist? Das wurde für mich immer mehr der eigentliche Wertmesser. Irrtum (- der Glaube an's Ideal –) ist nicht Blindheit, Irrtum ist Feigheit … Jede Errungenschaft, jeder Schritt vorwärts in der Erkenntnis folgt aus dem Mut, aus der Härte gegen sich, aus der Sauberkeit gegen sich … Ich widerlege die Ideale nicht, ich ziehe bloß Handschuhe vor ihnen an … Nitimur in vetitum: In diesem Zeichen siegt einmal meine Philosophie, denn man verbot bisher grundsätzlich immer nur die Wahrheit. –

4. Innerhalb meiner Schriften steht für sich mein Zarathustra. Ich habe mit ihm der Menschheit das größte Geschenk gemacht, das ihr bisher gemacht worden ist. Dies Buch, mit einer Stimme über Jahrtausende hinweg, ist nicht nur das höchste Buch, das es gibt, das eigentliche Höhenluft-Buch – die ganze Tatsache Mensch liegt in ungeheurer Ferne unter ihm –, es ist auch das tiefste, das aus dem innersten Reichtum der Wahrheit heraus geborene, ein unerschöpflicher Brunnen, in den kein Eimer hinabsteigt, ohne mit Gold und Güte gefüllt heraufzukommen. Hier redet kein »Prophet«, keiner jener schauerlichen Zwitter von Krankheit und Willen zur Macht, die man Religionsstifter nennt. Man muss vor allem den Ton, der aus diesem Munde kommt, diesen halkyonischen Ton richtig hören, um dem Sinn seiner Weisheit nicht erbarmungswürdig Unrecht zu tun. »Die stillsten Worte sind es, welche den Sturm bringen, Gedanken, die mit Taubenfüssen kommen, lenken die Welt«

Die Feigen fallen von den Bäumen, sie sind gut und süß: Und indem sie fallen, reißt ihnen die rote Haut. Ein Nordwind bin ich reifen Feigen.

Also, gleich Feigen, fallen euch diese Lehren zu, meine Freunde: Nun trinkt ihren Saft und ihr süßes Fleisch! Herbst ist es umher und reiner Himmel und Nachmittag –

Hier redet kein Fanatiker, hier wird nicht »gepredigt«, hier wird nicht Glauben verlangt: Aus einer unendlichen Lichtfülle und Glückstiefe fällt Tropfen für Tropfen, Wort für Wort, eine zärtliche Langsamkeit ist das Tempo dieser Reden. Dergleichen gelangt nur zu den Auserwähltesten; es ist ein Vorrecht ohne Gleichen hier Hörer zu sein; es steht niemandem frei, für Zarathustra Ohren zu haben … Ist Zarathustra mit alledem nicht ein Verführer? … Aber was sagt er doch selbst, als er zum ersten Male wieder in seine Einsamkeit zurückkehrt? Genau das Gegenteil von dem, was irgend ein »Weiser«, »Heiliger«, »Welterlöser« und andrer décadent in einem solchen Falle sagen würde … Er redet nicht nur anders, er ist auch anders …

Allein gehe ich nun, meine Jünger! Auch ihr geht nun davon und allein! So will ich es.

Geht fort von mir und wehrt euch gegen Zarathustra! Und besser noch: Schämt euch seiner! Vielleicht betrog er euch.

Der Mensch der Erkenntnis muss nicht nur seine Feinde lieben, er muss auch seine Freunde hassen können.

Man vergilt einem Lehrer schlecht, wenn man immer nur der Schüler bleibt. Und warum wollt ihr nicht an meinem Kranze rupfen?

Ihr verehrt mich: Aber wie, wenn eure Verehrung eines Tages umfällt? Hütet euch, dass euch nicht eine Bildsäule erschlage!

Ihr sagt, ihr glaubt an Zarathustra? Aber was liegt an Zarathustra! Ihr seid meine Gläubigen, aber was liegt an allen Gläubigen!

Ihr hattet euch noch nicht gesucht: Da fandet ihr mich. So tun alle Gläubigen; darum ist es so wenig mit allem Glauben.

Nun heiße ich euch, mich verlieren und euch finden; und erst, wenn ihr mich alle verleugnet habt, will ich euch wiederkehren …

Friedrich Nietzsche.

An diesem vollkommenen Tage, wo alles reift und nicht nur die Traube braun wird, fiel mir eben ein Sonnenblick auf mein Leben: Ich sah rückwärts, ich sah hinaus, ich sah nie so viel und so gute Dinge auf einmal. Nicht umsonst begrub ich heute mein vierundvierzigstes Jahr, ich durfte es begraben, – was in ihm Leben war, ist gerettet, ist unsterblich. Die Umwertung aller Werte, die Dionysos-Dithyramben und, zur Erholung, die Götzen-Dämmerung – alles Geschenke dieses Jahrs, sogar seines letzten Vierteljahrs! Wie sollte ich nicht meinem ganzen Leben dankbar sein? Und so erzähle ich mir mein Leben.

Warum ich so weise bin

1. Das Glück meines Daseins, seine Einzigkeit vielleicht, liegt in seinem Verhängnis: Ich bin, um es in Rätselform auszudrücken, als mein Vater bereits gestorben, als meine Mutter lebe ich noch und werde alt. Diese doppelte Herkunft, gleichsam aus der obersten und der untersten Sprosse an der Leiter des Lebens, décadent zugleich und Anfang – dies, wenn irgendetwas, erklärt jene Neutralität, jene Freiheit von Partei im Verhältnis zum Gesamtprobleme des Lebens, die mich vielleicht auszeichnet. Ich habe für die Zeichen von Aufgang und Niedergang eine feinere Witterung als je ein Mensch gehabt hat, ich bin der Lehrer par excellence hierfür, – ich kenne beides, ich bin beides. – Mein Vater starb mit sechsunddreißig Jahren: Er war zart, liebenswürdig und morbid, wie ein nur zum Vorübergehen bestimmtes Wesen, – eher eine gütige Erinnerung an das Leben, als das Leben selbst. Im gleichen Jahre, wo sein Leben abwärts ging, ging auch das meine abwärts: Im sechsunddreißigsten Lebensjahre kam ich auf den niedrigsten Punkt meiner Vitalität, – ich lebte noch, doch ohne drei Schritt weit vor mich zu sehn. Damals – es war 1879 – legte ich meine Basler Professur nieder, lebte den Sommer über wie ein Schatten in St. Moritz und den nächsten Winter, den sonnenärmsten meines Lebens, als Schatten in Naumburg. Dies war mein Minimum: *Der Wanderer und sein Schatten* entstand währendem. Unzweifelhaft, ich verstand mich damals auf Schatten … Im Winter darauf, meinem ersten Genueser Winter, brachte jene Versüßung und Vergeistigung, die mit einer extremen Armut an Blut und Muskel beinahe bedingt ist, die *Morgenröte* hervor. Die vollkommene Helle und Heiterkeit, selbst Exuberanz des Geistes, welche das genannte Werk wiederspiegelt, verträgt sich bei mir nicht nur mit der tiefsten physiologischen Schwäche, sondern sogar mit einem Exzess von Schmerzgefühl. Mitten in Martern, die ein ununterbrochener dreitägiger Gehirnschmerz samt mühseligem Schleimerbrechen mit sich bringt, – besaß ich eine Dialektiker-Klarheit par excellence und dachte Dinge sehr kaltblütig durch, zu denen ich in gesünderen Verhältnissen nicht Kletterer, nicht raffiniert, nicht kalt genug bin. Meine Leser wissen vielleicht, inwiefern ich Dialektik als Décadence-Symptom betrachte, zum Beispiel im allerberühmtesten Fall: im Fall des Sokrates. – Alle krankhaften Störungen des Intellekts, selbst jene Halbbetäubung, die das Fieber im Gefolge hat, sind mir bis heute gänzlich fremde Dinge geblieben, über deren Natur und Häufigkeit ich mich erst auf gelehrtem Wege zu unterrichten hatte. Mein Blut läuft langsam. Niemand hat je an mir Fieber konstatieren können. Ein Arzt, der mich länger als Nervenkranken behandelte, sagte schließlich: »Nein! an Ihren Nerven liegt's nicht, ich selber bin nur nervös.« Schlechterdings unnachweisbar irgendeine lokale Entartung; kein organisch bedingtes Magenleiden, wie sehr auch immer, als Folge der Gesamterschöpfung, die tiefste Schwäche des gastrischen Systems. Auch das Augenleiden, dem Blindwerden zeitweilig sich gefährlich annähernd, nur Folge, nicht ursächlich: So dass mit jeder Zunahme an Lebenskraft auch die Sehkraft wieder zugenommen hat. – Eine lange, allzulange Reihe von Jahren bedeutet bei mir Genesung, – sie bedeutet leider auch zugleich Rückfall, Verfall, Periodik einer Art Décadence. Brauche ich, nach alledem, zu sagen, dass ich in Fragen der Décadence erfahren bin? Ich habe sie vorwärts und rückwärts buchstabiert. Selbst jene Filigran-Kunst des Greifens und Begreifens überhaupt, jene Finger für nuances, jene Psychologie des »Um-die-Ecke-Sehns« und was sonst mir eignet, ward damals erst erlernt, ist das eigentliche Geschenk jener Zeit, in der alles sich bei mir verfeinerte, die Beobachtung selbst wie alle Organe der Beobachtung. Von der Kranken-Optik aus nach gesünderen Begriffen und Werten, und wiederum umgekehrt aus der Fülle und Selbstgewissheit des reichen Lebens hinuntersehen in die heimliche Arbeit des Décadence-Instinkts – das war meine längste Übung, meine eigentliche Erfahrung, wenn irgendworin wurde ich darin Meister. Ich habe es jetzt in der Hand, ich habe die Hand dafür, Perspektiven umzustellen: Erster Grund, weshalb für mich allein vielleicht eine »Umwertung der Werte« überhaupt möglich ist.

2. Abgerechnet nämlich, dass ich ein Décadent bin, bin ich auch dessen Gegensatz. Mein Beweis dafür ist, unter anderem, dass ich instinktiv gegen die schlimmen Zustände immer die rechten Mittel wählte: Während der Décadent an sich immer die ihm nachteiligen Mittel wählt. Als summa summarum war ich gesund, als Winkel, als Spezialität war ich Décadent. Jene Energie zur absoluten Vereinsamung und Herauslösung aus gewohnten Verhältnissen, der Zwang gegen mich, mich nicht mehr besorgen, bedienen, beärzteln zu lassen – das verrät die unbedingte Instinktgewissheit darüber, was damals vor allem nottat. Ich nahm mich selbst in die Hand, ich machte mich selbst wieder gesund: Die Bedingung dazu – jeder Physiologe wird das zugeben – ist, dass man im Grunde gesund ist. Ein typisch morbides Wesen kann nicht gesund werden, noch weniger sich selbst gesund machen; für einen typisch Gesunden kann umgekehrt Kranksein sogar ein energisches Stimulans zum Leben, zum Mehr-Leben sein. So in der Tat erscheint mir jetzt jene lange Krankheitszeit: Ich entdeckte das Leben gleichsam neu, mich selber eingerechnet, ich schmeckte alle guten und selbst kleinen Dinge, wie sie andre nicht leicht schmecken könnten, – ich machte aus meinem Willen zur Gesundheit, zum Leben, meine Philosophie … Denn man gebe Acht darauf: Die Jahre meiner niedrigsten Vitalität waren es, wo ich aufhörte, Pessimist zu sein: Der Instinkt der Selbst-Wiederherstellung verbot mir eine Philosophie der Armut und Entmutigung … Und woran erkennt man im Grunde die Wohlgeratenheit! Dass ein wohlgeratener Mensch unsern Sinnen wohltut: Dass er aus einem Holze geschnitzt ist, das hart, zart und wohlriechend zugleich ist. Ihm schmeckt nur, was ihm zuträglich ist; sein Gefallen, seine Lust hört auf, wo das Maß des Zuträglichen überschritten wird. Er errät Heilmittel gegen Schädigungen, er nützt schlimme Zufälle zu seinem Vorteil aus; was ihn nicht umbringt, macht ihn stärker. Er sammelt instinktiv aus allem, was er sieht, hört, erlebt, seine Summe: Er ist ein auswählendes Prinzip, er lässt viel durchfallen. Er ist immer in seiner Gesellschaft, ob er mit Büchern, Menschen oder Landschaften verkehrt: Er ehrt, indem er wählt, indem er zulässt, indem er vertraut. Er reagiert auf alle Art Reize langsam, mit jener Langsamkeit, die eine lange Vorsicht und ein gewollter Stolz ihm angezüchtet haben, – er prüft den Reiz, der herankommt, er ist fern davon, ihm entgegenzugehen. Er glaubt weder an »Unglück«, noch an »Schuld«: Er wird fertig, mit sich, mit anderen, er weiß zu vergessen, – er ist stark genug, dass ihm alles zum Besten gereichen muss. – Wohlan, ich bin das Gegenstück eines Décadent: denn ich beschrieb eben mich.

3. Ich betrachte es als ein großes Vorrecht, einen solchen Vater gehabt zu haben: Die Bauern, vor denen er predigte – denn er war, nachdem er einige Jahre am Altenburger Hofe gelebt hatte, die letzten Jahre Prediger – sagten, so müsse wohl ein Engel aussehen. – Und hiermit berühre ich die Frage der Rasse. Ich bin ein polnischer Edelmann pur sang, dem auch nicht ein Tropfen schlechtes Blut beigemischt ist, am wenigsten deutsches. Wenn ich den tiefsten Gegensatz zu mir suche, die unausrechenbare Gemeinheit der Instinkte, so finde ich immer meine Mutter und Schwester, – mit solcher Kanaille mich verwandt zu glauben wäre eine Lästerung auf meine Göttlichkeit. Die Behandlung, die ich von Seiten meiner Mutter und Schwester erfahre, bis auf diesen Augenblick, flößt mir ein unsägliches Grauen ein: Hier arbeitet eine vollkommene Höllenmaschine, mit unfehlbarer Sicherheit über den Augenblick, wo man mich blutig verwunden kann – in meinen höchsten Augenblicken, ... denn da fehlt jede Kraft, sich gegen giftiges Gewürm zu wehren ... Die physiologische Kontiguität ermöglicht eine solche disharmonia praestabilita ... Aber ich bekenne, dass der tiefste Einwand gegen die »ewige Wiederkunft«, mein eigentlich abgründlicher Gedanke, immer Mutter und Schwester sind. – Aber auch als Pole bin ich ein ungeheurer Atavismus. Man würde Jahrhunderte zurückzugehen haben, um diese vornehmste Rasse, die es auf Erden gab, in dem Masse instinktrein zu finden, wie ich sie darstelle. Ich habe gegen alles, was heute noblesse heißt, ein souveränes Gefühl von Distinktion, – ich würde dem jungen deutschen Kaiser nicht die Ehre zugestehen, mein Kutscher zu sein. Es gibt einen einzigen Fall, wo ich meinesgleichen anerkenne ich bekenne es mit tiefer Dankbarkeit. Frau Cosima Wagner ist bei Weitem die vornehmste Natur; und, damit ich kein Wort zu wenig sage, sage ich, dass Richard Wagner der mir bei Weitem verwandteste Mann war ... Der Rest ist Schweigen ... Alle herrschenden Begriffe über Verwandtschaftsgrade sind ein physiologischer Widersinn, der nicht überboten werden kann. Der Papst treibt heute noch Handel mit diesem Widersinn. Man ist am wenigsten mit seinen Eltern verwandt: Es wäre das äußerste Zeichen von Gemeinheit, seinen Eltern verwandt zu sein. Die höheren Naturen haben ihren Ursprung unendlich weiter zurück, auf sie hin hat am längsten gesammelt, gespart, gehäuft werden müssen. Die großen Individuen sind die ältesten: Ich verstehe es nicht, aber Julius Cäsar könnte mein Vater sein – oder Alexander, dieser leibhafte Dionysos ... In diesem Augenblick, wo ich dies schreibe, bringt die Post mir einen Dionysos-Kopf ...

4. Ich habe nie die Kunst verstanden, gegen mich einzunehmen auch das verdanke ich meinem unvergleichlichen Vater – und selbst noch, wenn es mir von großem Werte schien. Ich bin sogar, wie sehr immer das unchristlich scheinen mag, nicht einmal gegen mich eingenommen. Man mag mein Leben hin- und herwenden, man wird darin, jenen einen Fall abgerechnet, keine Spuren davon entdecken, dass jemand bösen Willen gegen mich gehabt hätte, – vielleicht aber etwas zu viel Spuren von gutem Willen … Meine Erfahrungen selbst mit solchen, an denen jedermann schlechte Erfahrungen macht, sprechen ohne Ausnahme zu deren Gunsten; ich zähme jeden Bär, ich mache die Hanswürste noch sittsam. In den sieben Jahren, wo ich an der obersten Klasse des Basler Pädagogiums Griechisch lehrte, habe ich keinen Anlass gehabt, eine Strafe zu verhängen; die Faulsten waren bei mir fleißig. Dem Zufall bin ich immer gewachsen; ich muss unvorbereitet sein, um meiner Herr zu sein. Das Instrument, es sei, welches es wolle, es sei so verstimmt, wie nur das Instrument »Mensch« verstimmt werden kann – ich müsste krank sein, wenn es mir nicht gelingen sollte, ihm etwas Anhörbares abzugewinnen. Und wie oft habe ich das von den »Instrumenten« selber gehört, dass sie sich noch nie so gehört hätten … Am schönsten vielleicht von jenem unverzeihlich jung gestorbenen Heinrich von Stein, der einmal, nach sorgsam eingeholter Erlaubnis, auf drei Tage in Sils-Maria erschien, jedermann erklärend, dass er nicht wegen des Engadins komme. Dieser ausgezeichnete Mensch, der mit der ganzen ungestümen Einfalt eines preußischen Junkers in den Wagner'schen Sumpf hineingewatet war (- und außerdem noch in den Dühring'schen!) war diese drei Tage wie umgewandelt durch einen Sturmwind der Freiheit, gleich einem, der plötzlich in seine Höhe gehoben wird und Flügel bekommt. Ich sagte ihm immer, das mache die gute Luft hier oben, so gehe es jedem, man sei nicht umsonst 6000 Fuß über Bayreuth, – aber er wollte mir's nicht glauben … Wenn trotzdem an mir manche kleine und große Missetat verübt worden ist, so war nicht »der Wille«, am wenigsten der böse Wille Grund davon: Eher schon hätte ich mich – ich deutete es eben an – über den guten Willen zu beklagen, der keinen kleinen Unfug in meinem Leben angerichtet hat. Meine Erfahrungen geben mir ein Anrecht auf Misstrauen überhaupt hinsichtlich der sogenannten »selbstlosen« Triebe, der gesamten zu Rat und Tat bereiten »Nächstenliebe«. Sie gilt mir an sich als Schwäche, als Einzelfall der Widerstands-Unfähigkeit gegen Reize, – das Mitleiden heißt nur bei Décadents eine Tugend. Ich werfe den Mitleidigen vor, dass ihnen die Scham, die Ehrfurcht, das Zartgefühl vor Distanzen leicht abhandenkommt, dass Mitleiden im Handumdrehen nach Pöbel riecht und schlechten Manieren zum Verwechseln ähnlich sieht, – dass mitleidige Hände unter Umständen geradezu zerstörerisch in ein großes Schicksal in eine Vereinsamung unter Wunden, in ein Vorrecht auf schwere Schuld hineingreifen können. Die Überwindung des Mitleids rechne ich unter die vornehmen Tugenden: Ich habe als *Versuchung Zarathustras* einen Fall gedichtet, wo ein großer Notschrei an ihn kommt, wo das Mitleiden wie eine letzte Sünde ihn überfallen, ihn von sich abspenstig machen will. Hier Herr bleiben, hier die Höhe seiner Aufgabe rein halten von den viel niedrigeren und kurzsichtigeren Antrieben, welche in den sogenannten selbstlosen Handlungen tätig sind, das ist die Probe, die letzte Probe vielleicht, die ein Zarathustra abzulegen hat – sein eigentlicher Beweis von Kraft …

5. Auch noch in einem anderen Punkte bin ich bloß mein Vater noch einmal und gleichsam sein Fortleben nach einem allzufrühen Tode. Gleich jedem, der nie unter seinesgleichen lebte und dem der Begriff »Vergeltung« so unzugänglich ist wie etwa der Begriff »gleiche Rechte«, verbiete ich mir in Fällen, wo eine kleine oder sehr große Torheit an mir begangen wird, jede Gegenmaßregel, jede Schutzmaßregel, – wie billig, auch jede Verteidigung, jede »Rechtfertigung«. Meine Art Vergeltung besteht darin, der Dummheit so schnell wie möglich eine Klugheit nachzuschicken: So holt man sie vielleicht noch ein. Im Gleichnis geredet: Ich schicke einen Topf mit Konfitüren, um eine saure Geschichte loszuwerden … Man hat nur etwas an mir schlimm zu machen, ich »vergelte« es, dessen sei man sicher: Ich finde über Kurzem eine Gelegenheit, dem »Missetäter« meinen Dank auszudrücken (mitunter sogar für die Missetat) – oder ihn um etwas zu bitten, was verbindlicher sein kann als etwas geben … Auch scheint es mir, dass das gröbste Wort, der gröbste Brief noch gutartiger, noch honnetter sind als Schweigen. Solchen, die schweigen, fehlt es fast immer an Feinheit und Höflichkeit des Herzens; Schweigen ist ein Einwand, Hinunterschlucken macht notwendig einen schlechten Charakter, – es verdirbt selbst den Magen. Alle Schweiger sind dyspeptisch. – Man sieht, ich möchte die Grobheit nicht unterschätzt wissen, sie ist bei Weitem die humanste Form des Widerspruchs und, inmitten der modernen Verzärtelung, eine unsrer ersten Tugenden. – Wenn man reich genug dazu ist, ist es selbst ein Glück, Unrecht zu haben. Ein Gott, der auf die Erde käme, dürfte gar nichts andres tun als Unrecht, – nicht die Strafe, sondern die Schuld auf sich zu nehmen wäre erst göttlich.

6. Die Freiheit vom Ressentiment, die Aufklärung über das Ressentiment – wer weiß, wie sehr ich zuletzt auch darin meiner langen Krankheit zu Dank verpflichtet bin! Das Problem ist nicht gerade einfach: Man muss es aus der Kraft heraus und aus der Schwäche heraus erlebt haben. Wenn irgendetwas überhaupt gegen Kranksein, gegen Schwachsein geltend gemacht werden muss, so ist es, dass in ihm der eigentliche Heilinstinkt, das ist der Wehr- und Waffen-Instinkt im Menschen mürbe wird. Man weiß von nichts loszukommen, man weiß mit nichts fertig zu werden, man weiß nichts zurückzustoßen, – alles verletzt. Mensch und Ding kommen zudringlich nahe, die Erlebnisse treffen zu tief, die Erinnerung ist eine eiternde Wunde. Kranksein ist eine Art Ressentiment selbst. – Hiergegen hat der Kranke nur ein großes Heilmittel – ich nenne es den russischen Fatalismus, jenen Fatalismus ohne Revolte, mit dem sich ein russischer Soldat, dem der Feldzug zu hart wird, zuletzt in den Schnee legt. Nichts überhaupt mehr annehmen, an sich nehmen, in sich hineinnehmen, – überhaupt nicht mehr reagieren … Die große Vernunft dieses Fatalismus, der nicht immer nur der Mut zum Tode ist, als lebenerhaltend unter den lebensgefährlichsten Umständen, ist die Herabsetzung des Stoffwechsels, dessen Verlangsamung, eine Art Wille zum Winterschlaf. Ein paar Schritte weiter in dieser Logik, und man hat den Fakir, der wochenlang in einem Grabe schläft … Weil man zu schnell sich verbrauchen würde, wenn man überhaupt reagierte, reagiert man gar nicht mehr: Dies ist die Logik. Und mit nichts brennt man rascher ab, als mit den Ressentiments-Affekten. Der Ärger, die krankhafte Verletzlichkeit, die Ohnmacht zur Rache, die Lust, der Durst nach der Rache, das Giftmischen in jedem Sinne – das ist für Erschöpfte sicherlich die nachteiligste Art zu reagieren: Ein rapider Verbrauch von Nervenkraft, eine krankhafte Steigerung schädlicher Ausleerungen, zum Beispiel der Galle in den Magen, ist damit bedingt. Das Ressentiment ist das Verbotene an sich für den Kranken – sein Böses: leider auch sein natürlichster Hang. – Das begriff jener tiefe Physiolog Buddha. Seine »Religion«, die man besser als eine Hygiene bezeichnen dürfte, um sie nicht mit so erbarmungswürdigen Dingen wie das Christentum ist, zu vermischen, machte ihre Wirkung abhängig von dem Sieg über das Ressentiment: die Seele davon frei machen – erster Schritt zur Genesung. »Nicht durch Feindschaft kommt Feindschaft zu Ende, durch Freundschaft kommt Feindschaft zu Ende«: das steht am Anfang der Lehre Buddhas – so redet nicht die Moral, so redet die Physiologie. – Das Ressentiment, aus der Schwäche geboren, niemandem schädlicher als dem Schwachen selbst, – im andern Falle, wo eine reiche Natur die Voraussetzung ist, ein überflüssiges Gefühl, ein Gefühl, über das Herr zu bleiben beinahe der Beweis des Reichtums ist. Wer den Ernst kennt, mit dem meine Philosophie den Kampf mit den Rach- und Nachgefühlen bis in die Lehre vom »freien Willen« hinein aufgenommen hat – der Kampf mit dem Christentum ist nur ein Einzelfall daraus – wird verstehen, weshalb ich mein persönliches Verhalten, meine Instinktsicherheit in der Praxis hier gerade an's Licht stelle. In den Zeiten der Décadence verbot ich sie mir als schädlich; sobald das Leben wieder reich und stolz genug dazu war, verbot ich sie mir als unter mir. Jener »russische Fatalismus«, von dem ich sprach, trat darin bei mir hervor, dass ich beinahe unerträgliche Lagen, Orte, Wohnungen, Gesellschaften, nachdem sie einmal, durch Zufall, gegeben waren, Jahre lang zäh festhielt, – es war besser, als sie ändern, als sie veränderbar zu fühlen, – als sich gegen sie aufzulehnen … Mich in diesem Fatalismus stören, mich gewaltsam aufwecken nahm ich damals tödlich übel: – In Wahrheit war es auch jedes Mal tödlich gefährlich. – Sich selbst wie ein Fatum nehmen, nicht sich »anders« wollen – das ist in solchen Zuständen die große Vernunft selbst.

7. Ein ander Ding ist der Krieg. Ich bin meiner Art nach kriegerisch. Angreifen gehört zu meinen Instinkten. Feind sein können, Feind sein – das setzt vielleicht eine starke Natur voraus, jedenfalls ist es bedingt in jeder starken Natur. Sie braucht Widerstände, folglich sucht sie Widerstand: Das aggressive Pathos gehört ebenso notwendig zur Stärke als das Rach- und Nachgefühl zur Schwäche. Das Weib zum Beispiel ist rachsüchtig: Das ist in seiner Schwäche bedingt, so gut wie seine Reizbarkeit für fremde Not. – Die Stärke des Angreifenden hat in der Gegnerschaft, die er nötig hat, eine Art Maß; jedes Wachstum verrät sich im Aufsuchen eines gewaltigeren Gegners – oder Problems: Denn ein Philosoph, der kriegerisch ist, fordert auch Probleme zum Zweikampf heraus. Die Aufgabe ist nicht, überhaupt über Widerstände Herr zu werden, sondern über solche, an denen man seine ganze Kraft, Geschmeidigkeit und Waffenmeisterschaft einzusetzen hat, – über gleiche Gegner … Gleichheit vor dem Feinde – erste Voraussetzung zu einem rechtschaffenen Duell. Wo man verachtet, kann man nicht Krieg führen; wo man befiehlt, wo man etwas unter sich sieht, hat man nicht Krieg zu führen. Meine Kriegspraxis ist in vier Sätze zu fassen. Erstens: Ich greife nur Sachen an, die siegreich sind, – ich warte unter Umständen, bis sie siegreich sind. Zweitens: Ich greife nur Sachen an, wo ich keine Bundesgenossen finden würde, wo ich allein stehe, – wo ich mich allein kompromittiere … Ich habe nie einen Schritt öffentlich getan, der nicht kompromittierte: Das ist mein Kriterium des rechten Handelns. Drittens: Ich greife nie Personen an, – ich bediene mich der Person nur wie eines starken Vergrößerungsglases, mit dem man einen allgemeinen, aber schleichenden, aber wenig greifbaren Notstand sichtbar machen kann. So griff ich David Strauss an, genauer den Erfolg eines altersschwachen Buchs bei der deutschen »Bildung«, – ich ertappte diese Bildung dabei auf der Tat … So griff ich Wagnern an, genauer die Falschheit, die Instinkt-Halbschlächtigkeit unsrer »Kultur«, welche die Raffinierten mit den Reichen, die Späten mit den Großen verwechselt. Viertens: Ich greife nur Dinge an, wo jedwede Personendifferenz ausgeschlossen ist, wo jeder Hintergrund schlimmer Erfahrungen fehlt. Im Gegenteil, angreifen ist bei mir ein Beweis des Wohlwollens, unter Umständen der Dankbarkeit. Ich ehre, ich zeichne aus damit, dass ich meinen Namen mit dem einer Sache, einer Person verbinde: Für oder wider – das gilt mir darin gleich. Wenn ich dem Christentum den Krieg mache, so steht dies mir zu, weil ich von dieser Seite aus keine Fatalitäten und Hemmungen erlebt habe, – die ernstesten Christen sind mir immer gewogen gewesen. Ich selber, ein Gegner des Christentums de rigueur, bin ferne davon, es dem Einzelnen nachzutragen, was das Verhängnis von Jahrtausenden ist.

8. Darf ich noch. einen letzten Zug meiner Natur anzudeuten wagen, der mir im Umgang mit Menschen keine kleine Schwierigkeit macht? Mir eignet eine vollkommen unheimliche Reizbarkeit des Reinlichkeitsinstinkts, so dass ich die Nähe oder – was sage ich? – das Innerlichste, die »Eingeweide« jeder Seele physiologisch wahrnehme – rieche ... Ich habe an dieser Reizbarkeit psychologische Fühlhörner, mit denen ich jedes Geheimnis betaste und in die Hand bekomme: Der viele verborgene Schmutz auf dem Grunde mancher Natur, vielleicht in schlechtem Blut bedingt, aber durch Erziehung übertüncht, wird mir fast bei der ersten Berührung schon bewusst. Wenn ich recht beobachtet habe, empfinden solche meiner Reinlichkeit unzuträgliche Naturen die Vorsicht meines Ekels auch ihrerseits: Sie werden damit nicht wohlriechender ... So wie ich mich immer gewöhnt habe – eine extreme Lauterkeit gegen mich ist meine Daseinsvoraussetzung, ich komme um unter unreinen Bedingungen, schwimme und bade und plätschere ich gleichsam beständig im Wasser, in irgendeinem vollkommen durchsichtigen und glänzenden Elemente. Das macht mir aus dem Verkehr mit Menschen keine kleine Geduldsprobe; meine Humanität besteht nicht darin, mitzufühlen, wie der Mensch ist, sondern es auszuhalten, dass ich ihn mitfühle ... Meine Humanität ist eine beständige Selbstüberwindung. – Aber ich habe Einsamkeit nötig, will sagen,

Genesung, Rückkehr zu mir, den Atem einer freien leichten spielenden Luft … Mein ganzer *Zarathustra* ist ein Dithyrambus auf die Einsamkeit, oder, wenn man mich verstanden hat, auf die Reinheit … Zum Glück nicht auf die reine Torheit. – Wer Augen für Farben hat, wird ihn diamanten nennen. – Der Ekel am Menschen, am »Gesindel« war immer meine größte Gefahr … Will man die Worte hören, in denen Zarathustra von der Erlösung vom Ekel redet?

Was geschah mir doch? Wie erlöste ich mich vom Ekel? Wer verjüngte mein Auge? Wie erflog ich die Höhe, wo kein Gesindel mehr am Brunnen sitzt?

Schuf mein Ekel selber mir Flügel und quellenahnende Kräfte? Wahrlich, in's Höchste musste ich fliegen, dass ich den Born der Lust wiederfände! –

Oh ich fand ihn, meine Brüder! Hier im Höchsten quillt mir der Born der Lust! Und es gibt ein Leben, an dem kein Gesindel mittrinkt!

Fast zu heftig strömst du mir, Quell der Lust! Und oft leerst du den Becher wieder, dadurch, dass du ihn füllen willst.

Und noch muss ich lernen, bescheidener dir zu nahen: Allzuheftig strömt dir noch mein Herz entgegen:

– Mein Herz, auf dem mein Sommer brennt, der kurze, heiße, schwermütige, überselige: Wie verlangt mein Sommer-Herz nach deiner Kühle!

Vorbei die zögernde Trübsal meines Frühlings! Vorüber die Schneeflocken meiner Bosheit im Juni! Sommer wurde ich ganz und Sommer-Mittag,

– Ein Sommer im Höchsten mit kalten Quellen und seliger Stille: Oh kommt, meine Freunde, dass die Stille noch seliger werde!

Denn dies ist unsre Höhe und unsre Heimat: Zu hoch und steil wohnen wir hier allen Unreinen und ihrem Durste.

Werft nur eure reinen Augen in den Born meiner Lust, ihr Freunde! Wie sollte er darob trübe werden? Entgegenlachen soll er euch mit seiner Reinheit.

Auf dem Baume Zukunft bauen wir unser Nest; Adler sollen uns Einsamen Speise bringen in ihren Schnäbeln!

Wahrlich, keine Speise, an der Unsaubere mitessen dürften! Feuer würden sie zu fressen wähnen und sich die Mäuler verbrennen.

Wahrlich, keine Heimstätten halten wir hier bereit für Unsaubere! Eishöhle würde ihren Leibern unser Glück heißen und ihren Geistern!

Und wie starke Winde wollen wir über ihnen leben, Nachbarn den Adlern, Nachbarn dem Schnee, Nachbarn der Sonne: also leben starke Winde.

Und einem Winde gleich will ich einst noch zwischen sie blasen und mit meinem Geiste ihrem Geiste den Atem nehmen: So will es meine Zukunft.

Wahrlich, ein starker Wind ist Zarathustra allen Niederungen: Und solchen Rat rät er seinen Feinden und Allem, was spuckt und speit: Hütet euch, gegen den Wind zu speien! …

Warum ich so klug bin

1. – Warum ich Einiges mehr weiß? Warum ich überhaupt so klug bin? Ich habe nie über Fragen nachgedacht, die keine sind, – ich habe mich nicht verschwendet. – Eigentliche religiöse Schwierigkeiten zum Beispiel kenne ich nicht aus Erfahrung. Es ist mir gänzlich entgangen, inwiefern ich »sündhaft« sein sollte. Insgleichen fehlt mir ein zuverlässiges Kriterium dafür, was ein Gewissensbiss ist: Nach dem, was man darüber hört, scheint mir ein Gewissensbiss nichts Achtbares … Ich möchte nicht eine Handlung hinterdrein in Stich lassen, ich würde vorziehen, den schlimmen Ausgang, die Folgen grundsätzlich aus der Wertfrage wegzulassen. Man verliert beim schlimmen Ausgang gar zu leicht den richtigen Blick für das, was man tat: Ein Gewissensbiss scheint mir eine Art »böser Blick«. Etwas, das fehlschlägt, umso mehr bei sich in Ehren halten, weil es fehlschlug – das gehört eher schon zu meiner Moral. – »Gott«, »Unsterblichkeit der »Seele«, »Erlösung«, »Jenseits« lauter Begriffe, denen ich keine Aufmerksamkeit, auch keine Zeit geschenkt habe, selbst als Kind nicht, – ich war vielleicht nie kindlich genug dazu? – Ich kenne den Atheismus durchaus nicht als Ergebnis, noch weniger als Ereignis: Er versteht sich bei mir aus Instinkt. Ich bin zu neugierig, zu fragwürdig, zu übermütig, um mir eine faustgrobe Antwort gefallen zu lassen. Gott ist eine faustgrobe Antwort, eine Undelikatesse gegen uns Denker –, im Grunde sogar bloß ein faustgrobes Verbot an uns: Ihr sollt nicht denken! … Ganz anders interessiert mich eine Frage, an der mehr das »Heil der Menschheit« hängt, als an irgendeiner Theologen-Kuriosität: Die Frage der Ernährung. Man kann sie sich, zum Handgebrauch, so formulieren: »Wie hast gerade du dich zu ernähren, um zu deinem Maximum von Kraft, von virtù im Renaissance-Stile, von moralinfreier Tugend zu kommen?« – Meine Erfahrungen sind hier so schlimm als möglich; ich bin erstaunt, diese Frage so spät gehört, aus diesen Erfahrungen so spät »Vernunft« gelernt zu haben. Nur die vollkommne Nichtswürdigkeit unsrer deutschen Bildung – ihr »Idealismus« – erklärt mir einigermaßen, weshalb ich gerade hier rückständig bis zur Heiligkeit war. Diese »Bildung«, welche von vornherein die Realitäten aus den Augen verlieren lehrt, um durchaus problematischen, sogenannten »idealen« Zielen nachzujagen, zum Beispiel der »klassischen Bildung«: – Als ob es nicht von vornherein verurteilt wäre, »klassisch«, und »deutsch« in einen Begriff zu einigen! Mehr noch, es wirkt erheiternd, – man denke sich einmal einen »klassisch gebildeten« Leipziger! – In der Tat, ich habe bis zu meinen reifsten Jahren immer nur schlecht ge-

gessen, – moralisch ausgedrückt »unpersönlich«, »selbstlos«, »altruistisch«, zum Heil der Köche und andrer Mitchristen. Ich verneinte zum Beispiel durch Leipziger Küche, gleichzeitig mit meinem ersten Studium Schopenhauers (1865), sehr ernsthaft meinen »Willen zum Leben«. Sich zum Zweck unzureichender Ernährung auch noch den Magen verderben – dies Problem schien mir die genannte Küche zum Verwundern glücklich zu lösen. (Man sagt, 1866 habe darin eine Wendung hervorgebracht –.) Aber die deutsche Küche überhaupt – was hat sie nicht alles auf dem Gewissen! Die Suppe vor der Mahlzeit (noch in Venetianischen Kochbüchern des 16. Jahrhunderts alla tedesca genannt); die ausgekochten Fleische, die fett und mehlig gemachten Gemüse; die Entartung der Mehlspeise zum Briefbeschwerer! Rechnet man gar noch die geradezu viehischen Nachguss-Bedürfnisse der alten, durchaus nicht bloß alten Deutschen dazu, so versteht man auch die Herkunft des deutschen Geistes – aus betrübten Eingeweiden … Der deutsche Geist ist eine Indigestion, er wird mit nichts fertig. – Aber auch die englische Diät, die, im Vergleich mit der deutschen, selbst der französischen, eine Art »Rückkehr zur Natur«, nämlich zum Kannibalismus ist, geht meinem eignen Instinkt tief zuwider; es scheint mir, dass sie dem Geist schwere Füße gibt – Engländerinnen-Füße … Die beste Küche ist die Piemonts. – Alkoholika sind mir nachteilig; ein Glas Wein oder Bier des Tags reicht vollkommen aus, mir aus dem Leben ein »Jammertal« zu machen, – in München leben meine Antipoden. Gesetzt, dass ich dies ein wenig spät begriff, erlebt habe ich's eigentlich von Kindesbeinen an. Als Knabe glaubte ich, Weintrinken sei wie Tabakrauchen anfangs nur eine Vanitas junger Männer, später eine schlechte Gewöhnung. Vielleicht, dass an diesem herben Urteil auch der Naumburger Wein mit schuld ist. Zu glauben, dass der Wein erheitert, dazu müsste ich Christ sein, will sagen glauben, was gerade für mich eine Absurdität ist. Seltsam genug, bei dieser extremen Verstimmbarkeit durch kleine, stark verdünnte Dosen Alkohol, werde ich beinahe zum Seemann, wenn es sich um starke Dosen handelt. Schon als Knabe hatte ich hierin meine Tapferkeit. Eine lange lateinische Abhandlung in einer Nachtwache niederzuschreiben und auch noch abzuschreiben, mit dem Ehrgeiz in der Feder, es meinem Vorbilde Sallust in Strenge und Gedrängtheit nachzutun und einigen Grog von schwerstem Kaliber über mein Latein zu gießen, dies stand schon, als ich Schüler der ehrwürdigen Schulpforta war, durchaus nicht im Widerspruch zu meiner Physiologie, noch vielleicht auch zu der des Sallust wie sehr auch immer zur ehrwürdigen Schulpforta … Später, gegen die Mitte des Lebens hin, entschied ich mich freilich immer strenger gegen jedwedes »geistige« Getränk: Ich, ein Gegner des Vegetariertums aus Erfahrung, ganz wie Richard Wagner, der mich bekehrt hat, weiß nicht ernsthaft genug die unbedingte Enthaltung von Alkoholicis allen geistigeren Naturen anzuraten. Wasser tut's … Ich ziehe Orte vor, wo man überall Gelegenheit hat, aus fließenden Brunnen zu schöpfen (Nizza, Turin, Sils); ein kleines Glas läuft mir nach wie ein Hund. In vino veritas: es scheint, dass ich auch hier wieder über den Begriff »Wahrheit« mit aller Welt uneins bin: – bei mir schwebt der Geist über dem Wasser … Ein paar Fingerzeige noch aus meiner Moral. Eine starke Mahlzeit ist leichter zu verdauen als eine zu kleine. Dass der Magen als Ganzes in Tätigkeit tritt, erste Voraussetzung einer guten Verdauung. Man muss die Größe seines Magens kennen. Aus gleichem Grunde sind jene langwierigen Mahlzeiten zu widerraten, die ich unterbrochne Opferfeste nenne, die an der table d'hôte. – Keine Zwischenmahlzeiten, keinen Café: Café verdüstert. Tee nur morgens zuträglich. Wenig, aber energisch; Tee sehr nachteilig und den ganzen Tag ankränkelnd, wenn er nur um einen Grad zu schwach ist. Jeder hat hier sein Maß, oft zwischen den engsten und delikatesten Grenzen. In einem sehr agaçanten Klima ist Tee als Anfang unrätlich: Man soll eine Stunde vorher eine Tasse dicken entölten Kakaos den Anfang machen lassen. – So wenig als möglich sitzen; keinem Gedanken Glauben schenken, der nicht im Freien geboren ist und bei freier Bewegung, in dem nicht auch die Muskeln ein Fest feiern. Alle Vorurteile kommen aus den Eingeweiden. – Das Sitzfleisch – ich sagte es schon einmal – die eigentliche Sünde wider den heiligen Geist.

2. Mit der Frage der Ernährung ist nächstverwandt die Frage nach Ort und Klima. Es steht niemandem frei, überall zu leben; und wer große Aufgaben zu lösen hat, die seine ganze Kraft herausfordern, hat hier sogar eine sehr enge Wahl. Der klimatische Einfluss auf den Stoffwechsel, seine Hemmung, seine Beschleunigung, geht so weit, dass ein Fehlgriff in Ort und Klima jemanden nicht nur seiner Aufgabe entfremden, sondern ihm dieselbe überhaupt vorenthalten kann: er bekommt sie nie zu Gesicht. Der animalische Vigor ist nie groß genug bei ihm geworden, dass jene ins Geistigste überströmende Freiheit erreicht wird, wo jemand erkennt: das kann ich allein … Eine zur schlechten Gewohnheit gewordene noch so kleine Eingeweide-Trägheit genügt vollständig, um aus einem Genie etwas Mittelmäßiges, etwas »Deutsches«, zu machen; das deutsche Klima allein ist ausreichend, um starke und selbst heroisch angelegte Eingeweide zu entmutigen. Das Tempo des Stoffwechsels steht in einem genauen Verhältnis zur Beweglichkeit oder Lahmheit der Füße des Geistes; der »Geist« selbst ist ja nur eine Art dieses Stoffwechsels. Man stelle sich die Orte zusammen, wo es geistreiche Menschen gibt und gab, wo Witz, Raffinement, Bosheit zum Glück gehörten, wo das Genie fast notwendig sich heimisch machte: sie haben alle eine ausgezeichnet trockne Luft. Paris, die Provence, Florenz, Jerusalem, Athen – diese Namen beweisen etwas: Das Genie ist bedingt durch trockne Luft, durch reinen Himmel, – das heißt durch rapiden Stoffwechsel, durch die Möglichkeit, große, selbst ungeheure Mengen Kraft sich immer wieder zuzuführen. Ich habe einen Fall vor Augen, wo ein bedeutend und frei angelegter Geist bloß durch Mangel an Instinkt-Feinheit im Klimatischen eng, verkrochen, Spezialist und Sauertopf wurde. Und ich selber hätte zuletzt dieser Fall werden können, gesetzt, dass mich nicht die Krankheit zur Vernunft, zum Nachdenken über die Vernunft in der Realität gezwungen hätte. Jetzt, wo ich die Wirkungen klimatischen und meteorologischen Ursprungs aus langer Übung an mir als an einem sehr feinen und zuverlässigen Instrumente ablese und bei einer kurzen Reise schon, etwa von Turin nach Mailand, den Wechsel in den Graden der Luftfeuchtigkeit physiologisch bei mir nachrechne, denke ich mit Schrecken an die unheimliche Tatsache, dass mein Leben bis auf die letzten 10 Jahre, die lebensgefährlichen Jahre, immer sich nur in falschen und mir geradezu verbotenen Orten abgespielt hat. Naumburg, Schulpforta, Thüringen überhaupt, Leipzig, Basel – ebenso viele Unglücks-Orte für meine Physiologie. Wenn ich überhaupt von meiner ganzen Kindheit und Jugend keine willkommne Erinnerung habe, so wäre es eine Torheit, hier sogenannte »moralische« Ursachen geltend zu machen, – etwa den unbestreitbaren Mangel an zureichender Gesellschaft: Denn dieser Mangel besteht heute wie er immer bestand, ohne dass er mich hinderte, heiter und tapfer zu sein. Sondern die Unwissenheit in physiologicis – der verfluchte »Idealismus« – ist das eigentliche Verhängnis in meinem Leben, das überflüssige und Dumme darin, etwas, aus dem nichts Gutes gewachsen, für das es keine Ausgleichung, keine Gegenrechnung gibt. Aus den Folgen dieses »Idealismus« erkläre ich mir alle Fehlgriffe, alle großen Instinkt-Abirrungen und »Bescheidenheiten« abseits der Aufgabe meines Lebens, zum Beispiel, dass ich Philologe wurde – warum zum Mindesten nicht Arzt oder sonst irgendetwas Augen-Aufschließendes? In meiner Basler Zeit war meine ganze geistige Diät, die Tages-Einteilung eingerechnet, ein vollkommen sinnloser Missbrauch außerordentlicher Kräfte, ohne eine irgendwie den Verbrauch deckende Zufuhr von Kräften, ohne ein Nachdenken selbst über Verbrauch und Ersatz. Es fehlte jede feinere Selbstigkeit, jede Obhut eines gebieterischen Instinkts, es war ein Sich-Gleichsetzen mit irgendwem, eine »Selbstlosigkeit«, ein Vergessen seiner Distanz, – etwas, das ich mir nie verzeihe. Als ich fast am Ende war, dadurch das sich fast am Ende war, wurde ich nachdenklich über diese Grund-Unvernunft meines Lebens – den »Idealismus«. Die Krankheit brachte mich erst zur Vernunft. –

3. Die Wahl in der Ernährung; die Wahl von Klima und Ort; das Dritte, worin man um keinen Preis einen Fehlgriff tun darf, ist die Wahl seiner Art Erholung. Auch hier sind je nach dem Grade, in dem ein Geist sui generis ist, die Grenzen des ihm Erlaubten, das heißt Nützlichen, eng und enger. In meinem Fall gehört alles Lesen zu meinen Erholungen: Folglich zu dem, was mich von mir losmacht, was mich in fremden Wissenschaften und Seelen spazieren gehen lässt, – was ich nicht mehr ernst nehme. Lesen erholt mich eben von meinem Ernst. In tief arbeitsamen Zeiten sieht man keine Bücher bei mir: Ich würde mich hüten, jemanden in meiner Nähe reden oder gar denken zu lassen. Und das hieße ja lesen … Hat man eigentlich beobachtet, dass in jener tiefen Spannung, zu der die Schwangerschaft den Geist und im Grunde den ganzen Organismus verurteilt, der Zufall, jede Art Reiz von außen her zu vehement wirkt, zu tief »einschlägt«? Man muss dem Zufall, dem Reiz von außen her so viel als möglich aus dem Wege gehen; eine Art Selbst-Vermauerung gehört zu den ersten Instinkt-Klugheiten der geistigen Schwangerschaft. Werde ich es erlauben, dass ein fremder Gedanke heimlich über die Mauer steigt? – Und das hieße ja lesen … Auf die Zeiten der Arbeit und Fruchtbarkeit folgt die Zeit der Erholung: Heran mit euch, ihr angenehmen, ihr geistreichen, ihr gescheuten Bücher! – Werden es deutsche Bücher sein? … Ich muss ein Halbjahr zurückrechnen, dass ich mich mit einem Buch in der Hand ertappe. Was war es doch? – Eine ausgezeichnete Studie von Victor Brochard, *Les Sceptiques Grecs*, in der auch meine Laertiana gut benutzt sind. Die Skeptiker, der einzige ehrenwerte Typus unter dem so zwei- bis fünfdeutigen Volk der Philosophen! … Sonst nehme ich meine Zuflucht fast immer zu denselben Büchern, einer kleinen Zahl im Grunde, den gerade für mich bewiesenen Büchern. Es liegt vielleicht nicht in meiner Art, viel und Vielerlei zu lesen: ein Lesezimmer macht mich krank. Es liegt auch nicht in meiner Art, viel oder Vielerlei zu lieben. Vorsicht, selbst Feindseligkeit gegen neue Bücher gehört eher schon zu meinem Instinkte, als »Toleranz«, »largeur du cœur « und andre »Nächstenliebe« … Im Grunde ist es eine kleine Anzahl älterer Franzosen zu denen ich immer wieder zurückkehre: Ich glaube nur an französische Bildung und halte alles, was sich sonst in Europa »Bildung« nennt, für Missverständnis, nicht zu reden von der deutschen Bildung … Die wenigen Fälle hoher Bildung, die ich in Deutschland vorfand, waren alle französischer Herkunft, vor allem Frau Cosima Wagner, bei weitem die erste Stimme in Fragen des Geschmacks, die ich gehört habe … Dass ich Pascal nicht lese, sondern liebe, als das lehrreichste Opfer des Christentums, langsam hingemordet, erst leiblich, dann psychologisch, die ganze Logik dieser schauderhaftesten Form unmenschlicher Grausamkeit; dass ich etwas von Montaignes Mutwillen im Geiste, – wer weiß? – vielleicht auch im Leibe habe; dass mein Artisten-Geschmack die Namen Molière, Corneille und Racine nicht ohne Ingrimm gegen ein wüstes Genie wie Shakespeare in Schutz nimmt: Das schließt zuletzt nicht aus, dass mir nicht auch die allerletzten Franzosen eine charmante Gesellschaft wären. Ich sehe durchaus nicht ab, in welchem Jahrhundert der Geschichte man so neugierige und zugleich so delikate Psychologen zusammenfischen könnte, wie im jetzigen Paris: ich nenne versuchsweise – denn ihre Zahl ist gar nicht klein – die Herrn Paul Bourget, Pierre Loti, Gyp, Meilhac, Anatole France, Jules Lemaître, oder um einen von der starken Rasse hervorzuheben, einen echten Lateiner, dem ich besonders zugetan bin, Guy de Maupassant. Ich ziehe diese Generation, unter uns gesagt, sogar ihren großen Lehrern vor, die allesamt durch deutsche Philosophie verdorben sind: Herr Taine zum Beispiel durch Hegel, dem er das Missverständnis großer Menschen und Zeiten verdankt. Soweit Deutschland reicht, verdirbt es die Kultur. Der Krieg erst hat den Geist in Frankreich »erlöst« … Stendhal, einer der schönsten Zufälle meines Lebens – denn alles, was in ihm Epoche macht, hat der Zufall, niemals eine Empfehlung mir zugetrieben – ist ganz unschätzbar mit seinem vorwegnehmenden Psychologen-Auge, mit seinem Tatsachen-Griff, der an die Nähe des größten Tatsächlichen erinnert (ex ungue Napoleonem –); endlich nicht am wenigsten als ehrlicher Atheist, eine in Frankreich spärliche und fast kaum auffindbare species, – Prosper Mérimée in Ehren … Vielleicht bin ich selbst auf Stendhal neidisch? Er hat mir den besten Atheisten-Witz weggenommen, den gerade ich hätte machen können: »die einzige Entschuldigung Gottes ist, dass er nicht existiert« … Ich selbst habe irgendwo gesagt: Was war der größte Einwand gegen das Dasein bisher? Gott …

4. Den höchsten Begriff vom Lyriker hat mir Heinrich Heine gegeben. Ich suche umsonst in allen Reichen der Jahrtausende nach einer gleich süßen und leidenschaftlichen Musik. Er besaß jene göttliche Bosheit, ohne die ich mir das Vollkommene nicht zu denken vermag, – ich schätze den Wert von

Menschen, von Rassen danach ab, wie notwendig sie den Gott nicht abgetrennt vom Satyr zu verstehen wissen. – Und wie er das Deutsche handhabt! Man wird einmal sagen, dass Heine und ich bei Weitem die ersten Artisten der deutschen Sprache gewesen sind – in einer unausrechenbaren Entfernung von allem, was bloße Deutsche mit ihr gemacht haben. – Mit Byrons Manfred muss ich tief verwandt sein: Ich fand alle diese Abgründe in mir, – mit dreizehn Jahren war ich für dies Werk reif. Ich habe kein Wort, bloß einen Blick für die, welche in Gegenwart des Manfred das Wort Faust auszusprechen wagen. Die Deutschen sind unfähig jedes Begriffs von Größe: Beweis Schumann. Ich habe eigens, aus Ingrimm gegen diesen süßlichen Sachsen, eine Gegenouvertüre zum Manfred komponiert, von der Hans von Bülow sagte, dergleichen habe er nie auf Notenpapier gesehen: Das sei Notzucht an der Euterpe. – Wenn ich meine höchste Formel für Shakespeare suche, so finde ich immer nur die, dass er den Typus Cäsar konzipiert hat. Dergleichen errät man nicht, – man ist es oder man ist es nicht. Der große Dichter schöpft nur aus seiner Realität – bis zu dem Grade, dass er hinterdrein sein Werk nicht mehr aushält … Wenn, ich einen Blick in meinen *Zarathustra* geworfen habe, gehe ich eine halbe Stunde im Zimmer auf und ab, unfähig, über einen unerträglichen Krampf von Schluchzen Herr zu werden. – Ich kenne keine herzzerreißendere Lektüre als Shakespeare: Was muss ein Mensch gelitten haben, um dergestalt es nötig zu haben, Hanswurst zu sein! – Versteht man den Hamlet? Nicht der Zweifel, die Gewissheit ist das, was wahnsinnig macht … Aber dazu muss man tief, Abgrund, Philosoph sein, um so zu fühlen … Wir fürchten uns alle vor der Wahrheit … Und, dass ich es bekenne: Ich bin dessen instinktiv sicher und gewiss, dass Lord Bacon der Urheber, der Selbsttierquäler dieser unheimlichsten Art Literatur ist: Was geht mich das erbarmungswürdige Geschwätz amerikanischer Wirr- und Flachköpfe an? Aber die Kraft zur mächtigsten Realität der Vision ist nicht nur verträglich mit der mächtigsten Kraft zur Tat, zum Ungeheuren der Tat, zum Verbrechen sie setzt sie selbst voraus … Wir wissen lange nicht genug von Lord Bacon, dem ersten Realisten in jedem großen Sinn des Wortes, um zu wissen, was er alles getan, was er gewollt, was er mit sich erlebt hat … Und zum Teufel, meine Herrn Kritiker! Gesetzt, ich hätte meinen *Zarathustra* auf einen fremden Namen getauft, zum Beispiel auf den von Richard Wagner, der Scharfsinn von zwei Jahrtausenden hätte nicht ausgereicht, zu erraten, dass der Verfasser von »Menschliches, Allzumenschliches« der Visionär des Zarathustra ist …

6. Alles erwogen, hätte ich meine Jugend nicht ausgehalten ohne Wagnerische Musik. Denn ich war verurteilt zu Deutschen. Wenn man von einem unerträglichen Druck loskommen will, so hat man Haschisch nötig. Wohlan, ich hatte Wagner nötig. Wagner ist das Gegengift gegen alles Deutsche par excellence, – Gift, ich bestreite es nicht … Von dem Augenblick an, wo es einen Klavierauszug des Tristan gab – mein Kompliment, Herr von Bülow! –, war ich Wagnerianer. Die älteren Werke Wagners sah ich unter mir – noch zu gemein, zu »deutsch« … Aber ich suche heute noch nach einem Werke von gleich gefährlicher Faszination, von einer gleich schauerlichen und süßen Unendlichkeit, wie der Tristan ist, – ich suche in allen Künsten vergebens. Alle Fremdheiten Leonardo da Vincis entzaubern sich beim ersten Tone des Tristan. Dies Werk ist durchaus das non plus ultra Wagners; er erholte sich von ihm mit den Meistersingern und dem Ring. Gesünder werden – das ist ein Rückschritt bei einer Natur wie Wagner … Ich nehme es als Glück ersten Rangs, zur rechten Zeit gelebt und gerade unter Deutschen gelebt zu haben, um reif für dies Werk zu sein: So weit geht bei mir die Neugierde des Psychologen. Die Welt ist arm für den, der niemals krank genug für diese »Wollust der Hölle« gewesen ist: Es ist erlaubt, es ist fast geboten, hier eine Mystiker-Formel anzuwenden. – Ich denke, ich kenne besser als irgendjemand das Ungeheure, das Wagner vermag, die fünfzig Welten fremder Entzückungen, zu denen niemand außer ihm Flügel hatte; und so wie ich bin, stark genug, um mir auch das Fragwürdigste und Gefährlichste noch zum Vorteil zu wenden und damit stärker zu werden, nenne ich Wagner den großen Wohltäter meines Lebens. Das, worin wir verwandt sind, dass wir tiefer gelitten haben, auch aneinander, als Menschen dieses Jahrhunderts zu leiden vermöchten, wird unsre Namen ewig wieder zusammenbringen; und so gewiss Wagner unter Deutschen bloß ein Missverständnis ist, so gewiss bin ich's und werde es immer sein. – Zwei Jahrhunderte psychologische und artistische Disziplin zuerst, meine Herrn Germanen! … Aber das holt man nicht nach.

9. An dieser Stelle ist nicht mehr zu umgehen die eigentliche Antwort auf die Frage, wie man wird, was man ist, zu geben. Und damit berühre ich das Meisterstück in der Kunst der Selbsterhaltung – der Selbstsucht … Angenommen nämlich, dass die Aufgabe, die Bestimmung, das Schicksal der Aufgabe über ein durchschnittliches Maß bedeutend hinausliegt, so würde keine Gefahr grösser als sich selbst mit dieser Aufgabe zu Gesicht zu bekommen. Dass man wird, was man ist, setzt voraus, dass man nicht im Entferntesten ahnt, was man ist. Aus diesem Gesichtspunkte haben selbst die Fehlgriffe des Lebens ihren eignen Sinn und Wert, die zeitweiligen Nebenwege und Abwege, die Verzögerungen, die »Bescheidenheiten«, der »Ernst«, auf Aufgaben verschwendet, die jenseits der Aufgabe liegen. Darin kann eine große Klugheit, sogar die oberste Klugheit zum Ausdruck kommen: wo nosce te ipsum das Rezept zum Untergang wäre, wird Sich-Vergessen, Sich-Missverstehen, Sich-Verkleinern, –Verengern, –Vermittelmäßigen zur Vernunft selber. Moralisch ausgedrückt: Nächstenliebe, Leben für andere und anderes kann die Schutzmaßregel zur Erhaltung der härtesten Selbstigkeit sein. Dies ist der Ausnahmefall, in welchem ich, gegen meine Regel und Überzeugung, die Partei der »selbstlosen« Triebe nehme: Sie arbeiten hier im Dienste der Selbstsucht, Selbstzucht. – Man muss die ganze Oberfläche des Bewusstseins – Bewusstsein ist eine Oberfläche – rein erhalten von irgendeinem der großen Imperative. Vorsicht selbst vor jedem großen Worte, jeder großen Attitüde! Lauter Gefahren, dass der Instinkt zu früh »sich versteht« – – Inzwischen wächst und wächst die organisierende, die zur Herrschaft berufene »Idee« in der Tiefe, – sie beginnt zu befehlen, sie leitet langsam aus Nebenwegen und Abwegen zurück, sie bereitet einzelne Qualitäten und Tüchtigkeiten vor, die einmal als Mittel zum Ganzen sich unentbehrlich erweisen werden, – sie bildet der Reihe nach alle dienenden Vermögen aus, bevor sie irgendetwas von der dominierenden Aufgabe, von »Ziel«, »Zweck«, »Sinn« verlauten lässt. – Nach dieser Seite hin betrachtet ist mein Leben einfach wundervoll. Zur Aufgabe einer Umwertung der Werte waren vielleicht mehr Vermögen nötig, als je in einem Einzelnen bei einander gewohnt haben, vor allem auch Gegensätze von Vermögen, ohne dass diese sich stören, zerstören durften. Rangordnung der Vermögen; Distanz; die Kunst zu trennen, ohne zu verfeinden; nichts vermischen, nichts »versöhnen«; eine ungeheure Vielheit, die trotzdem das Gegenstück des Chaos ist – dies war die Vorbedingung, die lange geheime Arbeit und Künstlerschaft meines Instinkts. Seine höhere Obhut zeigte sich in dem Maße stark, dass ich in keinem Falle auch nur geahnt habe, was in mir wächst, – dass alle meine Fähigkeiten plötzlich, reif, in ihrer letzten Vollkommenheit eines Tags hervorsprangen. Es fehlt in meiner Erinnerung, dass ich mich je bemüht hätte, – es ist kein Zug von Ringen in meinem Leben nachweisbar, ich bin der Gegensatz einer heroischen Natur. Etwas »wollen«, nach etwas »streben«, einen »Zweck«, einen »Wunsch« im Auge haben das kenne ich alles nicht aus Erfahrung. Noch in diesem Augenblick sehe ich auf meine Zukunft – eine weite Zukunft! wie auf ein glattes Meer hinaus: kein Verlangen kräuselt sich auf ihm. Ich will nicht im Geringsten, dass etwas anders wird als es ist; ich selber will nicht anders werden. Aber so habe ich immer gelebt. Ich habe keinen Wunsch gehabt. Jemand, der nach seinem vierundvierzigsten Jahre sagen kann, dass er sich nie um Ehren, um Weiber, um Geld bemüht hat! Nicht dass sie mir gefehlt hätten … So war ich zum Beispiel eines Tags Universitätsprofessor, – ich hatte nie im Entferntesten an dergleichen gedacht, denn ich war kaum 24 Jahr alt. So war ich zwei Jahr früher eines Tags Philolog: In dem Sinne, dass meine erste philologische Arbeit, mein Anfang in jedem Sinne, von meinem Lehrer Ritschl für sein *Rheinisches Museum* zum Druck verlangt wurde (Ritschl – ich sage es mit Verehrung – der einzige geniale Gelehrte, den ich bis heute zu Gesicht bekommen habe. Er besaß jene angenehme Verdorbenheit, die uns Thüringer auszeichnet und mit der sogar ein Deutscher sympathisch wird: – Wir ziehen selbst, um zur Wahrheit zu gelangen, noch die Schleichwege vor. Ich möchte mit diesen

Worten meinen näheren Landsmann, den klugen Leopold von Ranke, durchaus nicht unterschätzt haben …).

10. An dieser Stelle tut eine große Besinnung Not. Man wird mich fragen, warum ich eigentlich alle diese kleinen und nach herkömmlichem Urteil gleichgültigen Dinge erzählt habe; ich schade mir selbst damit, umso mehr, wenn ich große Aufgaben zu vertreten bestimmt sei. Antwort: Diese kleinen Dinge Ernährung, Ort, Klima, Erholung, die ganze Kasuistik der Selbstsucht – sind über alle Begriffe hinaus wichtiger als alles, was man bisher wichtig nahm. Hier gerade muss man anfangen, umzulernen. Das, was die Menschheit bisher ernsthaft erwogen hat, sind nicht einmal Realitäten, bloße Einbildungen, strenger geredet, Lügen aus den schlechten Instinkten kranker, im tiefsten Sinne schädlicher Naturen heraus alle die Begriffe »Gott«, »Seele«, »Tugend«, »Sünde«, »Jenseits«, »Wahrheit«, »ewiges Leben« … Aber man hat die Größe der menschlichen Natur, ihre »Göttlichkeit« in ihnen gesucht … Alle Fragen der Politik, der Gesellschafts-Ordnung, der Erziehung sind dadurch bis in Grund und Boden gefälscht, dass man die schädlichsten Menschen für große Menschen nahm, – dass man die »kleinen« Dinge, will sagen die Grundangelegenheiten des Lebens selber verachten lehrte … Unsre jetzige Kultur ist im höchsten Grade zweideutig … Der deutsche Kaiser mit dem Papst paktierend, als ob nicht der Papst der Repräsentant der Todfeindschaft gegen das Leben wäre! … Das, was heute gebaut wird, steht in drei Jahren nicht mehr. – Wenn ich mich danach messe, was ich kann, nicht davon zu reden, was hinter mir drein kommt, ein Umsturz, ein Aufbau ohne Gleichen, so habe ich mehr als irgend ein Sterblicher den Anspruch auf das Wort Größe. Vergleiche ich mich nun mit den Menschen, die man bisher als erste Menschen ehrte, so ist der Unterschied handgreiflich. Ich rechne diese angeblich »Ersten« nicht einmal zu den Menschen überhaupt, – sie sind für mich Ausschuss der Menschheit, Ausgeburten von Krankheit und rachsüchtigen Instinkten: Sie sind lauter unheilvolle, im Grunde unheilbare Unmenschen, die am Leben Rache nehmen … Ich will dazu der Gegensatz sein: Mein Vorrecht ist, die höchste Feinheit für alle Zeichen gesunder Instinkte zu haben. Es fehlt jeder krankhafte Zug an mir; ich bin selbst in Zeiten schwerer Krankheit nicht krankhaft geworden; umsonst, dass man in meinem Wesen einen Zug von Fanatismus sucht. Man wird mir aus keinem Augenblick meines Lebens irgendeine anmaßliche oder pathetische Haltung nachweisen können. Das Pathos der Attitüde gehört nicht zur Größe; wer Attitüden überhaupt nötig hat, ist falsch … Vorsicht vor allen pittoresken Menschen! – Das Leben ist mir leicht geworden, am leichtesten, wenn es das Schwerste von mir verlangte. Wer mich in den siebzig Tagen dieses Herbstes gesehen hat, wo ich, ohne Unterbrechung, lauter Sachen ersten Ranges gemacht habe die kein Mensch mir nachmacht – oder vormacht, mit einer Verantwortlichkeit für alle Jahrtausende nach mir, wird keinen Zug von Spannung an mir wahrgenommen haben, umso mehr eine überströmende Frische und Heiterkeit. Ich aß nie mit angenehmeren Gefühlen, ich schlief nie besser. – Ich kenne keine andre Art, mit großen Aufgaben zu verkehren als das Spiel: dies ist, als Anzeichen der Größe, eine wesentliche Voraussetzung. Der geringste Zwang, die düstre Miene, irgendein harter Ton im Halse sind alles Einwände gegen einen Menschen, um wie viel mehr gegen sein Werk! … Man darf keine Nerven haben … Auch an der Einsamkeit leiden ist ein Einwand, – ich habe immer nur an der »Vielsamkeit« gelitten … In einer absurd frühen Zeit, mit sieben Jahren, wusste ich bereits, dass mich nie ein menschliches Wort erreichen würde: hat man mich je darüber betrübt gesehen? – Ich habe heute noch die gleiche Leutseligkeit gegen jedermann, ich bin selbst voller Auszeichnung für die Niedrigsten: in dem allen ist nicht ein Gran von Hochmut, von geheimer Verachtung. Wen ich verachte, der errät, dass er von mir verachtet wird: ich empöre durch mein bloßes Dasein alles, was schlechtes Blut im Leibe hat … Meine Formel für die Größe am Menschen ist amor fati: dass man nichts anders haben will, vorwärts nicht, rückwärts nicht, in alle Ewigkeit nicht. Das Notwendige nicht bloß ertragen, noch weniger verhehlen – aller Idealismus ist Verlogenheit vor dem Notwendigen –, sondern es lieben …

Warum ich so gute Bücher schreibe

1. Das eine bin ich, das andre sind meine Schriften. – Hier werde, bevor ich von ihnen selber rede, die Frage nach dem Verstanden- oder Nicht-Verstanden-Werden dieser Schriften berührt. Ich tue es so nachlässig, als es sich irgendwie schickt: Denn diese Frage ist durchaus noch nicht an der Zeit. Ich selber bin noch nicht an der Zeit, einige werden posthum geboren – Irgendwann wird man Institutionen nötig haben, in denen man lebt und lehrt, wie ich leben und lehren verstehe; vielleicht selbst, dass man dann auch eigene Lehrstühle zur Interpretation des *Zarathustra* errichtet. Aber es wäre ein vollkommener Widerspruch zu mir, wenn ich heute bereits Ohren und Hände für meine Wahrheiten erwartete: Dass man heute nicht hört, dass man heute nicht von mir zu nehmen weiß, ist nicht nur begreiflich, es scheint mir selbst das Rechte. Ich will nicht verwechselt werden, – dazu gehört, dass ich mich selber nicht verwechsele. – Nochmals gesagt, es ist wenig in meinem Leben nachweisbar von »bösem Willen«; auch von literarischem »bösen Willen« wüsste ich kaum einen Fall zu erzählen. Dagegen zu viel von reiner Torheit … Es scheint mir eine der seltensten Auszeichnungen, die jemand sich erweisen kann, wenn er ein Buch von mir in die Hand nimmt, – ich nehme selbst an, er zieht dazu die Schuhe aus, – nicht von Stiefeln zu reden … Als sich einmal der Doktor Heinrich von Stein ehrlich darüber beklagte, kein Wort aus meinem *Zarathustra* zu verstehen, sagte ich ihm, das sei in Ordnung: sechs Sätze daraus verstanden, das heißt: Erlebt haben, hebe auf eine höhere Stufe der Sterblichen hinauf als »moderne« Menschen erreichen könnten. Wie könnte ich, mit diesem Gefühle der Distanz, auch nur wünschen, von den »Modernen«, die ich kenne –, gelesen zu werden! – Mein Triumph ist gerade der umgekehrte, als der Schopenhauers war, – ich sage »non legor, non legar«. – Nicht, dass ich das Vergnügen unterschätzen möchte, das mir mehrmals die Unschuld im Neinsagen zu meinen Schriften gemacht hat. Noch in diesem Sommer, zu einer Zeit, wo ich vielleicht mit meiner schwerwiegenden, zu schwer wiegenden Literatur den ganzen Rest von Literatur aus dem Gleichgewicht zu bringen vermöchte, gab mir ein Professor der Berliner Universität wohlwollend zu verstehen, ich sollte mich doch einer andren Form bedienen: So etwas lese niemand. – Zuletzt war es nicht Deutschland, sondern die Schweiz, die die zwei extremen Fälle geliefert hat. Ein Aufsatz des Dr. V. Widmann im »Bund«, über *Jenseits von Gut und Böse*, unter dem Titel *Nietzsches gefährliches Buch*, und ein Gesamtbericht über meine Bücher überhaupt seitens des Herrn Karl Spitteler, gleichfalls im Bund, sind ein Maximum in meinem Leben – ich hüte mich zu sagen wovon ... Letzterer behandelte zum Beispiel meinen Zarathustra als »höhere Stilübung«, mit dem Wunsche, ich möchte später doch auch für Inhalt sorgen; Dr. Widmann drückte mir seine Achtung vor dem Mut aus, mit dem ich mich um Abschaffung aller anständigen Gefühle bemühe. – Durch eine kleine Tücke von Zufall war hier jeder Satz, mit einer Folgerichtigkeit, die ich bewundert habe, eine auf den Kopf gestellte Wahrheit: Man hatte im Grunde nichts zu tun, als alle »Werte umzuwerten«, um, auf eine sogar bemerkenswerte Weise, über mich den Nagel auf den Kopf zu treffen – statt meinen Kopf mit einem Nagel zu treffen ... Umso mehr versuche ich eine Erklärung. – Zuletzt kann niemand aus den Dingen, die Bücher eingerechnet, mehr heraushören, als er bereits weiß. Wofür man vom Erlebnisse her keinen Zugang hat, dafür hat man kein Ohr. Denken wir uns nun einen äußersten Fall, dass ein Buch von lauter Erlebnissen redet, die gänzlich außerhalb der Möglichkeit einer häufigen oder auch nur selteneren Erfahrung liegen, – dass es die erste Sprache für eine neue Reihe von Erfahrungen ist. In diesem Falle wird einfach nichts gehört, mit der akustischen Täuschung, dass wo nichts gehört wird, auch nichts da ist –. Dies ist zuletzt meine durchschnittliche Erfahrung und, wenn man will, die Originalität meiner Erfahrung. Wer etwas von mir verstanden zu haben glaubte, hat sich etwas aus mir zu recht gemacht, nach seinem Bilde, – nicht selten einen Gegensatz von mir, zum Beispiel einen »Idealisten«; wer nichts von mir verstanden hatte, leugnete, dass ich überhaupt in Betracht käme. – Das Wort »Übermensch« zur Bezeichnung eines Typus höchster Wohlgeratenheit, im Gegensatz zu »modernen« Menschen, zu »guten« Menschen, zu Christen und andren Nihilisten – ein Wort, das im Munde eines Zarathustra, des Vernichters der Moral, ein sehr nachdenkliches Wort wird, ist fast überall mit voller Unschuld im Sinn derjenigen Werte verstanden worden, deren Gegensatz in der Figur Zarathustras zur Erscheinung gebracht worden ist, will sagen als »idealistischer« Typus einer höheren Art Mensch, halb »Heiliger«, halb »Genie« … Andres gelehrtes Hornvieh hat mich seinethalben des Darwinismus verdächtigt; selbst der von mir so boshaft abgelehnte »Heroen-Kultus«, jenes großen Falschmünzers wider Wissen und Willen, Carlyles, ist darin wiedererkannt worden. Wem ich ins Ohr flüsterte, er solle sich eher noch nach einem Cesare Borgia als nach einem Parsifal umsehen, der traute seinen Ohren nicht. – Dass ich gegen Besprechungen meiner Bücher, in Sonderheit durch Zeitungen, ohne jedwede Neugierde bin, wird man mir verzeihen müssen. Meine Freunde, meine Verleger wissen das und sprechen mir nicht von dergleichen. In einem besonderen Falle bekam ich einmal alles zu Gesicht, was über ein einzelnes Buch – es war *Jenseits von Gut und Böse* – gesündigt worden ist; ich hätte einen artigen Bericht darüber abzustatten. Sollte man es glauben, dass die Nationalzeitung – eine preußische Zeitung, für meine ausländischen Leser bemerkt, ich selbst lese, mit Verlaub, nur das *Journal des Débats* – allen Ernstes das Buch als ein »Zeichen der Zeit« zu verstehen wusste, als die echte rechte Junker-Philosophie, zu der es der Kreuzzeitung nur an Mut gebreche?

2. Dies war für Deutsche gesagt: denn überall sonst habe ich Leser – lauter ausgesuchte Intelligenzen, bewährte, in hohen Stellungen und Pflichten erzogene Charaktere; ich habe sogar wirkliche Genies unter meinen Lesern. In Wien, in St. Petersburg, in Stockholm, in Kopenhagen, in Paris und New-York – überall bin ich entdeckt: Ich bin es nicht in Europas Flachland Deutschland … Und, dass ich es bekenne, ich freue mich noch mehr über meine Nicht-Leser, solche, die weder meinen Namen, noch das Wort Philosophie je gehört haben; aber wohin ich komme, hier in Turin zum Beispiel, erheitert und vergütigt sich bei meinem Anblick jedes Gesicht. Was mir bisher am meisten geschmeichelt hat, das ist, dass alte Hökerinnen nicht Ruhe haben, bevor sie mir nicht das Süßeste aus ihren

Trauben zusammengesucht haben. Soweit muss man Philosoph sein. – Man nennt nicht umsonst die Polen die Franzosen unter den Slaven. Eine charmante Russin wird sich nicht einen Augenblick darüber vergreifen, wohin ich gehöre. Es gelingt mir nicht, feierlich zu werden, ich bringe es höchstens bis zur Verlegenheit … Deutsch denken, deutsch fühlen – ich kann alles, aber das geht über meine Kräfte … Mein alter Lehrer Ritschl behauptete sogar, ich konzipierte selbst noch meine philologischen Abhandlungen wie ein Pariser Romancier – absurd spannend. In Paris selbst ist man erstaunt über »toutes mes audaces et finesses« – der Ausdruck ist von Monsieur Taine –; ich fürchte, bis in die höchsten Formen des Dithyrambus findet man bei mir von jenem Salze beigemischt, das niemals dumm – »deutsch« – wird, Esprit … Ich kann nicht anders. Gott helfe mir! Amen. – Wir wissen alle, einige wissen es sogar aus Erfahrung, was ein Langohr ist. Wohlan, ich wage zu behaupten, dass ich die kleinsten Ohren habe. Dies interessiert gar nicht wenig die Weiblein –, es scheint mir, sie fühlen sich besser von mir verstanden? … Ich bin der Antiesel par excellence und damit ein welthistorisches Untier, – ich bin, auf Griechisch, und nicht nur auf Griechisch, der Antichrist …

4. Ich sage zugleich noch ein allgemeines Wort über meine Kunst des Stils. Einen Zustand, eine innere Spannung von Pathos durch Zeichen, eingerechnet das Tempo dieser Zeichen, mitzuteilen – das ist der Sinn jedes Stils; und in Anbetracht, dass die Vielheit innerer Zustände bei mir außerordentlich ist, gibt es bei mir viele Möglichkeiten des Stils – die vielfachste Kunst des Stils überhaupt, über die je ein Mensch verfügt hat. Gut ist jeder Stil, der einen inneren Zustand wirklich mitteilt, der sich über die Zeichen, über das Tempo der Zeichen, über die Gebärden – alle Gesetze der Periode sind Kunst der Gebärde – nicht vergreift. Mein Instinkt ist hier unfehlbar. – Guter Stil an sich – eine reine Torheit, bloßer »Idealismus«, etwa, wie das »Schöne an sich«, wie das »Gute an sich«, wie das »Ding an sich« … Immer noch vorausgesetzt, dass es Ohren gibt – dass es solche gibt, die eines gleichen Pathos fähig und würdig sind, dass die nicht fehlen, denen man sich mitteilen darf. – Mein Zarathustra zum Beispiel sucht einstweilen noch nach solchen – ach! er wird noch lange zu suchen haben! – Man muss dessen wert sein, ihn zu hören … Und bis dahin wird es niemanden geben, der die Kunst, die hier verschwendet worden ist, begreift: Es hat nie jemand mehr von neuen, von unerhörten, von wirklich erst dazu geschaffnen Kunstmitteln zu verschwenden gehabt. Dass dergleichen gerade in deutscher Sprache möglich war, blieb zu beweisen: ich selbst hätte es vorher am härtesten abgelehnt. Man weiß vor mir nicht, was man mit der deutschen Sprache kann, – was man überhaupt mit der Sprache kann. – Die Kunst des großen Rhythmus, der große Stil der Periodik zum Ausdruck eines ungeheuren Auf und Nieder von sublimer, von übermenschlicher, Leidenschaft ist erst von mir entdeckt; mit einem Dithyrambus wie dem letzten des dritten Zarathustra, »die sieben Siegel«, überschrieben, flog ich tausend Meilen über das hinaus, was bisher Poesie hieß.

5. – Dass aus meinen Schriften ein Psychologe redet, der nicht seines Gleichen hat, das ist vielleicht die erste Einsicht, zu der ein guter Leser gelangt – ein Leser, wie ich ihn verdiene, der mich liest, wie gute alte Philologen ihren Horaz lasen. Die Sätze, über die im Grunde alle Welt einig ist, gar nicht zu reden von den Allerwelts-Philosophen, den Moralisten und andren Hohltöpfen, Kohlköpfen – erscheinen bei mir als Naivitäten des Fehlgriffs: Zum Beispiel jener Glaube, dass »unegoistisch« und egoistisch« Gegensätze sind, während das Ego selbst bloß ein »höherer Schwindel«, ein »Ideal« ist … Es gibt weder egoistische, noch unegoistische Handlungen: Beide Begriffe sind psychologischer Widersinn. Oder der Satz »der Mensch strebt nach Glück« … Oder der Satz »das Glück ist der Lohn der Tugend« … oder der Satz »Lust und Unlust sind Gegensätze« … Die Circe der Menschheit, die Moral, hat alle psychologica in Grund und Boden gefälscht – vermoralisiert – bis zu jenem schauderhaften Unsinn, dass die Liebe etwas »Unegoistisches« sein soll … Man muss fest auf sich sitzen, man muss tapfer auf seinen beiden Beinen stehen, sonst kann man gar nicht lieben. Das wissen zuletzt die Weiblein nur zu gut: sie machen sich den Teufel was aus selbstlosen, aus bloß objektiven Männern … Darf ich anbei die Vermutung wagen, dass ich die Weiblein kenne? Das gehört zu meiner dionysischen Mitgift. Wer weiß? vielleicht bin ich der erste Psycholog des Ewig-Weiblichen. Sie lieben mich alle – eine alte Geschichte: die verunglückten Weiblein abgerechnet, die »Emanzipierten«, denen das Zeug zu Kindern abgeht. – Zum Glück bin ich nicht Willens mich zerreißen zu lassen: Das vollkommene Weib zerreißt, wenn es liebt … Ich kenne diese liebenswürdigen Mänaden … Ah, was für ein gefährliches, schleichendes, unterirdisches kleines Raubtier! Und so angenehm dabei! … Ein kleines Weib, das seiner Rache nachrennt, würde das Schicksal selbst über den Haufen rennen. – Das Weib ist unsäglich viel böser als der Mann, auch klüger; Güte am Weibe ist schon eine Form der Entartung … Bei allen sogenannten »schönen Seelen« gibt es einen physiologischen Übelstand auf dem Grunde, – ich sage nicht alles, ich würde sonst medizynisch werden. Der Kampf um gleiche Rechte ist sogar ein Symptom von Krankheit: jeder Arzt weiß das. – Das Weib, je mehr Weib es ist, wehrt sich ja mit Händen und Füssen gegen Rechte überhaupt: der Naturzustand, der ewige Krieg zwischen den Geschlechtern gibt ihm ja bei weitem den ersten Rang. – Hat man Ohren für meine Definition der Liebe gehabt? Es ist die einzige, die eines Philosophen würdig ist. Liebe – in ihren Mitteln der Krieg, in ihrem Grunde der Todhass der Geschlechter. – Hat man meine Antwort auf die Frage gehört, wie man ein Weib kuriert – »erlöst«? Man macht ihm ein Kind. Das Weib hat Kinder nötig, der Mann ist immer nur Mittel: Also sprach Zarathustra. – »Emanzipation des Weibes« – das ist der Instinkthass des missratenen, das heißt gebäruntüchtigen Weibes gegen das wohlgeratene, – der Kampf gegen den »Mann« ist immer nur Mittel, Vorwand, Taktik. Sie wollen, indem sie sich hinaufheben, als »Weib an sich«, als »höheres Weib«, als »Idealistin« von Weib, das allgemeine Rang-Niveau des Weibes herunterbringen; kein sichereres Mittel dazu als Gymnasial-Bildung, Hosen und politische Stimmvieh-Rechte. Im Grunde sind die Emanzipierten die Anarchisten in der Welt des »Ewig-Weiblichen«, die Schlechtweggekommenen, deren unterster Instinkt Rache ist … Eine ganze Gattung des bösartigsten »Idealismus« – der übrigens auch bei Männern vorkommt, zum Beispiel bei Henrik Ibsen, dieser typischen alten Jungfrau – hat als Ziel das gute Gewissen, die Natur in der Geschlechtsliebe zu vergiften … Und damit ich über meine in diesem Betracht ebenso honnette als strenge Gesinnung keinen Zweifel lasse, will ich noch einen Satz aus meinem Moral-Codex gegen das Laster mitteilen: mit dem Wort Laster bekämpfe ich jede Art Widernatur oder wenn man schöne Worte liebt, Idealismus. Der Satz heißt: »Die Predigt der Keuschheit ist eine öffentliche Aufreizung zur Widernatur. Jede Verachtung des geschlechtlichen Lebens, jede Verunreinigung desselben durch den Begriff »unrein« ist das Verbrechen selbst am Leben, – ist die eigentliche Sünde wider den heiligen Geist des Lebens.«

Warum ich ein Schicksal bin

1. Ich kenne mein Los. Es wird sich einmal an meinen Namen die Erinnerung an etwas Ungeheures anknüpfen, – an eine Krisis, wie es keine auf Erden gab, an die tiefste Gewissenskollision, an eine Entscheidung heraufbeschworen gegen alles, was bis dahin geglaubt, gefordert, geheiligt worden war. Ich bin kein Mensch, ich bin Dynamit. – Und mit alledem ist nichts in mir von einem Religionsstifter – Religionen sind Pöbel-Affären, ich habe nötig, mir die Hände nach der Berührung mit religiösen Menschen zu waschen … Ich will keine »Gläubigen«, ich denke, ich bin zu boshaft dazu, um an mich selbst zu glauben, ich rede niemals zu Massen … Ich habe eine erschreckliche Angst davor, dass man mich eines Tags heiligspricht: Man wird erraten, weshalb ich dies Buch vorher herausgebe, es soll verhüten, dass man Unfug mit mir treibt … Ich will kein Heiliger sein, lieber noch ein Hanswurst … Vielleicht bin ich ein Hanswurst … Und trotzdem oder vielmehr nicht trotzdem denn es gab nichts Verlogneres bisher als Heilige – redet aus mir die Wahrheit. – Aber meine Wahrheit ist furchtbar: Denn man hieß bisher die Lüge Wahrheit. – Umwertung aller Werte: Das ist meine Formel für einen Akt höchster Selbstbesinnung der Menschheit, der in mir Fleisch und Genie geworden ist. Mein Loos will, dass ich der erste anständige Mensch sein muss, dass ich mich gegen die Verlogenheit von Jahrtausenden im Gegensatz weiß … Ich erst habe die Wahrheit entdeckt, dadurch dass ich zuerst die Lüge als Lüge empfand – roch … Mein Genie ist in meinen Nüstern … Ich widerspreche, wie nie widersprochen worden ist und bin trotzdem der Gegensatz eines neinsagenden Geistes. Ich bin ein froher Botschafter, wie es keinen gab ich kenne Aufgaben von einer Höhe, dass der Begriff dafür bisher gefehlt hat; erst von mir an gibt es wieder Hoffnungen. Mit Alledem bin ich notwendig auch der Mensch des Verhängnisses. Denn wenn die Wahrheit mit der Lüge von Jahrtausenden in Kampf tritt, werden wir Erschütterungen haben, einen Krampf von Erdbeben, eine Versetzung von Berg und Tal, wie dergleichen nie geträumt worden ist. Der Begriff Politik ist dann gänzlich in einen Geisterkrieg aufgegangen, alle Machtgebilde der alten Gesellschaft sind in die Luft gesprengt – sie ruhen allesamt auf der Lüge: Es wird Kriege geben, wie es noch keine auf Erden gegeben hat. Erst von mir an gibt es auf Erden große Politik.

2. Will man eine Formel für ein solches Schicksal, das Mensch wird? – Sie steht in meinem *Zarathustra*.

– und wer ein Schöpfer sein will im Guten und Bösen, der muss ein Vernichter erst sein und Werte zerbrechen.

Also gehört das höchste Böse zur höchsten Güte: diese aber ist die schöpferische.

Ich bin bei weitem der furchtbarste Mensch, den es bisher gegeben hat; dies schließt nicht aus, dass ich der wohltätigste sein werde. Ich kenne die Lust am Vernichten in einem Grade, die meiner Kraft zum Vernichten gemäß ist, – in beidem gehorche ich meiner dionysischen Natur, welche das Neintun nicht vom Jasagen zu trennen weiß. Ich bin der erste Immoralist: Damit bin ich der Vernichter par excellence. –

3. Man hat mich nicht gefragt, man hätte mich fragen sollen, was gerade in meinem Munde, im Munde des ersten Immoralisten, der Name Zarathustra bedeutet: Denn was die ungeheure Einzigkeit jenes Persers in der Geschichte ausmacht, ist gerade dazu das Gegenteil. Zarathustra hat zuerst im Kampf des Guten und des Bösen das eigentliche Rad im Getriebe der Dinge gesehen, – die Übersetzung der Moral in's Metaphysische, als Kraft, Ursache, Zweck an sich, ist sein Werk. Aber diese Frage wäre im Grunde bereits die Antwort. Zarathustra, schuf diesen verhängnisvollsten Irrtum, die Moral: Folglich muss er auch der Erste sein, der ihn erkennt. Nicht nur, dass er hier länger und mehr Erfahrung hat als sonst ein Denker – die ganze Geschichte ist ja die Experimental-Widerlegung vom Satz der sogenannten »sittlichen Weltordnung« –: Das Wichtigere ist, Zarathustra ist wahrhaftiger als sonst ein Denker. Seine Lehre und sie allein hat die Wahrhaftigkeit als oberste Tugend – das heißt den Gegensatz zur Feigheit des »Idealisten«, der vor der Realität die Flucht ergreift, Zarathustra hat mehr Tapferkeit im Leibe als alle Denker zusammengenommen. Wahrheit reden und gut mit Pfeilen schießen, das ist die persische Tugend. – Versteht man mich? ... Die Selbstüberwindung der Moral aus Wahrhaftigkeit, die Selbstüberwindung des Moralisten in seinen Gegensatz – in mich – das bedeutet in meinem Munde der Name Zarathustra.

4. Im Grunde sind es zwei Verneinungen, die mein Wort Immoralist in sich schließt. Ich verneine einmal einen Typus Mensch, der bisher als der höchste galt, die Guten, die Wohlwollenden, Wohltätigen; ich verneine andrerseits eine Art Moral, welche als Moral an sich in Geltung und Herrschaft gekommen ist, die Décadence-Moral, handgreiflicher geredet, die christliche Moral. Es wäre erlaubt, den zweiten Widerspruch als den entscheidenderen anzusehen, da die Überschätzung der Güte und des Wohlwollens, ins Große gerechnet, mir bereits als Folge der Décadence gilt, als Schwäche-Symptom, als unverträglich mit einem aufsteigenden und jasagenden Leben: im Jasagen ist Verneinen und Vernichten Bedingung. – Ich bleibe zunächst bei der Psychologie des guten Menschen stehen. Um abzuschätzen, was ein Typus Mensch wert ist, muss man den Preis nachrechnen, den seine Erhaltung kostet, – muss man seine Existenzbedingungen kennen. Die Existenzbedingung der Guten ist die Lüge –: Anders ausgedrückt, das Nicht-Sehn-Wollen um jeden Preis, wie im Grunde die Realität beschaffen ist, nämlich nicht der Art, um jeder Zeit wohlwollende Instinkte herauszufordern, noch weniger der Art, um sich ein Eingreifen von kurzsichtigen gutmütigen Händen jeder Zeit gefallen zu lassen. Die Notstände aller Art überhaupt als Einwand, als etwas, das man abschaffen muss, betrachten, ist die Niaiserie par excellence, ins Große gerechnet, ein wahres Unheil in seinen Folgen, ein Schicksal von Dummheit –, beinahe so dumm, als es der Wille wäre, das schlechte Wetter abzuschaffen – aus Mitleiden etwa mit den armen Leuten … In der großen Ökonomie des Ganzen sind die Furchtbarkeiten der Realität (in den Affekten, in den Begierden, im Willen zur Macht) in einem unausrechenbaren Maße notwendiger als jene Form des kleinen Glücks, die sogenannte »Güte«; man muss sogar nachsichtig sein, um der Letzteren, da sie in der Instinkt-Verlogenheit bedingt ist, überhaupt einen Platz zu gönnen. Ich werde einen großen Anlass haben, die über die Maßen unheimlichen Folgen des Optimismus, dieser Ausgeburt der homines optimi, für die ganze Geschichte zu beweisen. Zarathustra, der Erste, der begriff, dass der Optimist ebenso décadent ist wie der Pessimist und vielleicht schädlicher, sagt: Gute Menschen reden nie die Wahrheit. Falsche Küsten und Sicherheiten lehrten euch die Guten; in Lügen der Guten wart ihr geboren und geborgen. Alles ist in den Grund hinein verlogen und verbogen durch die Guten. Die Welt ist zum Glück nicht auf Instinkte hin gebaut, dass gerade bloß gutmütiges Herdengetier darin sein enges Glück fände; zu fordern, dass alles »guter Mensch«, Herdentier, blauäugig, wohlwollend, »schöne Seele« – oder, wie Herr Herbert Spencer es wünscht, altruistisch werden solle, hieße dem Dasein seinen großen Charakter nehmen, hieße die Menschheit kastrieren und auf eine armselige Chineserei herunterbringen. – Und dies hat man versucht! … Dies eben hieß man Moral … In diesem Sinne nennt Zarathustra die Guten bald »die letzten Menschen«, bald den »Anfang vom Ende«; vor allem empfindet er sie als die schädlichste Art Mensch, weil sie ebenso auf Kosten der Wahrheit als auf Kosten der Zukunft ihre Existenz durchsetzen.

Die Guten – die können nicht schaffen, die sind immer der Anfang vom Ende –

– sie kreuzigen den, der neue Werte auf neue Tafeln schreibt, sie opfern sich die Zukunft, sie kreuzigen alle Menschen-Zukunft!

Die Guten – die waren immer der Anfang vom Ende ...

Und was auch für Schaden die Weltverleumder tun mögen, der Schaden der Guten ist der schädlichste Schaden.

7. Hat man mich verstanden? – Was mich abgrenzt, was mich bei Seite stellt gegen den ganzen Rest der Menschheit, das ist, die christliche Moral entdeckt zu haben. Deshalb war ich eines Worts bedürftig, das den Sinn einer Herausforderung an jedermann enthält. Hier nicht eher die Augen aufgemacht zu haben gilt mir als die größte Unsauberkeit, die die Menschheit auf dem Gewissen hat, als Instinkt gewordener Selbstbetrug, als grundsätzlicher Wille, jedes Geschehen, jede Ursächlichkeit, jede Wirklichkeit nicht zu sehen, als Falschmünzerei in psychologicis bis zum Verbrechen. Die Blindheit vor dem Christentum ist das Verbrechen par excellence – das Verbrechen am Leben ... Die Jahrtausende, die Völker, die ersten und die letzten, die Philosophen und die alten Weiber – fünf, sechs Augenblicke der Geschichte abgerechnet, mich als siebenten – in diesem Punkte sind sie alle einander würdig. Der Christ war bisher das »moralische Wesen«, ein Kuriosum ohne Gleichen – und, als »moralisches Wesen«, absurder, verlogener, eitler, leichtfertiger, sich selber nachteiliger als auch der größte Verächter der Menschheit es sich träumen lassen könnte. Die christliche Moral – die bösartigste Form des Willens zur Lüge, die eigentliche Circe der Menschheit: Das, was sie verdorben hat. Es ist nicht der Irrtum als Irrtum, was Mich bei diesem Anblick entsetzt, nicht der Jahrtausende lange Mangel an »gutem Willen«, an Zucht, an Anstand, an Tapferkeit im Geistigen, der sich in seinem Sieg verrät: – es ist der Mangel an Natur, es ist der vollkommen schauerliche Tatbestand, dass die Widernatur selbst als Moral die höchsten Ehren empfing und als Gesetz, als kategorischer Imperativ, über der Menschheit hängen blieb! … In diesem Maße sich vergreifen, nicht als Einzelner, nicht als Volk, sondern als Menschheit! … Dass man die allerersten Instinkte des Lebens verachten lehrte; dass man eine »Seele«, einen »Geist« erlog, um den Leib zu Schanden zu machen; dass man in der Voraussetzung des Lebens, in der Geschlechtlichkeit, etwas Unreines empfinden lehrt; dass man in der tiefsten Notwendigkeit zum Gedeihen, in der strengen Selbstsucht (- das Wort schon ist verleumderisch! –) das böse Prinzip sucht; dass man umgekehrt in dem typischen Abzeichen des Niedergangs und der Instinkt-Widersprüchlichkeit, im »Selbstlosen«, im Verlust an Schwergewicht, in der »Entpersönlichung« und »Nächstenliebe« (– Nächstensucht!) den höheren Wert, was sage ich! den Wert an sich sieht! … Wie! Wäre die Menschheit selber in Décadence? war sie es immer? – Was feststeht, ist, dass ihr nur Décadence-Werte als oberste Werte gelehrt worden sind. Die Entselbstungs-Moral ist die Niedergangs-Moral par excellence, die Tatsache »ich gehe zu Grunde«, in den Imperativ übersetzt: »ihr sollt alle zu Grunde gehn« – und nicht nur in den Imperativ! … Diese einzige Moral, die bisher gelehrt worden ist, die Entselbstungs-Moral, verrät einen Willen zum Ende, sie verneint im untersten Grunde das Leben. – Hier bliebe die Möglichkeit offen, dass nicht die Menschheit in Entartung sei, sondern nur jene parasitische Art Mensch, die des Priesters, die mit der Moral sich zu ihren Wertbestimmern emporgelogen hat, – die in der christlichen Moral ihr Mittel zur Macht erriet … Und in der Tat, das ist meine Einsicht: die Lehrer, die Führer der Menschheit, Theologen insgesamt, waren insgesamt auch Décadents: daher die Umwertung aller Werte ins Lebensfeindliche, daher die Moral … Definition der Moral: Moral – die Idiosynkrasie von décadents, mit der Hinterabsicht, sich am Leben zu rächen – und mit Erfolg. Ich lege Wert auf diese Definition. –

8. – Hat man mich verstanden? – Ich habe eben kein Wort gesagt, das ich nicht schon vor fünf Jahren durch den Mund Zarathustras gesagt hätte. – Die Entdeckung der christlichen Moral ist ein Ereignis, das nicht seines Gleichen hat, eine wirkliche Katastrophe. Wer über sie aufklärt, ist eine force majeure, ein

Schicksal, – er bricht die Geschichte der Menschheit in zwei Stücke. Man lebt vor ihm, man lebt nach ihm … Der Blitz der Wahrheit traf gerade das, was bisher am Höchsten stand: Wer begreift, was da vernichtet wurde, mag zusehen, ob er überhaupt noch etwas in den Händen hat. Alles, was bisher »Wahrheit« hieß, ist als die schädlichste, tückischste, unterirdischste Form der Lüge erkannt; der heilige Vorwand, die Menschheit zu »verbessern« als die List, das Leben selbst auszusaugen, blutarm zu machen. Moral als Vampirismus … Wer die Moral entdeckt, hat den Unwert aller Werte mit entdeckt, an die man glaubt oder geglaubt hat; er sieht in den verehrtesten, in den selbst heiliggesprochenen Typen des Menschen nichts Ehrwürdiges mehr, er sieht die verhängnisvollste Art von Missgeburten darin, verhängnisvoll, weil sie faszinierten … Der Begriff »Gott« erfunden als Gegensatz-Begriff zum Leben, – in ihm alles Schädliche, Vergiftende, Verleumderische, die ganze Todfeindschaft gegen das Leben in eine entsetzliche Einheit gebracht! Der Begriff »Jenseits«, »wahre Welt« erfunden, um die einzige Welt zu entwerten, die es gibt, – um kein Ziel, keine Vernunft, keine Aufgabe für unsre Erden-Realität übrig zu behalten! Der Begriff »Seele«, »Geist«, zuletzt gar noch »unsterbliche Seele«, erfunden, um den Leib zu verachten, um ihn krank – »heilig« – zu machen, um allen Dingen, die Ernst im Leben verdienen, den Fragen von Nahrung, Wohnung, geistiger Diät, Krankenbehandlung, Reinlichkeit, Wetter, einen schauerlichen Leichtsinn entgegenzubringen! Statt der Gesundheit das »Heil der Seele« – will sagen eine folie circulaire zwischen Bußkrampf und Erlösungs-Hysterie! Der Begriff »Sünde« erfunden samt dem zugehörigen Folter-Instrument, dem Begriff »freier Wille«, um die Instinkte zu verwirren, um das Misstrauen gegen die Instinkte zur zweiten Natur zu machen! Im Begriff des »Selbstlosen«, des »Sich-selbst-Verleugnenden« das eigentliche Décadence-Abzeichen, das Gelockt-Werden vom Schädlichen, das Seinen-Nutzen-nicht-mehr-finden-können, die Selbst-Zerstörung zum Wertzeichen überhaupt gemacht, zur »Pflicht«, zur »Heiligkeit«, zum »Göttlichen« im Menschen! Endlich – es ist das Furchtbarste – im Begriff des guten Menschen die Partei alles Schwachen, Kranken, Missratenen, An-sich-selber-Leidenden genommen, alles dessen, was zu Grunde gehn soll –, das Gesetz der Selektion gekreuzt, ein Ideal aus dem Widerspruch gegen den stolzen und wohlgeratenen, gegen den jasagenden, gegen den zukunftsgewissen, zukunftverbürgenden Menschen gemacht – dieser heißt nunmehr der Böse … Und das alles wurde geglaubt als Moral! – Ecrasez l'infâme! – –

9. – Hat man mich verstanden? – Dionysos gegen den Gekreuzigten …